岐路に立つ中国とロシア

中津孝司［編著］

創 成 社

はじめに

　馬耳東風。経済のファンダメンタルズを反映していない株価の暴騰はバブルに間違いがない。中国経済の投資主導型高度成長路線は行き詰まり，落とし穴に転落した。内需を鼓舞する消費主導型へと成長路線を転換しようとするものの，一般庶民はマネーゲームに明け暮れた。その結果が，株式バブル破裂。信用残高は44兆円にまで積み上がり，もはや逃げ場はない。売りが売りを呼び，ストップ安銘柄が続出する有様。中国の株価大暴落は誰もが予見できた結末である。にもかかわらず貪欲な投資家は聞く耳を持たなかった。

　高値で売り抜けた，手慣れた投資家は割安感のある不動産へとマネーをシフトさせている。だが，所詮はあぶく銭。不動産も再度，大暴落することだろう。

　そもそも中国では投資対象が限られている。消費熱を煽ろうとも魅力あふれる商品が少ない。短期志向のマネーは安易にも株式市場や不動産市場に流入してしまう。株式と不動産とのシーソーゲーム。いずれにせよ，マネーゲームの時代は終焉を迎えた。

　幸いにも，上海発バブル崩壊の国際的影響は一時的だった。米国株は割高ではあるけれども，堅調な経済指標に支えられて，高値圏を舞う。ギリシャとウクライナに揺れる欧州でもデフレ懸念が払拭されつつあり，経済の下振れ圧力は限定的だ。翻って日本。日本株は世界の投資家から安全資産と認識されるようになった。極端な円高という暗黒時代を耐え抜いた日本企業。日本企業の業績は今後，一気に開花する。

　反対に，自らの撒いた種とはいえ，金融制裁と資源安でロシア経済は八方塞がり。ロシア国内限定の金融危機に見舞われている。中国経済の傷が深い以上，資源価格が急騰する条件は満たされていない。資源安局面は当分の間続くだろ

う。それだけに，資源国ロシアの経済が復活する糸口はつかめない。

　ユーラシア大陸に鎮座する中国とロシアの近未来は暗い。両国は国際社会から遊離した状況に置かれ続ける。日本を含む国際社会はこれを前提として，中露両国と向き合わねばならない。確かに中露両国の経済が低迷する事実はグローバル経済にとっての足枷となる。しかし，これは中露両国の自業自得。自らの努力で困難な局面を打破していく必要がある。経済的苦境が長期化すれば，中露両国の軍拡路線は修正を迫られるだろう。両国が地道な経済再建に乗り出していくか。この眼で確かめてみたい。

　本書はグローバル経済の懸念材料となった中露両国の経済を多角的に観察したものである。冷静沈着に中露両国の不動産市場を分析した類書は意外にも少ない。両国経済を見つめ直す良き材料になることを期待したい。タイムリーな刊行であったと考えるが，本書の内容については読者諸氏からの厳しいご批判によって判断したい。

　本書の出版については，さまざまな専門分野の研究者からご助力を得た。この場をお借りして厚く御礼申し上げたい。編著者１人では到底，刊行に漕ぎ着けることはできなかった。

　また，最後で恐縮だが，本書刊行では創成社の塚田尚寛社長をはじめスタッフの皆様に大変お世話になった。感謝申し上げる次第である。

平成27年晩秋のころ
　勤務先の研究室にて

執筆者を代表して
中津　孝司

目　次

はじめに

Chapter Ⅰ　揺れ動くグローバル経済と中露 ——————— 1
　　1．グローバル経済の盲点 ………………………………… 1
　　2．金融政策に影響されるグローバル経済 ……………… 4
　　3．グローバル経済動向のキーワード：
　　　　米FRBとエネルギー価格 …………………………… 8

Chapter Ⅱ　習近平政権の野望と挫折 ——————————— 17
　　1．熾烈な権力闘争を繰り広げる習近平政権 ………… 17
　　2．海洋国家を標榜する中国 …………………………… 30
　　3．中国版バブル崩壊の現実 …………………………… 37
　　4．中国経済はソフトランディングできるか ………… 40

Chapter Ⅲ　中国経済は高度成長から安定成長に
　　　　　　ギア・チェンジできるか ——————————— 47
　　1．はじめに ……………………………………………… 47
　　2．中国経済の成長モデルとパフォーマンス ………… 48
　　3．成長の影と課題 ……………………………………… 52
　　4．バブルの軟着陸を狙う「新常態」 ………………… 54
　　5．「新常態」と新成長モデル ………………………… 56
　　6．おわりに ……………………………………………… 60

Chapter Ⅳ　ロシア金融制裁の衝撃度 ——————————— 65
　　1．世界秩序への挑戦 …………………………………… 65

2．長期低迷期に突入したロシア経済 ……………………… 68
　3．ロシア制裁の目的と効果 …………………………………… 71
　4．台頭するロスネフチと色褪せるガスプロム …………… 77
　5．中国に擦り寄るロシア ……………………………………… 79
　6．資源エネルギー大国・ロシアの立場 …………………… 82
　7．窮地に立つロスネフチとガスプロム …………………… 89
　8．バシュネフチ事件で新たなルールなき
　　　ゲームが始まる ……………………………………………… 97
　9．プーチン大統領の野望と失望 …………………………… 100

Chapter V　中国自動車産業における量的拡大から質的向上への課題 ── 111

　1．はじめに ……………………………………………………… 111
　2．「民族系」と「外資系」の定義 …………………………… 112
　3．民族系と外資系のポジショニング ……………………… 117
　4．民族系の製品開発の問題点 ……………………………… 121
　5．民族系と外資系に対する消費者の評価 ………………… 123
　6．おわりに（民族系メーカーの戦略課題に対する吟味）……… 126

Chapter VI　ロシア自動車産業政策と部品サプライチェーンの現状と課題 ── 131

　1．はじめに ……………………………………………………… 131
　2．ロシア自動車市場の概観 ………………………………… 131
　3．ロシアへ進出した外資自動車メーカーと
　　　外資部品サプライヤーの状況 …………………………… 133
　4．ブランド別の販売台数の推移と現地調達率 …………… 136
　5．ロシア自動車産業政策 …………………………………… 138
　6．現地調達率 …………………………………………………… 140
　7．ロシアで外資系自動車メーカーの現地調達率が
　　　低い理由 ……………………………………………………… 142

8．ロシアへ日系部品サプライヤーの進出が
　　　　 進まない理由··· 145
　　　9．世界貿易機関（WTO）加盟の問題とその影響 ········· 147
　　10．ロシア政府の対応·· 148
　　11．おわりに··· 149

Chapter VII　中国の住宅市場と住宅価格のゆくえ ────── 153
　　　1．はじめに··· 153
　　　2．住宅をバブル化する仕組み·································· 154
　　　3．中央政府と地方政府の掛け合い···························· 157
　　　4．住宅市場は転換点を迎えたか······························· 163
　　　5．おわりに··· 167

Chapter VIII　市場変動に揺れるロシアの都市住宅 ────── 171
　　　1．はじめに··· 171
　　　2．2014年経済情勢とロシア不動産市場······················· 172
　　　3．ロシアの都市住宅市場の特徴······························· 183

Chapter IX　中国の農業政策と食糧需給
　　　　　　　　―食糧自給政策を放棄した中国政府― ────── 193
　　　1．はじめに··· 193
　　　2．近年の農業政策の展開状況·································· 194
　　　3．近年の食糧需給の推移······································· 201
　　　4．食糧自給政策を放棄した要因を探る······················· 203
　　　5．おわりに··· 209

Chapter X　プーチン政権下の農業政策と農業発展可能性
　　　　　　　　―ロシア農業の発展可能性も東部にあり― ───── 215
　　　1．ロモノーソフの洞察·· 215
　　　2．ロシア農業は今どのような状況にあるのか·············· 216

3．ロシア極東の概要と農業の現状……………………… 222
4．プーチン政権下の極東重視政策の展開………………… 227
5．ロシア極東の農業発展の条件…………………………… 228

索　引　235

揺れ動くグローバル経済と中露

1．グローバル経済の盲点

　逆オイル・ショック不安で年が暮れ，スイスフラン・ショックで年が明けた。原油と通貨。一見，関連がないようだが，市場が誘導する点では一致する。
　石油輸出国機構（OPEC）は市場に屈し，価格カルテル機能を放棄してしまった。その結果，市場が原油価格を形成するようになった。一方，スイスの通貨当局も市場に屈服する。スイスフラン高を牽制すべく，スイスフラン売り介入政策を展開していたが，突如，終了した。やはり為替相場形成を市場に委ねた。
　泣く子と市場には勝てない。人為的な誘導には限界がある。市場の反乱，市場の逆襲に何人たりとも打ち勝つことはできないのである。この意味で2015年の新年はあらためて市場の有効性を市場参加者に突き付けたのである。
　2015年1月15日，スイス国立銀行（中央銀行）が1ユーロ1.20スイスフランを上限とする，対ユーロ無制限買い介入の撤廃を宣言した[1]。安全通貨スイスフランの上昇を抑制するために踏み切った異例の通貨高対策である。この背景には欧州の債務不安が顕在化したことがある。結果，スイスフランは実勢レートよりも割安に抑え込まれていた。この介入政策が突然，打ち切られたのである。
　その当時，市場では大幅な原油安で不安定な状態が続いていた。原油安を受けて，資源国通貨が下落，スイスフラン買いの材料は満載だった。そこへスイスフランの乱。無制限介入政策の終了宣言直後，市場では動揺が広がり，ユー

ロ売り・スイスフラン買いが殺到。ユーロは急落し，全面安の展開となった。ユーロ圏では通貨安を好感して株価が急上昇した。

ところが，このスイスフラン高に連動して日本円も急騰。円高が日本の株式市場を直撃する。元来，日本株は円高にきわめて脆弱だ。日経平均株価は下げ足を速め，ことに欧州関連銘柄が叩き売られた。

無論，スイスの輸出企業の株価も暴落した。他方，スイスや日本の国債利回りは急低下。相場の急変で投資家はリスクオフモードに大転換したのである。為替市場でスイスフラン売りを膨らませていた投資家は多額の損失を抱えたと聞く。当然，金融機関にも不安は飛び火した。

金融立国を標榜してきたスイスではあったが，無理な市場介入は持続可能でない。金融立国スイスが金融資本市場の逆襲に耐えられなかった。安全通貨というスイスのブランドを放棄することはできない。結局，中央銀行は健全性を優先せざるを得なかったのである。

とは言え，2015年2月末時点の外貨準備金は5,092億5,000万スイスフランで過去最高を更新している[2]。上限撤廃後も介入を継続していた節がある。スイスの通貨当局も市場との対話に尽力しているということか。

OPECは原油価格カルテルとして産声を上げた。原油埋蔵量で世界トップクラスを誇るサウジアラビアを盟主とする価格カルテルが機能したのは，原油生産余力を備えるサウジアラビアが原油生産量を調整できたからである。

ところが，ここにダークホースが登場する。米国だ。米国ではいわゆる「シェール革命」が開花し，原油生産量が急増した。米国の原油増産実績は劇的で2015年2月27日現在，日量932万バレルに達する[3]。2005－08年期では日量500万バレル前後だったから，8割も増えたことになる[4]。1970年の最高記録，日量1,000万バレルに限りなく接近している。もちろん，米国は今もって世界首位の石油消費国であり，純輸入国でもある。しかしながら，「シェール革命」の衝撃度は想像を絶する。

「シェール革命」はまず，天然ガス増産に結実した。米国内では天然ガスシフトが進展，液化天然ガス（LNG）の輸入量が急減していった。米国のLNG調

達国は代替輸出先を模索，アジアや欧州へと振り向けた。連動するように値崩れを起こした米国産石炭が逃げ場を求めて，世界市場へと大量流出。天然ガス価格とともに石炭価格も押し下げた。

　天然ガス増産の次に着目された現象が原油の増産。米国の原油輸入量が急減すると同時に，国際原油価格を押し下げていった。「シェール革命」の現場は空前の好景気に沸き，米国内の燃料費下落が経済の牽引役を演じていった。米国経済は「シェール革命」の恩恵を享受し，緩やかな景気拡大軌道に乗った。

　米国にはシェールオイルと性質が近い軽質油のナイジェリアといったアフリカ産の原油が流入しなくなり，その結果，米国の原油輸入量は2014年実績で日量740万バレルと過去10年間で3割減少した（2007年では日量1,000万バレル超）[5]。

　行き場を失ったアフリカ産原油は中国へと向かう。原油貿易の構造的変化だ。

　一方で，中国の原油輸入量は2014年実績で日量620万バレルにまで拡大，対前年比で1割増となっている。さらに原油安を受けて，北京が戦略石油備蓄を積み増したために，2014年12月の原油輸入量は日量700万バレルにまで増えている。早晩，中国の原油輸入量が米国を上回る日が到来する。

　ちなみに日本の原油輸入量は2014年実績で日量350万バレル以下。過去10年間で15％も減少している。先進国の原油輸入量が減少する一方，新興国では逆に増加していく。原油貿易の構造変化は今後も続く。

　産油国としての米国が国際石油業界で台頭するにつれて，その副作用も顕在化するようになる。米国内では原油在庫が積み上がり，1982年以降で最高水準となった。当然，米国内の原油価格，すなわちWTI（ウエスト・テキサス・インターミディエート）価格は低下する。2015年1月29日には1バレル43.58ドルにまで下落，その後も同水準近辺で推移する。

　このWTI原油価格は国際指標の役割も果たす。北海ブレント先物や東京のドバイ原油価格にも下押し圧力がかかり，国際原油市場は下落の恐怖，すなわち逆オイル・ショックに見舞われることになる。中東リスクに影響を受ける北

海ブレント先物はWTI先物よりも高く推移するものの，現在も二番底へと向かうリスクが払拭したわけではない。

　要するに，昨今の国際原油価格はOPECが操作するのではなく，市場に価格形成が委ねられているのである。これはOPECの敗北宣言に他ならない。OPECが価格カルテル機能を喪失した以上，原油相場は市場に影響される。市場はOPECではなく，原油の在庫量と米国のリグ・カウント（掘削設備の稼働数）に着目するようになった。供給過剰局面の特徴でもある。

　スイスフラン・ショックは一過性だったが，逆オイル・ショックの余波は継続中。グローバル経済は今後も供給過剰局面の国際原油価格と向き合わねばならない。無論，石油消費国にとっては原油価格の低下は朗報。燃料費，光熱費の抑制には減税と同様の効果を期待できる。円高の修正が進む日本市場でも輸入物価を抑制し，物価の押し下げ要因として作用している。

2．金融政策に影響されるグローバル経済

　低所得者向け住宅ローンとされたサブプライムローンの返済が滞ったことが原因で米国の不動産業界は価格暴落で悲鳴を上げた。金融機関では不良債権が山積し，リーマン・ショック（金融危機）の導火線となった。リーマン・ショックの影響は瞬く間に世界へと飛び火，世界恐慌の再来が叫ばれるようになった。金融危機とは一言で表現すると，現金の枯渇。信じられないが，市場から現金が消滅した。

　まさに非常事態。世界各国は危機モードに突入する。中国が財政拡大に踏み切る一方，米連邦準備理事会（FRB）は量的金融緩和に着手した。いずれも市場に現金を注入する効果がある。危篤状態の患者に輸血を継続したのである。この処方箋は正しかった。グローバル経済は息を吹き返し，上昇気流に乗り出していく。

　しかしながら，不幸なことに，金融危機の傷が癒える間もなく，東日本大震災が日本を襲う。円高に苦しむ日本経済は再び奈落の底へと突き落とされた。

欧州では政府債務危機が勃発，南欧諸国に激震が走る。これがユーロ危機へと発展した。

　皮肉なことに，金融危機の震源地であった米国が逸早く危機モードを解除できた。ゼロ金利と量的緩和を駆使した金融政策が奏功。「シェール革命」の進展も相まって，米国景気は拡大の一途を辿った。

　米労働省が2015年6月に発表した雇用統計に誰もが目を奪われた。雇用者数は29万5,000人増加し，失業率は5.5％に低下した[6]。市場予想を大きく上回る好結果だった。FRBが目指す完全雇用を前提にする領域にまで下がってきた。企業の設備投資に不安を残す半面，可処分所得の増加が個人消費を下支えする。全体として，経済成長率は年間3％台を記録できる素地が仕上がりつつある。ここに賃金が上向き，物価が押し上げられれば，米国経済は満足できる域に到達する。

　日本でも民主党政権という暗黒時代に終止符が打たれ，いわゆるアベノミクスの第1の矢，すなわち異次元の緩和策とされる量的・質的金融緩和政策が日本銀行によって放たれた。極端な円高が徐々に修正され，ようやく景気浮揚を実感できる段階を迎えている。

　ただ，デフレ脱却は道半ば。そこで，黒田東彦日銀総裁は市場関係者の意表を突いて，2014年10月31日，追加緩和を決定。資金供給量（マネーサプライ）を大幅に拡充する手に打って出た。この電撃的追加緩和策を契機に円高修正と株高に弾みがついた。

　日本とは逆に米国では量的金融緩和が終了し，利上げの時期を迎える。問題の焦点は利上げの時期とそのペースに絞り込まれている。米国経済が堅調に推移していることを受けて，FRBにはグローバル経済の全体像を把握しようとする余裕が生まれつつある。米国内のみならず新興国経済にも留意しつつ，慎重に金融引き締めのタイミングを見計らえるようになった。

　他方，ユーロ圏では遅ればせながら量的金融緩和がようやく始動する。共通通貨ユーロの番人である欧州中央銀行（ECB）は2015年3月5日，主要政策金利を過去最低の0.05％に据え置きつつ，同月9日から国債などのユーロ建て

債券を月間600億ユーロ（8兆円）買い入れると表明。ユーロ圏のデフレ回避対策が動き出した。

　ユーロ圏経済は常に2桁の失業率に苦しめられてきた[7]。ユーロ圏の失業率は今もって11.1％（2015年6月）と高水準にある。日本の3.3％（2015年7月），米国の5.3％（2015年6月）と比べても突出している。スペインやギリシャの25歳以下の若年層では失業率が50％を超える（ギリシャ全体の失業率は25.6％）。経済状況が改善してきたポルトガルでさえ失業率は13％（2015年4月）と，ユーロ圏平均よりも高い[8]。優等生はドイツで4.7％（2015年4月）と低い。

　その一方で，米国の失業率は2015年中に5％以下，英国のそれは5.3％に低下すると予想されている[9]。欧州世界の悩みの種が失業であることは誰もが認めざるを得ない。

　確かにマリオ・ドラギECB総裁が指摘するように，量的緩和策で長期的には潜在的成長を高めることはできるかもしれない。しかしながら，量的緩和策だけでは雇用の拡大を実現できないのもまた事実である。失業率の低下には構造改革が不可欠だ。欧州各国，特に南欧諸国は真剣に構造改革と向かい合えるのか。覚悟せねばならない。

　2015年のユーロ圏物価上昇率は0％と見通されている。2015年の経済成長率見通しについては1.9％と予想されている[10]。量的金融緩和は2％の物価上昇率が達成されるまで続けられる。英国の消費者物価も現行統計で初めて上昇率ゼロ（2015年2月）を記録[11]。ユーロ圏の消費者物価指数（2015年3月）は対前年同月比で0.1％下落，4カ月連続で前年の水準を下回っている[12]。デフレの波が押し寄せるなか，ユーロ圏，欧州世界はデフレ懸念を完全払拭できるか。

　ドイツは共産圏に属していた東ドイツ地域も抱え込んでいることからロシアとの経済関係が深い[13]。ウクライナ領クリミア半島を略奪した大罪に対する懲罰として，ロシアには金融制裁が科されている。当然，制裁の経済的悪影響はドイツにも波及する。経済成長が停滞するブラジルや中国の悪影響も被る。

その一方で，ユーロ圏経済を牽引してきたのはドイツ経済。チェコやハンガリーといった中欧諸国もドイツ経済を頼る。ドイツ経済は欧州経済の中核的位置を占める。それだけにドイツ経済は欧州世界全体にとって重要な要素となる。輸出総額は中国，米国に次いで世界第3位。国内総生産（GDP）の50％を輸出で稼ぐ。英国，フランス，イタリアの場合は30％，米国や日本で15％であるから，ドイツの突出ぶりがわかる。失業率も5％以下に抑制され，ユーロ圏では優等生だ[14]。

　さまざまな障害を乗り越えて，ドイツ経済は堅調に推移しているようだが，前途有望といった状況でもない。原子力発電を排除した結果，ドイツ国内のエネルギー価格は相対的に高い。省エネ投資は不可欠となっている。日本と同様に労働人口の減少や熟練労働者の不足も経済成長の足枷となる。

　米国も日本も量的金融緩和で景況感は改善した。同様の経済効果がユーロ圏にも期待できる。量的金融緩和によるユーロ安で欧州の輸出が後押しされ，景気は浮揚しよう。欧州ではロシア金融制裁とウクライナ情勢の悪影響が懸念されるものの，原油安はプラス要因として景気に作用する。何よりも市場がECBの政策を評価。英国（ロンドン）やドイツ（フランクフルト）は株高に沸く。

　絶望視されてきたユーロ圏経済が低空飛行に甘んじていることにいささかの変化はないけれども，エネルギー価格の低下で消費者心理が改善してきている。個人消費は総じて堅調に推移する。ユーロ安が輸出を牽引していることも景気浮揚には追い風となる。通貨安とエネルギー安。日本もユーロ圏も景気拡大の糸口はつかんでいる。取り組むべきは構造改革。構造改革に取り組まないと潜在的成長力を高めることはできない。

　市場はさまざまな材料を織り込み，消化，前進していく。金融危機もスイスフラン・ショックも逆オイル・ショックもすべて消化してきた。米国では利上げ観測が浮上し，この材料も市場が消化した。無論，同じ材料でも再燃すれば，あらためて消化する。消化しないと市場は納得しない。

　ギリシャのユーロ圏離脱懸念や資金不足（ギリシャ国内限定の金融危機），それに不安定な原油価格の動向は市場を揺さぶり続けるだろう。ギリシャがユーロ

圏から離脱せずとも，同国政府がモラトリアム（債務支払い猶予）を宣言するリスクもくすぶる。ウクライナ情勢やロシアの金融制裁，それに過激派「イスラム国（IS）」を中心とする中東地域情勢も安定に向かっているとは言い難い。

　欧州世界が一丸となって苦境に陥るウクライナを全面的に支援し，欧州に新たな勢力均衡を樹立することができるか。ロシアとの勝負はウクライナで決まる。ウクライナの経済的繁栄がキエフに対する国民の求心力を強化する。武力やナショナリズムではなくウクライナの経済力で勝敗は決まる。ウクライナの経済力が強化されれば，それだけロシアの経済力は消耗していく。クレムリン（ロシア大統領府）は気付いていないが，戦いの勝敗は経済力に左右されるのである。

　折に触れ，市場に激震が走り，市場は過剰反応することだろう。市場は生きている。生き物である市場の機能を歪めると必ずや市場に逆襲される。ゆえに，市場との対話が重要なのである。

　国際通貨基金（IMF）は2015年の世界経済成長率を3.5％と予想している[15]。米国の成長率は3.6％，ユーロ圏1.2％，日本0.6％と見通している。新興国・発展途上国は全体で4.3％とするが，ロシアはマイナス成長で事実上，新興国から脱落する。新興国ではインドの6.3％成長という見通しが際立っている。実際にはIMF予想よりも世界経済は大幅に拡大するかもしれない。

　決定要因は先進国の賃金上昇と新興国の改革。各国がそれぞれの課題を解決していかなければならない。解決に挑む努力が何よりも肝要なのである。

3．グローバル経済動向のキーワード：　　　　　　　　　　　　　　　米FRBとエネルギー価格

　刻々と変化するグローバル経済。世界各国は眼前の課題，長期的な課題の双方に取り組む必要がある。当然，経済の行方を左右する要因は原油価格であろう。原油安で恩恵を享受する国と損失を被る国。石油消費国は前者で産油国は後者にそれぞれ属するが，産油国と石油消費国の二面を備える国もある。

一般に産油国では政府補助金が潤沢だ。オイルマネーは補助金に姿を変えて国民に還元されている。オイルマネーが枯渇しているにもかかわらず，補助金を放置すれば，たちどころに国庫は窮乏する。長期金利が急上昇し，結局は国民に負担を強いることになる。補助金の供与は市場機能を歪めることになる。結果としての金利上昇は市場の逆襲なのである。補助金に百害あって一利なし。補助金は政治的な思惑の産物である以上，市場とは相容れない存在だ。

　原油は国際商品の代表選手でもある。概してドル高局面では国際商品価格に下押し圧力がかかる。金利を伴わないうえ，ドル建てで割高となる国際商品が敬遠されるからだ。また，資源国では当該通貨が売り込まれる。経常収支が悪化するからである。FRBは金融政策のスタンスを利上げモードに切り替えている。極度の供給不安が現実化しない限り，原油価格の低迷は長期化しそうだ。そのように解釈するのが素直だろう。

　原油価格は市場が決定する。ここに影響を及ぼす勢力が米国。原油生産のスイング・プロデューサー（生産調整）役はすでにOPECから米国にバトンタッチされている[16]。つまり原油価格は米国の産油量で決まる。グローバルレベルで原油需要が増加するか，米国の産油量がピークに達し，減少に転じれば，原油価格は自ずと上昇気流に乗る。だが，そうでない限り，油価は比較的安定して推移する。今のところ，原油の世界需要増加分は米国の原油増産で補われている。米国の増産のお陰で需給バランスは大きく崩れていない。

　ここにイラン核問題の枠組み合意という要素が追加される。2015年4月初旬，イランと欧米諸国など6カ国がイランの核開発計画を縮小する枠組みで合意した。イランによるウラン濃縮活動を制限することが枠組み合意の狙いである。この合意で原油市況は軟化。禁輸対象のイラン産原油が国際市場に流入する，すなわち供給増観測で国際原油価格に下落圧力が新たに生まれたのである。

　イランの原油輸出量は現状，日量100万バレル程度であるが，制裁が解除されると日量60万バレルの原油が国際市場に流入可能だという[17]。そうなると，さらに需給の緩みが意識されるようになる。いわゆる地政学リスクの後退

だ。もちろん，イラン側が合意内容を遵守するという保証はまったくない。米国で誕生する新しい大統領が枠組み合意を反故にすれば，いとも簡単に事態は急変する。それに査察を担当する国際原子力機関（IAEA）は万能でない。ただ，イランと国際社会との緊張的な関係が緩和されていく可能性は高い。

　無論，米国の中東政策は矛盾に満ちている。ここでの詳述は割愛するけれども，イランが現代版ペルシャ帝国の構築を断念したわけではない。「イスラム国」打倒の反動でイランが台頭すれば，それは中東地域を再び炎上させてしまう。ホワイトハウスはこれを黙認するのか。中東の親米諸国がワシントン離れに走ると米国外交は崩壊する。

　中東産油国を代表として資源国は資源マネーの流入減少で打撃を被っている。資源国は総じて輸出部門と政府歳入を資源輸出に大きく依存する。資源安局面では急速に貿易収支が悪化し，歳入不足に直面する。経済対策の常套手段である財政出動は制約される。当該通貨相場が下落するために，通貨防衛のための金利引き上げは余儀なくされる。利上げは景気を冷やしてしまう。利下げで景気浮上を狙おうとしても輸入インフレが顕在化してしまう。まさに手枷足枷の八方塞がり状態に追い込まれる。

　ところが，石油消費国では資源安の神風が吹く。エネルギー価格の低下は一種の減税効果をもたらす。家計に余裕が生じ，個人消費が改善する。当該国政府は補助金の削減が可能となる。財政に余裕が生じ，公共投資の積み上げが可能となる。原油需要は今も近未来もアジア太平洋地域と北米・南米地域で旺盛だ。自由世界の新興国に限定すると，インドや東南アジア諸国が恩恵を享受する中核となる[18]。

　インドでは2014年5月にナレンドラ・モディ首相が誕生。この日を境にインドの政治経済が大きく動き出した。周知のとおり，インドは世界最大規模の民主主義国家。民主主義が貫徹されるだけに政策実現には時間を要する。民主主義国家では強権ではなく，強いリーダーシップが希求される。卓越したリーダーが辣腕を振るうことができるのかどうかが問われる。

　中国の国民1人当たりGDPは1980年から2014年にかけて17倍に拡大した

にもかかわらず、インドでは4倍になっただけに過ぎない[19]。潜在力を備えているにもかかわらず、充分に発揮できていない。まことに残念である。インドの潜在力を駆使すれば、年率10％以上の経済成長率を記録できるはずである。

モディ政権の使命はインドの潜在力を引き出し、中国に負けない高度成長を実現することにある。インドの実質GDP成長率は2014年10－12月期実績で対前年同期比7.5％。すでに中国の成長率を越えてきた。アジア開発銀行（ADB）によると、インドの経済成長率は2015年が7.8％、2016年が8.2％と中国のみならず、アジア地域全体を大きく上回る[20]。

原油安の恩恵でディーゼル燃料価格は規制を撤廃できるようになった。それに何よりも資源安で消費者物価上昇率が5％台で推移していることから、インフレ懸念が大幅に後退している。

そこで早速、インド準備銀行（中央銀行）が動いた。2015年3月4日、インド準備銀行は政策金利を7.75％から7.50％に引き下げ、2015年2度目の利下げに踏み切った[21]。背景にはモディ政権と中央銀行がインフレ目標を導入することで合意した経緯がある。政府は補助金を削減し、インフラ整備に予算を重点配分する方針でいる。政府と中銀が総力を結集して、8％成長の実現を目指す。

モディ政権の長所は外資導入を躊躇しないところにある。むしろ規制緩和などのビジネス環境改善で外資の参入を歓迎し、経済改革を推進しようと意気込む。ここに中銀が進める金融緩和策が加わる。この融合こそが「モディノミクス」の本質。すなわちモディ政権による経済政策に他ならない。モディ首相自らが知事を務めたグジャラート州での成功をインド全土に広げる壮大な実験が始まる。

モディ政権は早速、外資の積極的参入に道を開いている。たとえば、保険分野では外資の出資比率が現行の26％から49％に引き上げられる。保険分野への外資参入で保険加入率を飛躍的に高めたい（生命保険の未加入者数は5億人とされる）[22]。

当然，主要国はインドに熱視線を注ぐ。日本，米国，中国，ロシアなどの大国がインドとの関係を強化しようとする。モディ首相が2014年9月初旬に訪日した際には，日本がインドに今後5年間で官民による3兆5,000億円を投融資することを表明した。同時に，日本企業による外国直接投資（FDI）とインド進出を倍増する目標が打ち出された（2013年10月時点で日本の対インドFDI総額は2,102億円，進出企業数は1,072社）[23]。

　インド産業の特徴として誰もが指摘するとおり，インドのIT（情報技術）産業は世界の本拠地・米シリコンバレーを猛追する勢いである。インドではIT関連産業に314万人が従事するという。2020年には南部の都市バンガロールだけでIT人材が200万人に達すると試算される[24]。同年にはインドのITベンチャー数は1万1,500社に届くとされる[25]。しかもインドIT産業の優位性は安価なコストにある。

　IT産業は年々進化し，新たなサービスが矢継ぎ早に登場する。そのITは既存産業と融合することで新地平を開く。IoT（インターネット・オブ・シングズ，モノのインターネット化）の興隆がIT産業の裾野はますます広がっていく。世界屈指のIT企業がインドで集積する。インドからは有能なIT人材が流出しない。もはやインドは黒子ではない。表舞台に立っている。もってインドのプレゼンスは世界のIT勢力図で否応なく増す。未整備なインフラにばかり目が奪われてIT大国の側面を見失えば，日本企業は商機を逸してしまう。

　高度成長の中核は中国から西方に移行しつつある。変質するグローバル経済のうねりを鋭敏に察知しなければならない。

　腐っても鯛。確かにワシントンの外交力は地に落ちた。米国は北米に位置する普通の国に成り果てようとしている。しかしながら，米ドルは依然として世界の基軸通貨。グローバル経済は米ドルを中心に回る。この米ドルを自由自在に操るのがFRB。それゆえFRB議長の発言に世界は傾聴する。その影響力は世界一だろう。この意味で米国の大統領閣下よりもFRB議長のほうが存在価値は高い。要するに，グローバル経済は米国の金融政策に大きく揺さぶられていくのである。

早晩，FRBは利上げを宣言する。日本とユーロ圏は緩和政策を維持するものの，米ドルベースの緩和マネーは確実に収縮していく。利上げの時期はともかくも，趨勢としてドル高が継続することは間違いがない。焦点は利上げの時期から利上げ幅とその速度に移っていくだろう。

　市場では徐々にドル高・円安，ユーロ安が進んでいる。金利を伴わない国際商品価格の上値は重い。ドル高を嫌気して米国株は売り対象となった。緩和マネーの縮小も米株売却に拍車をかける。ユーロ安で相対的に英ポンド高となり，英国株も安い。英国の利上げ観測も市場の懸念材料となっている。米国と英国の経済は堅調に推移すると吹聴されてきたけれども，今後，米英両国の景況は停滞していくのかもしれない。市場はそれを警戒しているようだ。

　日本やユーロ圏は通貨安を背景とする株高に沸く。日本やユーロ圏では緩和マネーは潤沢だ。マネーは日本とユーロ圏の市場に流入している。

　逆に，新興国からは資金が流出。米ドル独歩高の裏返しは新興国通貨の下落。ブラジルレアル，トルコリラ，インドネシアルピア，南アフリカランドは総じて下落基調だ[26]。FRBの利上げによる緩和マネー収縮が最大のリスクとなっていることは指摘するまでもない。

　周知のとおり，ロシア経済は暗夜行路。中国の高度経済成長はもはや望めない。ブラジル経済もまた低空飛行状態，ゼロ成長，マイナス成長へと突入するのは時間の問題だ[27]。反対に，ベトナム経済は好調を持続。インドネシアはさまざまな課題を抱え込みつつも，改善の道を歩み始めている。

　市場はインドネシアのジョコ・ウィドド新大統領の誕生を大歓迎した。ジョコ政権が保護主義から開放政策へと舵を切るという思惑からである。2016年には東南アジア諸国連合（ASEAN）経済共同体が産声を上げる。開放政策への大転換を先取りして，外資の2億5,000万人市場の参入も本格始動している。ルピア安の不安は付きまとうものの，主要株価指数であるジャカルタ総合指数は高値圏にある[28]。

　通貨ルピア急落の原因は資源安と輸入品依存の経済体質にある。資源国インドネシアにとって国際商品価格の低迷は致命傷だ。構造的な貿易・経常赤字を

解消するには輸入を抑制し，輸出を促進する以外に手立てはない。通貨安を放置すると，輸入インフレを助長する⁽²⁹⁾。

そこでジョコ大統領は突破口として外資の力を借りたい⁽³⁰⁾。優れた技術力を誇る日本企業には自動車産業を主軸に輸出の分野で貢献して欲しい。素材産業分野の日本企業にもインドネシアに進出して欲しい。対日経済連携協定（EPA）を改定し，国内産業を育成したい。ジョコ大統領の日本企業に期待を寄せるところだ。

他方，中国には高速道路や鉄道の建設で貢献して欲しいようだ。製造業では日本に，物流インフラ整備では中国にそれぞれ協力してもらうことで，全体としてインドネシアの経済水準を引き上げていこうとする。

折しも，ジョコ大統領が2015年3月下旬に来日，トップセールスに奔走した⁽³¹⁾。強調したのは生産・輸出拠点としてのインドネシア，半製品・完成品を輸出するインドネシア。輸出力の回復で経常赤字を是正したい。日本政府は都市高速鉄道や送電線の整備などに1,400億円の円借款を供与するが，インドネシアの強みは巨大な内需が期待できる人口規模と華人ネットワーク，イスラムネットワークにある。

実業界を牽引するのは華人系企業。富豪の大半を華人が占める。日本企業も華人企業との関係を強化してきた⁽³²⁾。中国の存在は軽視できない。金融規制の緩和でイスラムマネーを呼び込むことができる。インドのように補助金削減で財源をインフラ整備に振り向け，徹底した規制緩和で外資を導入できるか。政策の課題はインドと同じだ。

問題はジョコ大統領の実行力にある。早速，許認可権限を集約して投資手続きの簡素化を図っている。ジョコ大統領は叩き上げのインドネシアでは新しいタイプの政治家。世論を意識して大衆迎合的な政策に甘んじると進むべき道を見誤る。インドネシアの政治・経済は文字通り，岐路に立つ。

米国に追随して利上げに政策転換すれば，自国の景況感を悪化させる。産油国であればなおさらだ。緩和マネーの収縮と原油安によるオイルマネーの枯渇が産油国経済を直撃する。原油消費国では原油安による物価の安定で利下げの

余地がある。この利下げ観測がまた通貨安を誘発する。経常赤字は圧縮できるが[33]，いずれにせよ新興国は程度の差こそあれ成長鈍化のリスクに脅える。特に資源国は不安定な経済情勢が長期化する恐れがある。

　従来，北米と英国の経済は緩やかな拡張基調にあると認識されてきた。だが，FRBによる利上げ観測と日本，ユーロ圏の量的金融緩和による通貨安で景気判断を見直す必要に迫られている。もっともユーロ圏の失業率，ことに若年層の失業率は高い。この構造問題にメスを入れる，すなわち雇用機会の新規創出課題に着手しないと，バブル経済のみが一人歩きしてしまう。これでは実体経済で緩和マネーが還流しない。また，ウクライナとロシアの情勢悪化も経済改善の足枷となっている。

　主要20カ国・機関（G20）の世界GDPに占める比率は85％に達する[34]。にもかかわらず，BRICS（ブラジル，ロシア，インド，中国，南アフリカ）5カ国で景況感が改善しているのはインドだけである。中東地域では依然として不安定な情勢が続く。中国経済の拡張に期待を寄せることは今後できない。ロシア経済の改善は経済制裁が解除されない限り見込めない。グローバル経済は相も変わらず回復に向けて手探りの状況が続く。

【註】
（1）『日本経済新聞』2015年1月17日号。*Financial Times*, January 16, 2015.
（2）『ロイター通信』2015年3月6日号。
（3）『日本経済新聞』2015年3月6日号。
（4）『日本経済新聞』2015年3月4日号。
（5）『日本経済新聞』2015年3月11日号。
（6）『日本経済新聞』2015年3月7日号。
（7）*Financial Times*, September 3, 2014.
（8）『日本経済新聞』2015年3月25日号。
（9）*Financial Times*, March 24, 2015.
（10）『日本経済新聞』2015年3月6日号。
（11）『日本経済新聞』2015年3月25日号。

(12)『日本経済新聞』2015年4月1日号。
(13) ドイツの対ロシア輸出比率は輸出全体の3％，対ウクライナでは1％。6,000社に及ぶドイツ企業がロシアビジネスに関係する（*Financial Times*, September 1, 2014）。
(14) *Financial Times*, September 1, 2014.
(15)『日本経済新聞』2015年1月20日号。
(16) *Financial Times*, August 27, 2014.
(17)『日本経済新聞』2015年4月4日号。
(18) *Financial Times*, January 22, 2015.
(19) *Financial Times*, March 11, 2015.
(20)『日本経済新聞』2015年3月24日号。
(21)『日本経済新聞』2015年3月5日号。
(22)『日本経済新聞』2015年3月13日号。
(23)『日本経済新聞』2014年9月2日号。
(24)『日本経済新聞』2015年1月20日号。
(25)『日本経済新聞』2015年1月21日号。
(26)『日本経済新聞』2015年3月14日号。
(27)『日本経済新聞』2015年3月28日号。
(28)『日本経済新聞』2014年7月29日号。
(29)『日本経済新聞』2015年3月17日号。
(30)『日本経済新聞』2015年3月22日号。
(31)『日本経済新聞』2015年3月25日号。
(32)『日本経済新聞』2015年3月27日号。
(33) *Financial Times*, August 29, 2014.
(34) *Financial Times*, October 10, 2014.

（中津孝司）

習近平政権の野望と挫折

1. 熾烈な権力闘争を繰り広げる習近平政権

　一般大衆の圧倒的支持を味方に習近平国家主席・共産党総書記は徹底した反腐敗・反汚職キャンペーンを繰り広げている。その攻撃目標は中国共産党内で権勢を誇ってきた有力者，ことに石油産業閥と共産主義青年団（共青団）出身の有力者に定められている。有力者を失脚させることで習首席の出身母体・太子党を死守する構えと見られる。反対勢力を徹底的に粉砕し，自らの支持基盤を強化する狙いであることは明白である。その視線上には習政権による1強支配で安定的な長期政権を目指そうとする狙いが込められている。

　2017年には第19回共産党大会が開催され，共産党最高幹部人事が待ち構えている。2015年には共産党政治局入りする候補者をリストアップしなければならない。政治局常務委員7人のうち，習近平総書記と李克強首相以外は全員定年を迎える。空席の5人を太子党派閥で固めることができれば，異分子は李首相のみとなる。李首相を解任できれば，習総書記に「この世の春」が到来する。それだけに権力闘争は熾烈化し，先鋭化するだろう。

　2013年秋に開催された共産党第18期中央委員会第3回全体会議（3中全会）では，共産党中央全面深化改革領導小組が設置され，首相権限だった経済政策決定権が習総書記に移行した。この段階ですでに，いわゆる「リコノミクス」，すなわち中国経済の市場経済化深化，都市化政策，国営企業独占打破は葬り去られた。

　代わって登場したのが「新常態（ニューノーマル）」。新常態経済とは国内総生

産(GDP)至上主義に基づく高度成長を断念，7％成長に甘んじることを示唆する。

2014年12月中旬に開催された中央経済工作会議(中国共産党と政府が年に1度，翌年の経済政策運営の方針を決めるために合同で開く経済関連で最高レベルの会議)では次のような決定が下された。その主な決定内容を『日本経済新聞』(2014年12月12日号)から列挙しよう。

- 高度成長から中高速成長へ転換する「新常態」に自発的に適応
- 安定成長を維持し，安定の中で前進を目指す路線（穏中求進）を堅持
- 積極的な財政政策と穏健な金融政策を継続
- 構造改革で経済の効率と質を高め，成長速度を調節しつつ勢いを保つ
- 経済体制改革を加速。行政認可，独占業界，資本市場，民間の銀行参入などの改革を推進
- 人民元の国際化を安定的に推進。開放型経済を構築

中国の「新常態」とは経済の質を高めること，すなわち構造改革を主柱とする安定成長へと導いていくことだと説く専門家がいる。と同時に，中国共産党機関紙『人民日報』もこのように解説する。

しかしながら，この解釈は誤っている。というよりもむしろ，中国指導部の本音を射抜いていない。「新常態」経済とは高度成長を放棄することに他ならない。構造改革への転換とは美辞麗句に過ぎないのである。中国指導部の責任転嫁—これが実相だ。経済の体質改善を実行できない言い訳，口実だと解釈すべきである。

中国国家統計局は2015年1月20日，2014年の経済成長率が7.4％だったと発表した[1]。2013年は7.7％であったから0.3ポイント減速したことになる。目標値7.5％を下回っている。投資や生産が伸び悩み，不動産市場の冷え込みも重石となった。住宅市況の不振が新規投資や建材・資材の生産を圧迫した格好だ。固定資産投資や不動産開発投資も鈍化していることから，中国経済はも

はや投資主導では立ち行かなくなっていることを物語っている。工業生産も社会消費小売総額（小売上高）も2013年の実績を下回っている。

続く2015年1－3月期の経済成長率も7.0％，同年4－6月期も横ばいとさらに鈍化。6年ぶりの低水準に甘んじている。やはり住宅販売の不振が景気浮揚の重石となっている。大型マンションは閑古鳥が鳴き，住民の姿はまばらだという[2]。

国際通貨基金（IMF）は2015年の経済成長率を6.8％，2016年6.3％と予測する。中国当局も7.0％程度の成長率に甘んじる構えでいる。中国国内で積み上がった在庫は世界市場に溢れ出し，世界経済全体のデフレ圧力と化している。新興国経済を牽引する中国ではなく，物価下押し圧力を演出する中国経済に成り果てた。

経済の体温となる物価上昇率も低水準。2014年の消費者物価指数（CPI）上昇率は2.0％であった[3]。明らかに景気の減速を映し出している。無論，中国

図表Ⅱ－1　中国の主要経済指標

	2013年		2014年	
実質経済成長率	7.7	↘	7.4	24年ぶり低水準
生産（工業生産）	9.7	↘	8.3	内需が伸び悩み，外国との貿易額も目標を下回る
投資（固定資産投資）	19.6	↘	15.7	
消費（小売上高）	13.1	↘	12.0	
不動産開発投資	19.8	↘	10.5	住宅市況冷え込み
消費者物価	2.6	↘	2.0	5年ぶり低水準
都市部の新規就業者数	1,310	↗	1,322	サービス業が吸収

（注）都市部の新規就業者数は万人。その他は対前年比伸び率（％）。
（出所）『日本経済新聞』2015年1月21日号。

当局が目標数値とする3.5％を大きく下回る。卸売物価指数については，すでにデフレ状態にある。すなわち2014年12月の卸売物価指数は対前年同月比で3.3％下落，対前年比マイナスが3年近く続いている。これが企業収益を圧迫する。原油価格の安値圏推移の影響で物価上昇の可能性は小さい。

どうやらマネーは実体経済で回転していないようだ。

そこで，2014年11月21日，中国人民銀行（中央銀行）は基準金利を引き下げた。貸出金利（期間1年）は0.4％引き下げて5.6％に，預金金利（同）は0.25％引き下げて2.75％にした[4]。利下げで景気の下支えを狙った格好だ。景気減速の震源地が住宅市況であることから，住宅市場の再浮上を狙う利下げだと解釈できる。

加えて，中国人民銀行は2015年2月4日，預金準備率（中央銀行が市中銀行から強制的に預かる資金の比率）を0.5％引き下げると発表した[5]。これで大手金融機関の標準預金準備率は19.5％となった。資金需要に配慮した措置で，市場における流動性を高める狙いがあるのだろう。一種の量的金融緩和と位置付けることができよう。

また，今回の追加金融緩和策は利下げ効果が限定的であることに対処したともいえる。それは緩和マネーが実体経済にではなく，株式市場に流入し，株高を演出しただけに終始したからであった。

さらに，2015年2月末日，中国人民銀行は追加利下げに踏み切る[6]。期間1年の貸出金利を0.25％下げて5.35％に，預金金利も0.25％下げて2.5％とした。わずか3カ月で追加利下げに追い込まれたことになる。これで企業の資金調達コストがさらに軽くなった。デフレリスクに対処する思惑もある。積極的な景気刺激策よりも金融緩和で景気減速局面を乗り切ろうとする狙いも潜む。

追加緩和はさらに続く。2015年4月19日，中国人民銀行は預金準備率を1％下げることを決定した。外国からの資金流入が減少してきたことに対応した。これで標準預金準備率は18.5％となった[7]。

金融緩和はまだ続く。基準金利は2015年8月下旬までに年4.6％，預金準備率は18％まで引き下げられている。預金基準金利も年1.75％に低下した。人

民元切り下げで輸出を刺激したい思惑も絡む。株価の下支えも狙う。

　低金利であるがゆえに，個人や法人が高利回り商品（理財商品の利回りは5－6％）に手を出す悪循環も生まれている[8]。まさにジレンマ。景気浮上を意図する利下げは預貯金に対するインセンティブを削ぐ。勢い，高利回り商品へとマネーが流れる。これがバブルの温床となる。逆資産効果を払拭しようと利下げで対応しても，新たなリスクを抱え込んでしまう。結果として，実体経済では流動性不足が顕在化している模様である。

　日本とは違って，中国では金利が規制されている。市場金利の誘導ではなく，基準金利と預金準備率の変更が金融政策の主要手段となっている。金利を引き下げても，預金基準金利に上乗せできる上限が引き上げられているために，金融機関の資金調達コストは下がらない。これこそが中国金融政策の構造問題に他ならない。

　もちろん，金融緩和局面では例外なく当該通貨は売り込まれる。投資資金の流出懸念もあって人民元の下落が止まらない。人民元の下落基調は利下げが決定された2014年11月以降，鮮明となっている。人民元買い・米ドル売り介入も観測されない。明らかに当局は人民元安を許容している。むしろ輸出競争力を支えようとする思惑が先行しているようだ。

　このように，中国経済は矛盾に満ちた局面に達している。もはや小規模な政策微調整によるミニ刺激では乗り切れない。物価への下押し圧力が強いことを受けて，さらなる追加金融緩和，量的金融緩和への期待は高まる一方だが，追加マネーが首尾よく実体経済の世界に届くかどうか。過剰供給の問題を解決できるのか。金融緩和で構造問題が先送りされないか。

　構造改革と同時に取り組むべきは金利の自由化を着地点とする金融改革である。徹底した金融改革に踏み込めば，理財商品の魅力を薄め，バブルの芽を摘むことに貢献するかもしれない。

　そこで，2015年3月12日，中国人民銀行の周小川総裁が金利の自由化に言及。預金金利の上限規制を撤廃する意向を示した。2014年に預金金利の上限を基準金利から1.2倍とし，その翌年には1.3倍に引き上げていた。この上限

枠が撤廃されることになる。また，預金保険制度も合わせて導入される[9]。

金融機関ではなく預金者の視点に立脚した規制緩和と位置付けられる。遅ればせながらようやく，中国もグローバル・スタンダードの舞台に立ったということか。無論，人民元の資本取引自由化は今もって実現していない。仕組みの見直しには時間が必要となっている。

唯一救いなのは新規雇用者数が増加していることである。従来，中国では高度成長でないと，雇用創出に結びつかないと指摘されてきた。しかし，都市部では1,322万人の新規雇用が創出された（2014年実績）。サービス業の拡大が背景にあるという[10]。事実，2013年以降，GDPに占める第3次産業の比率（2014年実績で48.2％，対前年比で1.3ポイント増）が第2次産業を上回って推移するようになった。生活水準向上に寄与する関連サービス産業の需要は拡大しつつある[11]。

かくして現段階では失業問題は深刻化していない。中国経済を雇用と失業の側面からも観察する必要はある。ただ，2015年に入ってからは都市部の新規就業者数が減少に転じている。政府が目標とする1,000万人以上を達成できるか[12]。

製造業に陰りが見えていることは否定できない。製造業購買担当者指数（PMI）は低空飛行を続け，生産や新規受注，新規輸出受注の縮小が鮮明となっている。製造業部門はデフレに陥り，在庫調整過程は継続中である。

これは石油需要の低迷からも説明できる。2015年の石油需要は日量1,068万バレルに留まり，対前年増加率は3％増に過ぎない。原油純輸入量は日量649万バレル（対前年比5.4％増）の見込みである。天然ガスの需要のほうが石油よりも伸びる見通しである。

また，製造業では賃金の上昇が顕著となる一方，出稼ぎ労働者（2億6,800万人）の高齢化による年金問題も深刻だ。生産コストの上昇を産業用ロボットの普及で克服しようとする動きはある。中国はすでに世界最大のロボット市場ではあるが，産業用ロボットの導入数についても2017年までに世界首位になるという見通しがある。42万8,000台に増加するとの試算だ。

要するに，いわゆる産業の高度化が円滑に進展していないのである。成長を放棄，構造改革を口実にすれば，習政権の政治責任追求は回避できる。もって習国家主席は権力闘争に集中できる。北京は中国が法治国家だと胸を張るが，共産党一党独裁下の法治は自由世界のそれとは相容れない。北京にとっての法治とは習独裁を徹底する手段なのである。そもそも司法機関は形骸化している。

習国家主席の攻撃，粛清対象は江沢民元国家主席と胡錦濤前国家主席（共青団系）の一派である。権力者が前任者の勢力を根絶するのは常套手段である。その際の錦の御旗が反腐敗・反汚職。反腐敗や反汚職キャンペーンで大衆の支持を獲得し，返す刀で有力者を失脚に追い込んだ。汚職の事実が暴かれれば，有力者といえども逆らえず，そろって軍門に下った[13]。反汚職キャンペーンとは習独裁を強化するための方便である。

もちろん既得権益に安住する輩の層は厚い。手法は戦略的で，かつ組織的である。中国が石油の純輸入国に転落した時期を起点として，中国石油天然ガス（CNPC），中国石油化工（シノペック），中国海洋石油（CNOOC）といった3大国営石油企業は，中国のエネルギー安全保障強化を錦の御旗に産油国で既得権益を築いていった。ここから石油閥が誕生，プレゼンスを誇示するようになる。当然，オイルマネーが石油閥個人の懐に舞い込んだ。

その一方で国営石油企業の売上高純利益率は低水準だった[14]。CNPC，シノペック，CNOOCはそろって減収減益に陥っている[15]。進出先の紛争地域で油田・天然ガス田の開発に失敗したこととも相まって，習国家主席は石油閥にメスを入れ，自らの支配下に置いた。経営幹部の摘発，失脚で現場は混乱を極めている様子だ。

習国家主席に死角はないのか。独裁国家も独裁者も永遠に存続した例は皆無。やがては滅びゆく運命である。習国家主席自らが癒着と不正に溺れ，蓄財に励む可能性も否定できない。ロシアの最高権力者・プーチン大統領を見れば明らかである。

合わせて，習政権の真の敵は既得権益層ではない。将来的には治安当局や軍

部が敵として頭角を現すはずだ。民主化運動では政権を転覆できない。組織が存在しないからだ。ところが，治安当局も軍部も立派な組織。意外だが，民主的な要素も兼ね備えている。真の実力者がトップに躍り出る構造だからだ。

習政権だけではない。地球上にいる独裁者の息の根を止めることができるのは，治安当局と軍部なのである。ゆえに独裁者は治安組織と軍部の掌握に力を入れる。習国家主席の場合，基盤の南京軍区や出身母体の太子党（共産党老幹部の子弟）を基軸に軍部掌握に動いている[16]。もって影響力を誇示する長老の存在感を弱めたい。軍事パレードを通じて軍部掌握を強調する構えなのであろう。

「リコノミクス」の中断は大規模国営企業の温存を意味する。金融，通信，航空，鉄道，エネルギーといった，いわゆる基幹産業では国営企業による寡占が温存されている。意図的に競争が排除されているように見受けられる。

習国家主席は上記の石油閥に加えて，機械工業閥，電力閥にもメスを入れ，不正を取り締まっている。だが，国営企業幹部職は共産党幹部が独占する。腐敗にメスを入れる人物が腐敗の温床を温存している。論理矛盾もはなはだしい。構造改革の本質は規制緩和を通じた市場の活性化にある。国営企業を当局が恣意的に合併・再編し，さらなる大規模化を図れば，競争社会は創出されない。

活力あるベンチャー企業や有能な人材は外国に流出し，競争力を欠如した大規模国営企業のみが中国で勢力を伸ばす。人件費高騰で外資系企業は中国を去っていくことだろう。無能な国営企業と経営幹部の高笑いは永遠に続く。

2015年の年明け早々，中国最大の国営複合企業・中国中信集団（CITIC）の傘下企業・中国中信に伊藤忠商事とタイの最大財閥チャロン・ポカパン（CP）グループが折半出資で合計1兆2,000億円を投じるというニュースが流れ，話題となった。日中タイ巨大連合がここに誕生した。出資比率は両社を合わせて20％程度になるという[17]。

日本企業の対中国投資では過去最大の規模になるというから話題になるのも無理はない。しかし，それよりも今回の出資劇に関する解説記事が興味深い。外資の受け入れで中国国営企業改革の手本になるという。これをモデルに国営

企業の構造改革に拍車がかかるという見立てだ。お人よしもはなはだしい。

確かにCITICは国営企業として世界中で鉄道や発電所などの投資案件を請け負っている。中国企業のグローバル化を代表する国営企業といえる。しかしながら，今回の外資受け入れは中国全体から見ると，小さな点に過ぎない。スポットの現象が面状に波及していくとは論理に無理がある。波及効果は期待しないほうが得策だろう。国営企業幹部に共産党幹部が横滑りしている限り，国営企業の体質改善は絶望的である。加えて，民間企業主導へと舵を切るのも容易ではない。共産党一党独裁が民間企業の台頭を阻むからである。

一見，習政権は国民から支持を得ているように見えるかもしれない。しかし，習政権は香港の民主化運動「雨傘革命」を弾圧し，さらには中国国民を監視下に置いている。治安当局と国民とは潜在的な対立関係にある。高度成長を享受できなくなった，あるいは期待できなくなった不満はやがて充満，蓄積され，噴火するリスクが蔓延している。

確かに数値のうえでは中国経済は米国に次ぐ世界第２位にのし上がった。だが，ここには見逃せない落とし穴がある。高度経済成長の美名の下，北京はインフラ整備に邁進し，国営企業は原材料を生産し続けた。地方政府もアパート群の建設に突進した。リーマン・ショック（金融危機）後に財政総出動で投資を加速させた格好だ。

しかし，その生産行動には消費者・利用者のニーズは考慮されていない。経済規模の拡大のみが投資の目的だった。経済規模の拡大，つまり対GDP貢献度が中央政府・地方政府幹部の出世街道を決定付ける。政権幹部は規模拡大に熱を上げた。本末転倒の経済行動は早晩，矛盾を露呈する。中国経済は設備と建物の過剰に喘ぐことになる。地方都市はゴーストタウンと化した。

債務は中央政府よりも地方政府のほうが格段に多い。合わせて，国営企業の借金も急増している。この路線を放棄した結果が「新常態」であることは指摘するまでもない。市場原理が機能しない中国経済の限界といえる。

中国市場にはコピー商品や偽物が横行しているが，当局が公表する統計数値にも虚偽が含まれている。経済統計数値は水増しされている。公共投資，なら

びに国営企業主導の経済であるがゆえの虚偽といえる。中国経済に不可欠な要素が競争の創出，生産性の向上，付加価値の高度化であるにもかかわらず，実態では市場が機能していない。民間企業主導へと構造改革を推進していかねばならないにもかかわらず，実態は国営企業のさらなる大規模化に埋没しているだけだ。

　中国のGDP規模は世界第2位，購買力平価（PPP，物価の違いを踏まえ，財・サービスと通貨の交換比率を調整した評価）による中国経済は世界首位だが，国民1人あたりで割ると6,000ドルに過ぎない。しかし，この6,000ドルという数値にも虚偽が含まれているようである。中国は先進国のみならず，中進国にも脱皮できていない。永遠に先進国の仲間入りは果たせない——これが中国経済に関する客観的分析となる。

　習政権が消費主導の成長へと経済を導きたくとも，中国国内では消費者のニーズを満たす財・サービスが欠如している。高額商品はアパートや乗用車，株式，それに理財商品（投資信託）[18]に限定される。このような制約された環境の下，個人も法人も不動産投資を通じて財テクに奔走してきた。厄介なことに，理財商品には国有セクターが深くかかわっていることである。

　中国ならではの特殊事情も混在する。中国政府は社会政策の一環として，公務員や国営企業従業員向けに割安価格で住宅を支給してきた。広い意味での公的部門に従事する市民には住宅転売という，一種の特権が絡む。中国には固定資産税がない。不動産保有にはリスクよりも旨味が伴った。

　要するに，中国の不動産バブルは当局による意図せざる副作用であったことがわかる。共産党支配が招いた負の副産物なのである。不動産バブルを誘発した北京の罪は重い。

　不動産バブルが弾けた今日，投資の対象はますます限定されてきた。不動産価格が低下するといった逆資産効果で高級車の販売が鈍化している模様である。理財商品のリスク意識も徐々に浸透してきたようだ。

　個人のマネーは株式市場にも向かう。中国内外の先行き不透明感が増しているにもかかわらず，上海株式市場の株価，すなわち上海総合指数は2014年秋

から急上昇。利下げ（金融緩和）が投資マネーの流入を促進（信用取引の急増），加えて，住宅市況の悪化で投資マネーが住宅市場から，それに理財商品から株式市場に流れ込んだ[19]。

無論，中国株高が期待先行の株価上昇であることは誰の眼から見ても明白である。率直に言って，中国株はすでに割高。香港の株式市場よりも高値圏で推移することはもはや異常である。中国企業の経営環境が悪化している現実を直視すれば，中国株を買い進めていくことには，それ相当のリスクをはらむと指摘せざるを得ない。

その結果が株価大暴落。2015年6月中旬を頂点に，中国株は下落の一途をたどり，世界同時株安へと影響が広がった。

国内の投資対象が制限される中国の消費者はまた，日本を代表とする外国へと遠征，買い物ツアーへと繰り出す。外国を訪れた中国人観光客の支出総額は2014年実績で1,650億ドルに達している。2013年実績では1,290億ドルであったから過去最高額を更新したことになる。外国の政府が中国人観光客を積極的に誘致すべく，査証（ビザ）発給の要件を緩和している事実も中国人が外国買い物ツアーに熱を上げる一因になっている。

2015年2月の春節（旧正月）の際，中国人観光客の爆買いが日本で話題になった。訪日した中国人観光客数は春節だけで45万人，落としたカネは60億人民元（1,200億円）に達したという[20]。中国国内に買うに値する財・サービスが欠落している厳然たる事実が良質な日本製の財・サービス願望を誘発する。

その結果，中国のサービス貿易は大幅な赤字，すなわち四半期総額で1,500億ドルに達する[21]。これが経常黒字を削る。これでは中国経済の質的向上は期待薄となる。

外国で買い物に奔走するのは個人だけではない。法人も買い物ツアーに熱心だ。

2015年3月23日，中国国営化学大手の中国化工集団（CNCC）はイタリアのタイヤ大手で名門企業ピレリ（1872年創業）を71億ユーロで買収すると発表した[22]。第一ステップで株式26.2％を取得した後，残余の株式もTOB（株式公

開買い付け）で取得するという。ピレリのタイヤシェアは世界第5位。特に，超高級車市場では50％を占有する。CNCCはM&A（合併・買収）戦略でピレリブランドを手中に収めた。

　中国企業による対欧州外国直接投資（FDI）総額は2014年に180億ドルを記録した。前年比で倍増している。その投資対象は英国の不動産からイタリアのエネルギー産業に至る。英国には51億ドルのニューマネーが流入，欧州首位の座を獲得。イタリアには35億ドル，オランダには23億ドル，ポルトガルには20億ドル，ドイツには16億ドルがそれぞれ流れ込んだ。2000年以降の累積投資総額でも英国向けFDIがトップに立つ。分野別では農業・食品41億ドル，エネルギー37億ドル，不動産30億ドル，自動車22億ドル，金融・事業サービス17億ドルとなっている[23]。

　また，中国企業による対外M&A総額は2014年実績で707億6,900万ドルに達する。対前年比で6％の増加だ。2015年の統計にはピレリ買収がカウントされよう。中国企業はイタリアだけでも過去に自動車大手のフィアットクライスラー，通信大手のテレコムイタリア，エネルギー大手のイタリア炭化水素公社（ENI）やエネルなどの株式を購入してきた。

　2014年には民間投資会社の復星集団がポルトガル貯蓄銀行の保険業務を買収，有名なレノボ・グループは米モトローラモビリティーのスマートフォン端末事業を買収している。東風汽車はフランスの自動車大手プジョーシトロエングループ（PSA）に14％を出資した。国営食品大手・光明食品はイスラエルのツヌバ・フード・インダストリーズを，弘毅投資は英国のピッツァエクスプレスをそれぞれ買収している。いずれも中国国内経済に危機感を募らせた焦りが対外M&Aへと走らせているのである。

　中国が対外資本投資を膨らませた結果，資本の純輸出国として定着しつつある。これが一時的な現象でないことは人民元の下落基調を見ても明らかだ。個人も法人も消費や投資の機会を中国国外に求めていることがわかる。これが生活の質的向上，成長の活路となっているのである。チャイナマネーが世界市場でプレゼンスを強化する反面，これが新たな摩擦の火種になることも承知して

おかねばならない。

　不動産バブルが弾け，理財商品が破綻したことに加えて，公共投資が抑制されるのであれば，中国経済は成長のエンジンを失ってしまう。ひずみを抱えたまま，経済成長の主役が欠落すれば，中国の有効需要は低下する一方となる。これは中国1国のみに留まらず，グローバル経済全体の潜在的リスクとなる。

　大都市圏では不動産価格に持ち直しの兆しが出てきたとされる。しかしその一方で，不動産開発大手・佳兆業集団（香港上場）がドル建て社債の利払いができなくなり，経営不安に陥っている。広東省深圳市当局が不動産販売を差し止めたことで資金繰りが悪化したという[24]。2014年末時点の有利子負債総額は650億元に及び，このうち341億－355億元が2015年末までに返済期限を迎えるという[25]。

　また，深圳市では他の不動産企業の販売も凍結された模様である。加えて，中国証券監督管理委員会は信託型ローン（株券を担保に資金を調達，投資を拡大する信用取引）に対する監督強化策を公表，市場での投機活動抑制に乗り出した[26]。これを受けて上海株式市場で金融機関の株価が急落した経緯がある。理財商品の劣化が進行していることは白日の下にさらされている。

　成長のエンジンが喪失した今日，中国経済の命運は中国人民銀行が握ることになる。大規模量的緩和策を通じた大量の資金供給と金利引き下げ。中国経済の頼みの綱は量的金融緩和策のみとなった。中国政府は金融機関の資本増強に応じざるを得ない。この点ではユーロ圏経済と同様である。中国当局は潤沢に保有する外貨準備金を取り崩して，資本増強策を講じるのか。決断しなければならないそのときが目の前に迫っている。

　ただ，短期資金の需要が膨らんでいることに配慮し，中国人民銀行が短期市場で資金を供給しても，貸出金利を押し下げるのは困難かもしれない。短期資金の供給では金利を下げるための長期的な流動性を伴わないからである。これでは企業の資金調達コストは高止まりしてしまう。通貨安局面で人民元を誰が積極的に保有しようとするのか。金融政策分野でも中国は試練の局面を迎えている。

中国企業が消費者のニーズを満たせる財・サービスを創出すること——中国経済再建の方法はこの一点に尽きる。しかしながら、習政権が大規模国営企業を温存する以上、民間企業の成長を期待することはできない。中国に必要なのは香港の中国化ではなく、中国の香港化なのである。これこそが中国経済の構造改革の真髄に他ならない。残念ながら、中国経済は今、逆方向を歩みつつある。

2．海洋国家を標榜する中国

中国にとっての友好国とは。この疑問に即答できる者はいるだろうか。世界を見回していただきたい。どの国が中国の友好国として思い浮かぶか。真の友好国は存在しない。これはロシアについても同様である。独裁国家に友好国は存在しないのである。つまり独裁国家は常に孤独、孤立して存続する。ゆえに独裁国家は意識して微笑外交に精を出さねばならない。

北京は自由な外貨交換性を備えていない人民元を中国国内市場で流通させ、ドルを筆頭とする外貨を意図的に吸収してきた。その結果、外貨準備金は積み上がる一方、4兆ドルに達する潤沢な外貨を抱え込む。貯め込んだ外貨は国際金融危機への備えでもあるが、それを対外的な求心力として有効利用したい。そこで思いついた構想が中国主導の新たな国際金融秩序の構築だ。

中国が資本金1,000億ドルの大半を拠出して、アジアインフラ投資銀行（AIIB）が2015年に創設される。アジア太平洋地域のインフラ整備を支援する国際金融機関である。本部は北京に置かれる。すでにAIIB参加を表明したのは57カ国に達する[27]。

「すべての道はローマに通ず」とは今は昔の話。中国の野望は「すべての道は北京に通じる」インフラ整備に具現される。欧州から中央アジアを経由して中国に至る陸路、中東から東南アジア諸国連合（ASEAN）を経て中国までを結ぶ海路という2つの現代版シルクロード経済圏構想が描かれている。この実現のために400億ドルの「シルクロード基金」が創設される[28]。公共投資を起

爆剤とする需要創出政策だと位置付けられる。

　2015年2月25日，中国江蘇省連雲港市とカザフスタンを結ぶ定期貨物鉄道の運行が開始された。シルクロード経済圏構想に沿った物流網の始動である。ロシアの通貨ルーブルの大幅下落でカザフスタンの通貨テンゲにも切り下げ圧力が強まっている。この突破口としてカザフスタンで産出されるレアメタル（希少金属）や肥料，それに小麦などの対中国輸出を拡大したい。連雲港港内には専門物流基地も建設され，2015年5月から全面運用が始まる。中国・カザフスタンルートは欧州にもつながっている。アジアと欧州とが陸路で結ばれる(29)。

　先程，伊藤忠商事とCPとによるCITICへの共同出資の話題を提供した。CITICが中国を代表するグローバル企業であることも紹介した。AIIBはこのCITICから複数の幹部を受け入れることになっている(30)。国策企業CITICには大型投資案件が持ち込まれることだろう。これが伊藤忠商事やCPに恩恵をもたらすことは想像に難くない。大きな相乗効果をもたらすと期待されるゆえんでもある。

　アラビア海に面するパキスタンの港から中国新疆ウイグル自治区に伸びる全長3,000キロメートルに達する経済回廊。東南アジアのタイからラオスを抜けて中国へとつながる鉄道網。南東欧諸国を結ぶ交通網。

　AIIBが融通する巨大事業が矢継ぎ早に打ち出されている(31)。中国当局がインフラ関連企業の外国進出を後押しする姿勢を鮮明にすると同時に，中国の露骨な大国意識も如実に表れている。国内の矛盾を外国市場の開拓で払拭しようとする試みであることに注意すべきである。

　AIIBは既存の世界銀行（WB）やアジア開発銀行（ADB）に対抗できるのか。AIIBとの差別化を図るため，日本と米国が主要出資国のADBは民間企業との協力に力を入れる。ADBの試算によると，アジア地域が必要とするインフラ整備資金は2020年までで8兆ドルに達するという。その際，ADBは官民パートナーシップ（PPP）事業を重要視する(32)。他方，AIIBはあくまでも中国が主導する。さらにADBは域内のインフラ開発を充実化すべく，2017年から年間融資枠を200億ドル（現行の1.5倍）に拡充する(33)。

ブラジル，ロシア，インド，中国，南アフリカの5カ国はBRICS開発銀行を創設する。本部は上海に置かれる。BRICS 5カ国はまた，総額1,000億ドルにのぼる外貨準備の共同基金も設置する。最大の出資国は中国だ[34]。

　ロシア，イラン，北朝鮮。世界の制裁3兄弟である。政治的条件を不問にする中国は制裁対象国にも触手を伸ばす。ロシアからは原油と天然ガス，イランから原油を調達し，北朝鮮とは国境貿易を活発化する。貿易や通貨スワップを通じて着々と人民元通貨圏を拡大する。同時に，欧州，アジア，中東などに人民元決済銀行を設立し，人民元の利用を拡大する構えでいる。北京による，いわゆる人民元の国際化政策である。人民元経済圏の形成過程とも表現できるだろう。

　もちろん，前途は多難だ。中国貿易の17％が人民元建てではあるけれども（2013年実績），人民元の国際決済に占める比率はわずか2％未満に過ぎない[35]。ナイジェリア中央銀行が外貨準備金の10％を人民元で保有している一方で，中国人民銀行はバンク・オブ・イングランドや欧州中央銀行（ECB），それにロシア中央銀行と通貨交換協定を締結している。

　中国版ビッグバンとは人民元の自由化，すなわち変動相場制への移行と外貨交換性の付与を意味する。まずは香港ドルや台湾ドルとの交換性付与が先行しよう。

　しかしながら，世界各国は基軸通貨ドルが不足すれば，パニックに陥るが，人民元が欠落して困る国家は存在しない。外貨準備金に占める比率を通貨別に列挙すると，米ドル60.9％，ユーロ24.5％，日本円4.0％，英ポンド3.9％，カナダドル1.9％，オーストラリアドル1.7％，スイスフラン0.3％，その他2.8％と人民元の影は薄い（2014年第1・四半期）。米国と中国の経済規模は肩を並べるが，通貨の地位はまったく異なる[36]。

　確かに中国は2010－12年に1兆円を超える対外援助を実施してきた。しかし，対外援助の本質は現地に役立つことにある。現地の雇用に貢献し，技術を移転し，現地のスキル向上を図る─これこそが対外援助の意義である。日本の対外援助は現地で大歓迎される。援助受け入れ国の発展に寄与しているからに

他ならない。他方，中国による援助はどうか。現地の声に傾聴すればよい。

　2014年秋，インドでは待望のモディ政権が産声を上げた。これを契機に世界のインドを見る眼差しが変化した。原油安の恩恵を一身に浴びるインド経済とナレンドラ・モディ首相による対外政策を高く評価して，世界の投資家はインド重視の姿勢を鮮明にしている。しかし，中国にとってインドは歴史的な宿敵。印中両国は対立を繰り返してきた。

　それでも，習政権は微笑外交に余念がない。

　習主席は2014年9月17日，インドを公式訪問，モディ首相の故郷・グジャラート州とマハラシュトラ州に中国企業専用の工業団地を開設することで合意した[37]。2014年中に10億ドルをグジャラート州に投資する計画だったという。中国人の居住区を建設する計画もある。一方，インドの狙いは投資の担い手である中国企業を呼び込んで，対中国貿易赤字（印中両国間貿易総額は2013年実績で660億ドル，インド側の対中貿易赤字は350億ドル）を縮小，解消することにある。

　その翌日，首都ニューデリーで首脳会談が開催され，貿易・経済開発5カ年計画が打ち出された。そこでは中国側が今後5年間でインフラ分野を中心に200億ドルをインドに投資することが表明された。また，2015年の貿易総額を1,000億ドルに拡大する方針も発表されている。

　早速，具体的な案件が紹介されている。インド格安航空会社（LCC）のインディゴは中国銀行最大手・中国工商銀行との間で航空機30機の購入資金26億ドル相当の融資に関する覚書に調印した。また，インド通信大手のリライアンス・コミュニケーションズは中国通信機器大手・華為と2G・3G通信網拡大に向けた覚書を締結した[38]。

　一見，華やかな両国関係が演出されたような印象を受ける。だが，信じられないことに，習主席の訪印中，中国軍がインド北部カシミール地方で実効支配線を越えて侵入，インド軍と対峙していた。両国軍はわずか200メートルの距離で睨み合ったという。モディ首相が習主席に中国軍の撤退を要求する始末。両国が国境をめぐって武力衝突した1962年以降，確執が絶えない。安全保障

は経済協力以上に重要なはずである。たとえ経済協力を積み重ねたとしても，印中両国の根深いしこりは解れない。これが紛れもない現実だ。

インドは今，中国と原子力協定締結に向けた交渉に着手している。他方，インドはロシアとも原子力発電所や防衛協力で合意している。ロシアはインドに原子力発電所の建設と軍事ヘリコプターのインドでの生産を提案した。

さらに，米国のオバマ大統領がインドを公式訪問，モディ首相と首脳会談に臨んだ。2008年に米印原子力協定を調印している米国もまた，インドに原子力発電所を輸出したい。日本も原子力発電輸出を狙う。インドを戦場とする仁義なき戦いが開幕した。

オバマ・モディ首脳会談後に発表された共同声明には，南シナ海での海洋安全保障を保護すると中国を牽制した[39]。米印両国はアジア太平洋地域，インド洋地域の安定に向け，共同戦略を今後展開していく。インドは米国からの技術移転を促すと同時に，防衛装備品などを共同で生産したい。米国企業から投資を引き出すためである。モディ政権はすでに防衛企業への出資比率を26％から49％に引き上げている[40]。米印関係は新たな段階，すなわち「自然なパートナーシップ」を強化する段階を迎えた。

オバマ大統領はインド訪問後，アブドラ国王が死去したサウジアラビアに飛び，サルマン新国王と会談。あらためてサウジアラビア重視の姿勢を強調した。邦人人質事件で身代金を日本政府に要求した過激派「イスラム国（IS）」との戦いではサウジアラビアと連携している関係上，また，サウジアラビア産の重質油を輸入している関係上，ホワイトハウスはサウジアラビアを軽視できない。

一方，サウジアラビアは今，北からは「イスラム国」，南からはイエメンを拠点とする国際テロ組織アルカイダ系「アラビア半島のアルカイダ（AQAP）」双方からの脅威に直面する。思想面でサウジアラビアが一方的に「イスラム国」や「アルカイダ」に攻撃できない事情もあって，事態は複雑化している。と同時に，東部に鎮座するイランとは戦略的に対立する。

サウジアラビアが原油安で財政赤字に追い込まれた経緯もある。米国の軍事力に依拠しなければならない現実もある。無論，原油安はサウジアラビアにと

って悩ましいが，石油収入に頼る「イスラム国」やイランにとってはなお深刻だ。この意味でサウジアラビアは比較優位にある。全体として，米国とサウジアラビアとの間には戦略的な補完関係が成立している。

実は，サウジアラビアの通貨サウジ・リヤルは米ドルと連動する。ドル高局面ではリヤル高となる。結果，原油安局面でもリヤル高が原油安の打撃を和らげる。この点が通貨ルーブルの大暴落に直面しているロシアと大きく異なる。ロシアはルーブル防衛のために金利を引き上げたが，サウジアラビアの通貨当局に利上げ圧力はかからない。輸入インフレは発生せず，低金利のメリットを享受できる。サウジアラビアの油田開発コストや生産コストが破格的に低いこともメリットだ。

2014年春，ロシアのプーチン大統領はウクライナのクリミア半島を略奪，ロシア領とした。懲罰として日欧米諸国はロシアに金融制裁を科した。この制裁と原油安でロシアは窮地に追い込まれ，中国に救いを求めた。飛んで火に入る夏の虫。弱り果てたロシアを自由自在に操る術を北京は手中に収めた。

2014年11月半ば，ロシアのショイグ国防相が北京を訪問，中露合同海軍演習の強化に踏み切る。軍事費は2014年予算で中国が1,316億ドル，ロシアが689億ドルと中国が大幅に上回る。ただ，経済規模や人口規模を考慮すると，ロシアが軍事大国だと診断できよう。海軍に関しては，中国が23万5,000人，ロシアが13万人で，軍事装備も含めてロシアの海軍力が充実しているといえよう[41]。つまり海軍力の強化は中国の悲願なのである。ここにロシアが巻き込まれる構図だ。

中国は南シナ海から東シナ海に至る海域をすべて赤く塗り替える魂胆でいる。中国にとって日本は，太平洋進出を阻む最大規模の障害物。日本列島は不沈空母の役割を演じている。中国は南シナ海でも領有権問題をめぐって東南アジア諸国と対立する。

1995年に米国と国交を正常化したベトナムは，中国の海洋進出を警戒，米国から海上警備関連の装備を輸入する[42]。ベトナムは当時のソ連邦が主導するコメコン（経済相互援助会議）に加盟し，ロシアから武器・兵器を調達してき

た。軍事力では中国が圧倒的でベトナムは太刀打ちできない。近代兵器を米国から輸入しても状況は変わらない。

　しかし，心理的効果であれば有効だ。2015年は米越国交正常化20周年となる。ベトリムの中国牽制心理作戦は今後，本格化する。中国は敵国に包囲されていることを認識すべきだろう。

　受けて立つ日本はAIIBに加盟しない。発足の理念に賛同できないし，ルールの基準が不透明なのだから，当然の不参加表明である。集団安全保障機構がアジア地域に存在しない現状，対抗軸になる受け皿が環太平洋経済連携協定（TPP）であることは指摘するまでもない。AIIBは所詮，弱者連合に過ぎない。一方，TPPは地球上最強の２国間同盟である日米同盟を基軸とする。問題は日米同盟の有効的な機能にある。機能しないその瞬間，アジア地域は中国勢に乗っ取られてしまう。

　中国の軍事費が1,316億ドルに対して，日本の軍事予算は460億ドルに過ぎない。しかも中国の場合は，対前年比で12.2％増と日本の同2.8％増に比べて軍拡が加速している[43]。残念ながら，日本単独で軍事大国・中国の軍事力に勝てない。米国の軍事力に依存するのが現実だ。それだけに，日米同盟は日本にとって必要不可欠なのである。

　FDIは2013年実績で中国の対日投資が４億3,400万ドルと対前年比で10.6％増であったのに対して，日本の対中投資は91億ドル，対前年比で33％のマイナスを記録している。中国の対外投資が増加しているのは対日投資だけではない。2014年１－９月期実績で中国の対外投資額は750億ドル，対前年同期比で21.6％増を記録した[44]。激増していることがわかる。

　また，2014年６月までの過去１年実績で中国の対日輸出額が1,530億ドル，対前年同期比で2.9％増であったにもかかわらず，日本の対中輸出は1,300億ドルと同じく1.3％の減少だった。円安の影響で日本を訪れる中国人観光客数が急増する一方，日本人観光客は中国旅行を見送るようになった。

　日本の中国に対する印象は確実に悪化している。日中両国が互いに歩み寄る気配もない。この現実をどのように評価するかは極めて困難だけれども，日本

が今後とも経済力，技術力，政治力，外交力，交渉力，軍事力のすべてを強化していかなければならないことだけは確かである。課題を克服することを優先した上で，日中関係の再構築に着手しても遅くはないだろう。

3．中国版バブル崩壊の現実

不動産バブル崩壊の裏には中国当局による食糧安全保障政策の大転換があることを忘れてはなるまい。

中国当局はかつて，食糧自給率95％を死守すると豪語していた。現在でも食糧安全保障の確立は主要経済政策の1つとして掲げられている。ところが，食糧安保の意味内容が大転換している。食糧輸入に依存することを黙認するようになったからだ。つまり自給ではなく，輸入の安定調達に力点が置かれるようになった。一般に，開発途上国が先進国から農産品を輸入する構図が成立する。中国も開発途上国ではなく，先進国から農産品を大量輸入する。事実，中国は2003年に食糧の純輸入国に転落した。

中国当局は農民による農地の権利を保護しているけれども，農民は農地売却に熱心だ。地方政府も農地を積極的に買い漁り，工業団地，オフィスビル，高層アパート建設に血眼になった。不動産バブルが地方政府を後押しした。

ところが，現在，逆噴射の局面を迎えた。不動産を買い漁っても転売できない。こうなると誰も不動産に手を出さなくなる。結果，ゴーストタウンが乱立する始末となった。不動産ブームが去ると，直線的に理財商品は売れなくなる。かくして中国の不動産バブルは弾けた。中国が食糧輸入に奔走しなければならないゆえんでもある。

中国の不動産市場は誕生から15年余りに過ぎない[45]。この15年間，不動産価格のクラッシュを経験していなかった。それだけ未熟なのである。地価は2008年以降，5倍に跳ね上がったが，2014年に入ってから低下に転じるようになった。2011年までは供給不足が続いたが，今は需要の4年分を供給できる有様である。この過剰な住宅建設が価格破壊を招いた。2011年と2012年の

わずか2年間に米国が20世紀中に生産したセメントを中国は生産した。異常であることは誰にでもわかる。

中国の不動産バブルは市場の失敗ではない。政府の失敗である。政府が過度に市場に介入し，市場をゆがめた結果がバブル崩壊だ。中国で市場原理が機能しないのは政府が市場に介入するからであり，国有セクターが巨大規模だからである。

解決方法は実にシンプルだ。国営企業による市場独占を崩し，政府が国営企業を放棄すれば，市場原理は徐々に機能していく。これこそが取り組むべき構造改革に他ならない。だが，共産党や国営企業に群がる抵抗勢力が障害となって，前進できない。習主席も抵抗勢力の一角を占めることを忘れてはなるまい。病気の原因も処方箋も明らかであるにもかかわらず，治療に着手できないのである。結果，中国経済は慢性病患者に成り果ててしまった。

実は，従来，中国では地方政府は債券（地方債）の発行ができなかった。地方政府は融資平台と称されるインフラ投資会社を通じて資金調達してきた。もちろん，不動産バブルの波に乗って建設資金を調達するためである。2013年6月末時点の融資平台債務残高は6兆9,700億元（140兆円）に達する。このうち71％に相当する5兆元に関しては，地方政府が償還責任を負う。残余の29％については，危機時に救済する可能性があると位置付けられている。なお，地方政府全体の債務残高は17兆8,900億元に積み上がっている[46]。

加えて，農民から買い上げた農地や国有地の売却で財源不足を補う手法も乱発した。当該地域の総生産，すなわち経済規模を拡大するためである。経済規模拡大の実績が共産党幹部の評価に繋がったからに他ならない。

不動産価格が右肩上がりに上昇していれば問題はない。しかし，不動産価格が下落に転じると，逆噴射が発生する。地方政府は隠れ借金を膨らませることになる。この事態の重要性に鑑みて，習政権は経済規模拡大至上主義を返上する。既述のとおりだ。合わせて，地方政府に債券の直接発行を許可した[47]。この軌道修正が功を奏するかどうか。

また，一部の地方政府は融資平台による新規債券発行を中止するようになっ

た。投資家利益の保護を目的として，新規発行を見送った形だ。但し，既存債務の取り扱いについては明確になっていない。新規債券が発行されなくなったことで，今後，地方のインフラ投資は息を潜めることになろう。もちろん，これは成長率の下押し圧力となる[48]。地方財政改革が進展するかどうか。

債務の膨張を成長のエンジンとする経済体質を政府介入によって，デレバレッジ経済に転換する分岐点が訪れた。ひずみを是正する必要性を悟っている証左ではあるけれども，転換できたとしても構造改革にメスを入れない限り，中国経済の病根を払拭することはできない。

大都市圏では住宅市場の冷え込みが緩和されつつあるようだが，地方では依然として不動産価格の下落に歯止めが利かないようである。住宅市場の低迷が中国景気全体の足枷となっている状況に変化はない。

当然，金融機関の不良債権は増加する。企業の業績低迷や不動産市況の悪化が銀行の不良債権を膨らませる。供給過剰の非鉄金属や海運，それに不動産といった各業界は赤字決算に追い込まれている。在庫の山積み，在庫処分を目的とする値下げも不良債権の増加と無縁ではない。

中国人民銀行は短期資金を市場に供給しているものの，金融機関は資産内容の健全性を維持すべく，新規融資を絞り込む。これは企業の資金繰りを直撃する。

中国景気の減速懸念が叫ばれて久しいが，景気の減速は地方でより一層深刻である。横ばい状態のチベット自治区を除いて，すべての地方で経済成長率が数値目標に届かず，2015年の成長目標を一段と引き下げなければならなくなった。石炭価格の下落が影響して，炭鉱が集積する山西省の2014年成長率は4.9％に過ぎないという[49]。地方自治体の財政状況が圧迫されていることを考えると，資金繰り問題が表面化する恐れが生じている。

水不足も深刻だ。水源の水量が減少していることに加えて，エネルギー資源の開発・生産には常に水が必要となる。水の需要は必然的に増加する。ダムの老朽化も進んでいる。水の争奪戦は必至の情勢となるだろう[50]。

4．中国経済はソフトランディングできるか

　中国経済の先行きをめぐる観測については，さまざまな見解が交錯しており，正確な見通しは困難である。そもそも中国経済なるものは存在しないのかもしれない。合わせて，中国ビジネスなるものも存在しないのかもしれない。周知のとおり，中国の国土面積は広く，13億人とされる人間が生活を営んでいる。それを一括して論じること自体に無理がある。地域ごとに丁寧な分析が必要なことは明らかだ。

　ただ，中国経済がある時点からある時点へとシフトしようとしていることは事実である。農業国家から工業国家へ，さらに工業国家から技術立国へ。中国は依然として「世界の工場」であり，「世界の市場」である。しかし，その「工場」も「市場」も変化している。中国企業も外国企業もこの変化に対応している途上といえる。

　折しも，2015年3月上旬，厳戒態勢が敷かれるなか，第12期全国人民代表大会（全人代，国会に相当）[51]の第3回会議が北京の人民大会堂で開催された。その冒頭，李克強首相が恒例の所信表明演説となる政治活動を報告した。

　その骨子は以下のとおりである。『日本経済新聞』(2015年3月5日号夕刊) に掲載された内容を転載する。

- 2015年の目標は実質経済成長率が2014年より0.5ポイント低い7％前後，消費者物価上昇率は同0.5ポイント低い3％前後
- 都市部の新規就業は1,000万人以上
- 積極的な財政政策と穏健な金融政策を堅持
- 安定成長と構造改革を両立
- 省エネ，環境対策を強化
- 権力の乱用をなくし，反腐敗を推進
- 抗日戦争勝利70周年の記念行事を開催

また,「4つの全面」という新たな標語も掲げられている(52)。それは①改革の深化,②法による統治,③党の厳格な管理,④「小康社会」の実現。これらが同時並行で進められる方針だという。たとえば,反腐敗キャンペーンは「党の厳格な管理」に該当する。しかし,残念ながら,腐敗しているのは共産党自身である。中国国民の共産党に対する不信感は増幅されている。

　なお,2015年の国防予算（中央政府分）は対前年実績比10.1％増の8,868億9,800万元（16兆8,500億円）である。米国に次ぐ世界第2位の軍事費だ。しかも非公式の軍事費はさらに膨らむ。輸入ハイテク兵器,研究開発（R&D）,年金,核兵器メンテナンスが公式の軍事費からは除外されているからだ(53)。

　李首相は海洋権益を守り,海洋強国という目標に邁進する。ハイテク兵器・装備の開発に一層注力するとしている(54)。国産空母を建造し,海空両軍の兵力が拡充されていく。プライオリティーは陸軍から海空両軍にシフトしてきたことは事実だが,陸軍勢力が既得権益に固執するであろうことは想像に難くない。共産党主導でこのねじれ現象を解消し,海洋国家への脱皮を図れるかどうか。スローガンは立派だけれども,目標に辿り着く道程はきわめて長い(55)。

　日中韓自由貿易協定（FTA）交渉を急ぐとしている反面,9月の抗日戦争勝利記念日では大規模な軍事パレードが実施された。そこでは新型国産兵器が披露された。習主席はそれまでに人民解放軍を掌握しておきたい。

　もちろん,この海洋戦略が周辺諸国との摩擦を誘発することは指摘するまでもない。周辺諸国はより一層の海軍,空軍強化を図っていかなければならない。そうでないと,アジア太平洋の勢力均衡が崩壊,地域が不安定化してしまう。

　政治活動報告では高度成長を公式に断念し,無難な成長率へと成長目標を引き下げている。GDPは1,200兆円に達したものの,6％台の成長率が現実に視野に入ってきたことを示唆する。デフレリスクにも身構えなければならない時期に入っていることも読み取れる。景気浮揚策については金融政策に力点を置いた微調整が繰り返されることも推察される。要するに,中国経済が世界経済を牽引する時代は終幕を迎えたと解釈せねばならない。

　中国自身は不断なる技術力向上を図っていく必要がある。これには中小企業

の育成が不可欠となるが，成功するかどうか。中国当局は大規模国営企業の再編に熱心だが，経済の担い手が中小企業であることを認識していない。これはロシアも同様である。強権国家では本質的な中小企業育成は不可能である。

技術革新と規制緩和は表裏一体。ニーズに応答できない国営企業が市場を独占する国家では中小企業は育たない。つまり中国やロシアでは永遠に技術力が磨かれることはなく，先進国の背中を遠くに見ながら前進する日々が続く。その結果，中国やロシアの経済は相対的な衰退の道を辿る。

お手並み拝見。強権国家体制を死守しつつ，技術立国を実現できるかどうか。中国では今後，毎年のように構造改革の重要性が力説されることだろう。先端技術の開発の必要性が訴えられ続けることだろう。しかし，強権体制を維持する限り，課題を達成することはできない。できると言うのであれば手本を見せていただきたい。

中国共産党による一党独裁を打破しない限り，深みのある市場経済への脱皮は不可能である。だが一方で，共産党支配が空中分解すれば，中国全土を束ねる力が失われる。共産党に代わる磁石が必要となる。それが装置としての民主主義であれば問題はないが，現在の中国に民主主義が定着するには相当程度の努力が必要だ。広大な国土に多数の国民が住む以上，民主主義の定着はきわめて困難な大事業となる。軍事クーデターが勃発する可能性も否定できない。

共産党が雲散霧消すると同時に，中国が分解したそのとき，訪れるのは悲劇なのか，幸福なのか。周辺諸国や世界にどのような影響を及ぼすのか。中国分解はおそらく世界に混乱をもたらすだろう。次善の策として共産党独裁を容認するのであれば，中国に真の市場経済が定着することはない。これを大前提とするならば，中国が日本も米国も超えることは永遠に不可能である。つまり中国経済のソフトランディングは大いに可能である。しかし，それは同時に中国経済の高度化を放棄することでもある。

権力闘争と領土拡張――これらに執着する国家に進歩も明るい未来もない。習政権もプーチン政権も，ひいては「イスラム国」もその本質は同じ。自滅するだけである。日本はこのような前近代的な国家群と真剣に向き合う必要はない。

日本の地平は最先端技術立国化にある。地平線の彼方を見据えて邁進するのみである。やがては野蛮国家も日本の正しさに気付くことだろう。

【註】
（1）『日本経済新聞』2015年1月20日号。
（2）『日本経済新聞』2015年4月16日号。*Financial Times*, April 16, 2015.
（3）『日本経済新聞』2015年1月10日号。
（4）『日本経済新聞』2014年11月22日号。
（5）『日本経済新聞』2015年2月5日号。
（6）『日本経済新聞』2015年3月1日号。
（7）『日本経済新聞』2015年4月20日号。
（8）『日本経済新聞』2014年11月30日号。
（9）『日本経済新聞』2015年3月13日号。
（10）『日本経済新聞』2015年1月26日号。
（11）『日本経済新聞』2015年1月29日号。
（12）『日本経済新聞』2015年4月25日号。
（13）『日本経済新聞2014年12月27日号。『選択』2015年1月号，32－33ページ。
（14）『日本経済新聞』2014年9月4日号。
（15）『日本経済新聞』2015年8月28日号。
（16）『日本経済新聞』2015年2月6日号。
（17）『日本経済新聞』2015年1月20日号。
（18）理財商品（信託商品が中心）とは高利回りの資産運用商品。シャドーバンキング（影の銀行）の代表格。理財商品を通して集められた資金は不動産市場に流入し，不動産価格の高騰を招いた。元本保証のない理財商品の場合，銀行は販売責任だけを負い，損失は顧客が負担する（『日本経済新聞』2014年9月23日号）。中国当局は2014年秋から販売規制を強化した。
（19）『日本経済新聞』2015年4月9日号。
（20）『日本経済新聞』2015年3月19日号。
（21）*Financial Times*, December 10, 2014.
（22）『日本経済新聞』2015年3月24日号。*Financial Times*, March 24, 2015.
（23）*Financial Times*, February 11, 2015.
（24）『日本経済新聞』2015年1月19日号。

(25) 『日本経済新聞』2015年2月18日号。
(26) 中国の金融監督は銀行，保険，証券と業態ごとに分かれる。この監督体制であるがゆえに，規制の足並みが揃わない。規制強化は銀行，保険，証券の順番で進んでいるといえる。
(27) 『日本経済新聞』2015年4月16日号。アジアインフラ投資銀行（AIIB）への参加を表明した57カ国は以下のとおり。中国，東南アジア諸国連合（ASEAN）加盟10カ国（インドネシア，カンボジア，シンガポール，タイ，フィリピン，ブルネイ，ベトナム，マレーシア，ミャンマー，ラオス），韓国，インド，スリランカ，ネパール，パキスタン，バングラデシュ，モンゴル，ロシア，ウズベキスタン，タジキスタン，カザフスタン，キルギス，アゼルバイジャン，グルジア，サウジアラビア，オマーン，カタール，クウェート，アラブ首長国連邦（UAE），ヨルダン，トルコ，イスラエル，イラン，エジプト，南アフリカ，モルディブ，ニュージーランド，オーストラリア，英国，ドイツ，フランス，イタリア，ルクセンブルク，スイス，オーストリア，オランダ，ポーランド，デンマーク，ノルウェー，フィンランド，スウェーデン，アイスランド，ポルトガル，スペイン，マルタ，ブラジル。英国は2015年3月12日にAIIB参加を表明，主要7カ国（G7）で初めての参加表明（『日本経済新聞』2015年3月13日号）。この英国のAIIB参加表明に対して，ホワイトハウスが同盟国としては異例にも非難声明を出している。香港やチベットをめぐる中国当局の非人道的スタンスを懸念しているからである（*Financial Times*, March 13, 2015）。ただ，英国の真意は選挙対策にある。ところが，英国のAIIB参加表明を受けて，欧州勢ではドイツ，フランス，イタリア，スイスなども参加を表明した。さらに，オーストラリアも慎重姿勢を転換，AIIBの創設メンバーとなった。欧州勢が矢継ぎ早に参加を言明した背景には，対ロシア関係が急速に悪化し，事業機会が著しく縮小した事実がある。欧州勢はこの機会損失を中国との関係強化で補いたい。また，スイスとルクセンブルクは国際金融に強い。
(28) *Financial Times*, December 10, 2014.
(29) 『日本経済新聞』2015年2月21日号。
(30) 『日本経済新聞』2015年2月1日号。
(31) 『日本経済新聞』2015年1月18日号。
(32) 『日本経済新聞』2014年10月25日号。
(33) 『日本経済新聞』2015年3月14日号。
(34) 『日本経済新聞』2014年7月23日号。
(35) 国際決済に占める通貨別比率は次のとおりとなっている（2014年8月実績）。米ドル42.1％，ユーロ31.2％，英ポンド8.8％，日本円2.4％，オーストラリアドル2.0％，

カナダドル1.7％，人民元1.6％，その他10.3％（*Financial Times*, September 30, 2014）。
(36) *Financial Times*, September 30, 2014.
(37) 『日本経済新聞』2014年9月18日号。
(38) 『日本経済新聞』2014年9月19日号。
(39) 『日本経済新聞』2015年1月26日号。
(40) *Financial Times*, January 26, 2015.
(41) *Financial Times*, November 20, 2014.
(42) 『日本経済新聞』2014年10月4日号。
(43) *Financial Times*, November 7, 2014.
(44) *Financial Times*, October 23, 2014.
(45) *Financial Times*, August 26, 2014.
(46) 『日本経済新聞』2014年12月25日号。
(47) 『日本経済新聞』2014年9月2日号。
(48) 『日本経済新聞』2014年12月25日号。
(49) 『日本経済新聞』2015年2月2日号。
(50) *Financial Times*, September 2, 2014.
(51) 全国人民代表大会（全人代）は中国の国会に相当する会議。憲法で最高権力機関と定められているが，現実には中国共産党の指導下に置かれる。年に1度，北京の人民大会堂で開催され，地方の各省・自治区・直轄市，人民解放軍などから選ばれた3,000人に近い代表が出席する。政府活動報告が公表され，予算案の審議・承認が主な議題となる。同時期に開かれる全国政治協商会議（政協，国政助言機関）と合わせて「両会」と呼ばれる（『日本経済新聞』2015年3月6日号）。
(52) 『日本経済新聞』2015年3月13日号。
(53) *Financial Times*, March 5, 2015.
(54) 『日本経済新聞』2015年3月5日号。
(55) *Financial Times*, April 9, 2015.

（付記）ロイター通信，時事通信，ブルームバーグなどのニュースも適宜利用していることをお断りしておきたい。

（中津孝司）

中国経済は高度成長から安定成長にギア・チェンジできるか

1. はじめに

　中国国家統計局の発表によると，2014年度の中国国内総生産（GDP）が63兆6,463億元，ドル換算で米国に次いで世界2番目に10兆ドルを超えた国になった。中国のGDPは2000年に8兆9,000億元以上に達し，初めて1兆ドルを突破した。その後，2005年に2兆ドルを，2009年に5兆ドルを突破し，2010年には日本を追い抜き，GDP規模で世界第2の経済体に躍進した[1]。国際通貨基金（IMF）によると，為替の影響を排除した購買力平価（PPP）ベースで見た場合，2014年度のGDPでは，中国が17兆6,320億ドル，米国が17兆4,162億ドルとなり，中国がわずかながらも米国を上回り，世界一になった。また，国際諸機関や金融機関による世界経済の中長期展望では，2020年前後には，中国が名目GDPでも米国を追い抜いて世界第1位の経済体になるという。

　上述のバラ色の予測とは対極的に，中国崩壊論が近年また大盛り上がりである。中国崩壊論はいまに始まったものではない。1980年代末にすでにそれを主張する一派があった。無論，その後の崩壊論も含めて失態に終わった。しかし，今度の中国崩壊論がいささかこれまでと様相が違っている。周知のごとき，中国経済はいま住宅バブルを大きく抱えている。中国の住宅バブルは1980年代後半の日本の不動産バブルと同じプロセスを歩んでいるという見方がある。ここにきてさまざまな状況からして，中国の住宅バブルがいよいよ崩壊に近い，あるいはすでに始まったという。このほかにシャドーバンキング（影子銀行）や理財商品などの問題もある。それだけではない。経済が発展した結果，所得

水準が上昇して賃金が高くなって、低価格を武器にしている中国経済の競争力が弱まって、中国が「中所得国の罠」に陥るだろうという。つまり、これらの中国経済の課題を踏まえてみれば、今度の中国崩壊論はまったくのホラ吹きだとは言い切れないどころか、むしろ現実味がかなり高い。

　2014年度の中国のGDP成長率は7.4％であった。他国に比べ、高い成長率ではあるが、2008年のリーマン・ショック（金融危機）以来、政府が設定した目標成長率7.5％を初めて下回った。2015年3月に開催された全国人民代表大会（全人代）では、李克強総理が2015年度の中国経済成長目標値をさらに引き下げて7％前後にすると発表した。

　中国経済は成長の勢いを持続し、やがて米国を超え、名実ともに世界最大の経済体となるのか。果ては、中国経済の崩壊が現実となるのか。現在、両論とも推測の域を出るものではない。さらに言えば、中国政府が問題の深刻さを認識して、種々の対策を打ち出し始めたが、なお、決定打というものを欠き、現行の政策効果もいまなお未知数である。本章はこれまでの中国経済の成長モデルを振り返り、中国経済が直面している問題を整理して、中国政府の打ち出した諸政策について検討を加えたうえで、筆者としての中国経済の行方に対する見方を呈したい。

2．中国経済の成長モデルとパフォーマンス

　過去30年余り、中国経済は年間平均成長率が10％に近い。2008年のリーマン・ショックを境に、中国経済の成長を2つに分けて考察しよう。前半期では、中国経済が輸出に牽引されて2桁を超える高い成長を実現した。後半期では、輸出の伸び悩みを受けて経済成長率が大きく減速した。政府が大型景気対策を実施して投資主導型成長が一段と色濃くなる中で住宅バブルが大きく膨らんだ。中国経済がどのようにして経済成長を実現したかを概観したい。

　中国経済の成長ぶりを語る時、とかく経済規模に目が向きがちであるが、所得水準の上昇こそが今の中国経済の地位上昇をもたらしているといっても過言

ではない。1980年の中国の1人当たり名目GDPはわずか313ドル[2]に過ぎなかった。これはIMFがデータを公表した149カ国・地域中，145番目であった。当時の中国の総人口が9億8,705万人だったため，GDPが3,091億ドル，すでに世界第8番目の経済規模であった[3]。しかし，この時代の中国家計のエンゲル指数は60％前後だとされ，生存ラインぎりぎりの水準であった。中国は長い間，大きな経済規模とは裏腹に，低所得，低貯蓄，低投資が循環する「貧困の罠」に陥っていた。

1980年代に入って，中国は経済体制改革・対外開放政策を断行した。中国政府は経済体制を市場経済に移行させるとともに，外国から資本直接投資を誘致した。外国から大量の資本直接投資を受け入れることによって，中国は「貧困の罠」から脱出するのに必要な貯蓄・投資を補えたのみならず，技術や経営ノウハウ，さらに世界市場へのアクセスなどの経済を発展させるのに不可欠な市場要素を同時に手に入れて，経済成長のエンジンに点火できた。中国が外国資本直接投資を成功裏に導入できたことにはいくつかの要因と政策があったからである。

まず，豊富で廉価な労働力の存在である。1982年の人口センサスによると，この年の中国の15～60歳のいわゆる生産年齢人口が全人口の56.5％を占めていた[4]。広大で安い土地も外国資本が中国進出を決める際の有力な要因であった。さらに，中国では，都市部の土地が国有であるため，外国資本が希望する用地を安価で速やかに中国政府から入手できていた[5]。

労働力や土地などが外国資本を誘致するのに重要な要素であったが，技術や経営ノウハウなどを吸収して，中国企業の将来の発展に結びつくためにはある政策の存在が大きな役割を果した。それは国有企業の存在である。経済体制を社会主義計画経済から市場経済に移行する過程で，国有企業を私有化することが旧ソ連などの例を出すまでもなく主流であった。しかし，中国では，1990年代末以降に中小型国有企業の私有化が大々的に進められたが，大型国有企業は温存され，私有化の代わりに，株式会社への改組などで対応していた。一方，外国資本直接投資を誘致する時，国有企業との合弁が主要な方式であった。国

有企業が外国資本企業との合弁を通じて企業成長に不可欠な経営ノウハウなどを習得し今日の発展につながった側面が大きかったといえよう[6]。

近年，所得水準の上昇に伴って，「世界の市場」として中国が注目され，中国国内販売を目的に進出した外国資本が増えつつあるが，多くの中国進出企業が中国の労働力や土地を利用して低コストで製造した上で中国以外に再び輸出する形態である。外国資本の導入が中国の輸出拡大につながった。リーマン・ショック直前には，外国資本企業が中国の輸出額全体の6割弱を占めていた。中国の輸出のもう1つの特徴はOEM（相手先ブランド生産），EMS（電子機器の受託生産），開発輸入といった先進国が企画した商品を中国企業が作る加工貿易である。中国の輸出総額の半分が加工輸出である。

1979～2009年の間に，中国の輸出額が136億1,400万ドルから1兆2,015億3,400万ドルに増加した。世界貿易に占める割合は0.82％から9.62％に伸び，順位が第32位から世界第1位に躍進した[7]。特に，2001年に中国が世界貿易機関（WTO）の加盟を果たしてから，輸出が一段と増勢を強めた。2002～2007年には中国の輸出額が前年比で20％以上の増加を続け，「世界の工場」の名をほしいままにした。こうした順調な輸出の伸びが中国経済の高度成長を可能にしたといっても良かろう。

しかし，順調に拡大していた輸出が2008年に起きたリーマン・ショックによって大きな打撃を受けた。2008年11月から中国の輸出の伸びが前年同月比でついにマイナスに転じ，その後13カ月間連続の減少を記録した。特に，2009年2～8月の間は，輸出額の減少幅が20％を超えていた[8]。これにより，2桁経済成長を続けていた中国経済には急ブレーキがかかった。2007年に11.5％であった経済成長率が2008年第1，2・四半期に10％に，第3・四半期に9％に，さらに第4・四半期に6.8％に，2009年第1・四半期に6.2％と急落の一途であった。そこで，経済危機を乗り越えるために，中国政府が4兆元（当時の為替で約56兆円）というGDPの10％強に相当する大型景気対策を打ち出した。

4兆元の資金内訳は，中央政府が1兆1,800億元，地方政府が8,300億元，

銀行融資が1兆4,100億元,企業自己資金などが5,800億元であった。資金は次の7つの領域に投下され,多くの社会インフラが整備された。(1) 保障性住宅の建設に4,000億元が投入され,2008年に1,170万戸,2009年に400万戸,2010年に590万戸の社会保障性住宅が着工した。(2) 農村民生事業および農村インフラ施設整備に3,700億元が投入され,7,300の中小ダムが補修され,1億2,300万人の農民の飲料水問題や107万の村落の電気使用問題が解消され,21万キロメートルの農村道路が建設された。(3) 鉄道,道路と空港などの社会インフラ施設整備に1兆5,000億元が投入された。北京・上海間をはじめ,多くの高速鉄道路線の建設が加速し,2010年には中国の高速鉄道営業路線が8,358キロメートルに上った。(4) 医療衛生,教育,文化などの社会事業に1,500億元が投入され,各種医療関連施設が2万7,000カ所,小中学校の耐震補強工事面積が949万平方メートル,農村中等学校校舎改修面積が802万平方メートル,農村文化センターが1万2,000カ所建設された。(5) 省エネと生態保全・回復工事に2,100億元が投入され,汚水処理能力が3,700万トン／日,ごみ処理能力が7万1,000トン／日増強され,植林が1万1,500万畝[9],水土流失防止工事が1.6平方キロメートル行われた。(6) イノベーションと産業構造の調整に3,700億元が投入された。(7) 汶川震災復興に1兆元が投入された[10]。

　大型景気対策が実行された結果,中国の経済成長がV字型回復した。2009年第1・四半期に6.2％に落ちた経済成長率が,第2・四半期には7.9％,第3・四半期には8.9％,第4・四半期には10.7％,年間平均が9.2％という高速成長に戻った。しかし,中国の主要輸出市場である米国が景気後退に入り,欧州も不動産バブルが破裂したため,中国の輸出がリーマン・ショック前の高い伸びの勢いを取り戻すことはできなかった。4兆元の景気対策の効果が消えた後,中国の経済成長率が政府の成長目標のデッドラインとしての8％を再び下回るようになった[11]。

3．成長の影と課題

　大型景気対策が中国経済を世界経済危機から一時期救ったが，反面，住宅バブルを生み出す仕組みを作った。『中華人民共和国予算法』の第28条は，地方政府が収支均衡を原則とし，別途定めがある以外，地方政府は債券発行ができないと規定している。4兆元の景気対策資金は中央政府の投資のほかに，多くはプロジェクトを実際に執行する地方政府の負担であった。しかし，分税制[12]のもとで地方政府の財政収入が限られている。返済能力の乏しい地方政府には，銀行が不良債権化を恐れて直接融資をしたがらない。そこで，景気対策資金を確保するために，編み出されたのが迂回融資である。地方政府が配下の国有企業を活用して融資を獲得する方法である。国有企業の投資プロジェクトに対して，国有企業の資産あるいは将来の収益を担保に私募債を発行し，資金を獲得する。ところが，その国有企業が実業を営むものは少なく，都市再開発に絡んだものが多い。地方政府が融資もしくは出資，または土地収益権などを抵当に，企業もしくはプロジェクトを設立して，設立された企業・プロジェクトが融資を受け，都市再開発を行う。設立された企業・プロジェクトは最終的には再開発に伴う土地の値上がり（開発便益）をあてに資金返済を行う仕組みである。こうした仕組みでは，土地が元手であり，土地の値上がりを収益源としているため，土地価格が常に上昇し続けなければならない。つまり，地価が需給や収益性とは無関係に上昇しなければならないため，バブルであるほかはない。

　その結果，中国監査院（審計署）の発表[13]によると，2010年末には地方政府の債務がすでに10兆7,000億元に達した。膨らんだ債務を返済するためには，さらなる土地使用権を譲渡し，自転車操業を繰り返して譲渡金収入に頼らざるを得ない。土地使用権譲渡金は平均して地方政府の予算収入の40～60％に相当するといわれる。一方，国家発展改革委員会の都市と小都市改革発展センターが12の省・自治区で行った調査によると，12の省都市おいて平均4.6

個の新街区，144の地級市（2級行政単位）においては平均1.5個の新街区を開発した。このため，空城（空っぽ都市），鬼城（ゴーストタウン）と呼ばれるまったく利用されていないプロジェクトが多発した。

　中国経済を悩ましているもう1つの問題は生産能力過剰である。生産能力過剰問題は中国経済の長年の持病の1つである。地方政府が実績づくりや域内市場の保護の動機から，他の地域と競い合ってわれ先に投資を行う。その結果，重複投資が繰り返されて，地方ごとのフルセット型産業構造となっている。このような体制的要因に加え，リーマン・ショック後の景気対策の名目でさらに大規模の投資が行われ，生産能力過剰が一層深刻度を増した。国務院発展研究センター[14]によると，現在，生産能力過剰問題がもっとも深刻なのが鉄鋼，セメント，板ガラス，電解アルミ業界である。2012年に中国鉄鋼生産能力が9億5,000万トンであるが，粗鋼生産量は7億2,000万トンに過ぎず，設備稼働率が76％であった。同年のセメント設備稼働率が79％，板ガラスが80％弱であった。これらの業界は設備稼働率がいずれもすでに国際標準水準を下回っているにもかかわらず，板ガラスを例にみると，なお30から40の生産ラインが建設中か建設予定である。電解アルミに至っては，2012年に業界の生産能力が2,700万トンであるのに対し，実際の生産高が2,000万トン，設備稼働率が74％，販売高が1,902万トンであった。電解アルミ企業の93％がすでに赤字に陥った。にもかかわらず，設備がなお増設中で，2015年に生産能力が3,300万トンになる見込みである。

　技術力が中国経済の最大のウィークポイントの1つである。中国経済が外国資本を導入し，加工貿易を通じて輸出を大きく伸ばした一方，技術競争力がGDP規模あるいは輸出の実力に追いついていない。たとえば，世界の携帯電話の77％が中国で生産されているが，中国で開発されたチップの割合は3％にも満たない[15]。世界の製造業にはスマイル・カーブが存在するといわれる。商品企画や素材や部品などの川上産業と販売やサービス・保守などの川下産業は付加価値や利益率が高いが，川中に挟まれた組立や中間工程製造業は付加価値や利益率が低くなってしまうという考え方である。中国の対外輸出額は大き

いが，主力輸出品が先進国からの委託加工品であり，その多くが川中産業に属するものである。

改革開放政策が始まった時，中国は低所得国の1つであった。30年以上の高度成長を続けて，1997年に1人当たりGNI（国民総所得）が860ドルに増え，世界銀行の分類に従うと，中国が初めて低所得国グループを脱出し，中低所得国グループに進んだ。さらに，2010年には中国が高中所得グループに邁進した。このことは中国経済発展の実績を表すと同時に，中国経済が新しいリスクに直面していることの裏返しでもある。そのリスクとは，所得水準の上昇が輸出を拡大し，経済成長を押し上げる原動力だった低賃金という優位性を失った一方，先進国ほどに十分な技術競争力を備えていない，いわゆる両着かず状態に中国経済が位置していることである。このような状態が長期化すれば，経済が低迷していわゆる「中所得の罠」に陥り，先進国にはなかなかなれない。1970～80年代にブラジルやペルーなどの南米諸国がこの「罠」に陥っていたといわれる。一方，シンガポールや韓国などがこの「罠」を乗り越えて先進国に進んだ事例もある。中国経済が成長を続けて先進国の仲間入りできるか。今その岐路に立ち，政策が問われている。

4．バブルの軟着陸を狙う「新常態」

中国経済が新局面に入った。それは「新常態（ニューノーマル）」と呼ばれている。2013年に習近平が中国のトップに就任，在任期間中の路線方針を打ち出す必要があった[16]。2014年4月の政治局経済情勢検討会議において，習近平は中国経済が目下3つの局面が交錯している時期（三期畳加）にあるとする考え方を示した。2014年5月に河南省を視察した時，習近平は中国経済情勢認識についてこれまでの考え方を焼き直して「新常態」という概念を打ち出した。中国マスコミの報道によると，この時，習近平が次のように述べた。「中国の発展は依然重要な戦略的チャンスの時期にあり，我々は自信を強化し，目下の中国経済発展の段階的特徴から出発して新常態に適応し，戦略上の平常心

を保ち続けなければならない。」2014年7月に開催された党内外人員座談会で，習近平は再度「新常態」に言及した。これらを受けて，中国共産党機関紙『人民日報』が8月4日から4日間続けて「新常態」の基本的考え方に関する論説を一面に掲載して[17]，政治キャンペーンを張った。そして，2014年11月の北京アジア太平洋経済協力会議（APEC）商工サミットで，習近平は「発展の持久を求め，アジア太平洋の夢をともに築こう」とする演説を行い，「新常態」を世界に披露した。「新常態」が習近平政権の政策基本方針として国内外に認知されるに至った。

　演説の中で，習近平は速度，構造，動力の3つの用語を用いて「新常態」の中身を展開していた。この3つの用語は2014年4月の政治局経済情勢検討会議に示された「三期畳加」そのものであるといってよい。速度とは，経済成長速度のギア・チェンジである。これまでの2桁の超高速成長から中高速成長に中国経済が成長スピードを落とさなければならないという。リーマン・ショックまで中国経済は10％を超える成長率が普通であったが，もはやそれができないし，してはならないとした。構造とは，経済構造の調整である。これまで中国経済は量の拡大を梃に経済を発展させてきた。それは技術のマネと天然資源の大量消費の結果であった。このため，PM2.5に象徴される深刻な環境汚染を引き起こした。これからは量より質を追求し，持続可能な発展を追求するという。動力とは，発展の原動力・成長エンジンである。リーマン・ショックの時，大規模な財政出動で経済にカンフル剤を打ち，経済が一時的によくなったが，大きな副作用が生じた。都市開発が過熱し，生産能力が過剰となり，中央政府，地方政府，さらに民間の債務が膨張した。当面は，これらの債務のリスクオフを進め，カンフル剤によらない経済成長を模索していかなければならない。

　「新常態」をどう理解すべきか。なぜ「新常態」を打ち出す必要があるだろうか。筆者はそこには2つの背景があるとみる。リーマン・ショック後，景気刺激策によって中国経済はバブル化し，2014年にはバブルが破裂寸前の状態であった。このような状況下で，バブルが崩壊して中国経済はだめになるとす

る悲観論が蔓延し始めた。このため，中国経済の行方に対して自信を取り戻させ，社会の安定を図ることが喫緊な課題であった。このことから，今後の中国経済成長スピードについては，これまでを"超高速"つまり異常で通常ではあり得ない奇跡だと位置づけ，今後は従前に比べ，成長スピードが幾分落ちるものの，"中高速度"と表現し，決して低くないことを印象づけようとした。2015年3月に開かれた全国人民代表大会（全人代）で，2015年度の経済成長率目標を前年より0.5ポイント引き下げ，25年ぶりの低水準の7％前後とした。

　もう1つの背景は，政府に対する，市場を救済するために，大規模な景気刺激策を再び打つべきだとする強い要望である。4兆元の景気対策効果が剥げ落ちた後，2012年末に中国各地の地方政府が相次いで新規の景気刺激策を計画し，その規模が2008年の4兆元を遥かに超える20兆元になると伝えられていた[18]。しかし，大規模な景気刺激策を実施すれば，リスクを先延ばしして，バブルをさらに大きくし，バブルが崩壊する時は中国経済に破滅的な結果をもたらすことは明らかである。中央政府にはバブルがハードランディングしない範囲内で経済をクールダウンさせることが迫られている。

　要するに，「新常態」とは，ここまで膨らんだ経済バブルを破裂させずに軟着陸させるためのバブル対策であると理解すべきであろう。中国経済が中所得国から高所得国へと飛躍するための成長モデルの転換である。

5．「新常態」と新成長モデル

　中国経済は成長モデルの転換が求められている。新しい成長モデルはバブルの軟着陸と新たな成長可能性を引き出すことを同時達成できるものでなければならない。ここで，必要なことは成長を維持するための競争力創出とバブルによって膨らんだ生産能力の過剰を速やかに消化していくことである。

　生産能力過剰を消化するために，中国政府は2013年10月に「国務院が生産能力の深刻な過剰の矛盾解消に関する指導意見」（国発（2013）41号）を政府関係機関に通達した。この中で，設備の新設抑制，既存設備の整理のほかに，国

内においては工業化，都市化，情報化，農業近代化のさらなる深化を通じて，国内市場の需要を掘り起こして生産能力過剰の解消を図っていくとした。

改革開放前までは，中国が都市人口抑制政策を採用していた。このため，都市人口比率が1978年に17.92％にとどまった。その後，経済の自由化，経済の発展のなかで，都市人口増加に対する抑制姿勢が中小都市を中心に徐々に緩和され，それに伴い，都市人口比率はほぼ年に1％の割合で上昇し続けて，2014年には54.77％に達した。しかし，先進諸国に比べ，中国の都市人口比率がなお低い。ところで，中国では，戸籍制度をベースに都市住民と農村住民の間で大きな社会保障や所得格差が存在している。一般に，都市住民の現金消費が農民の2，3倍であるといわれている。つまり，人口の都市化は大きな消費需要を喚起することを意味する。

中国政府は2020年までに"3つの1億人"とする新型都市化政策を打ち出している。新型都市化はまず現在都市に出稼ぎに来ている農村戸籍の人口の一部に都市戸籍に変更してもらい，都市に移住・定住させる。その人口規模は2020年までに累計1億2,000万人と推測されている。次に，"城中村[19]""棚戸区[20]"と呼ばれる劣悪環境に住んでいる人々の居住環境を改善するためのプロジェクトを実施して，都市生活を享受できるようにする政策である。プロジェクト規模が4,000万戸，1億人に及ぶ。3つ目の1億人は中西部地域の都市化策である。東部沿海地域に比べ，中西部地域の都市化が遅れている。新型都市化政策は，東部に出稼ぎにいった人々を呼び戻し，中西部の都市で働いている農村戸籍の人々を都市住民として定住させることを通じて，中西部で1億人の都市化を進める。

新たな国内需要の掘り起こし策と並んで，同「意見」では積極的に海外発展空間の開拓を推奨した。海外発展空間の開拓では，これまで獲得した輸出市場を一層拡大させる一方，"走出去"（海外投資）を重要措置と位置づけた。しかし，企業の海外展開が決して容易なことではない。とりわけ，生産能力過剰の深刻な業界は赤字企業が多く，海外展開には資金の制約，なかんずく外貨の調達がネックになる。中国政府は今，2つの重要な政策を合わせて打ち出して，

中国企業の海外展開をサポートしようとしている。

　1つは一帯一路構想（One Belt and One Road）と呼ばれるものである。一帯とは，中国の西部地域から中央アジアを経由して欧州に通ずる「シルクロード経済帯」である。一路とは，中国沿海部から東南アジア，インド，アラビア半島の沿岸部，アフリカ東海岸を結ぶ「21世紀海上シルクロード」である。資金融通（金融協力），政策濠通（政策協調），施設聯通（インフラ整備），貿易暢通（貿易拡大），民心相通（民間交流）という「五通」を目指して，中国が中心になって開発していく構想である。

　一帯一路構想を地理的にみると，一帯は古代シルクロードを，一路は明の鄭和南海大遠征をそれぞれ彷彿されるが，同構想は単に貿易拡大を狙うばかりのものではなく，21世紀における中国の世界戦略展開図だと理解されるべきだろう。一帯とされる地域はシルクロードの伝統的な中央アジア，西アジア，南アジアに，東南アジアが加えられたことは注目すべきところである。南アジア・東南アジアは今後世界で成長が最も期待される地域であるとされている。南アジア・東南アジアが一帯一路に組み込まれたことは中国の経済成長モデルに組み入れたこととなり，中国経済が新たな成長エンジンを獲得することとなる。また，陸上ルートに加え，海上ルートも欧州まで延伸され，ユーラシア大陸の東の端にある中国と西の端にある欧州が陸と海の入り組んだ複数ルートで結ばれることとなった。一帯一路の一方の端点が欧州であることに大きな意味がある。英国やフランスなどは南アジア・東南アジアの旧宗主国であり，同地域に強い影響力をもっている。中国また欧州のいずれから見ても，南アジア・東南アジアの発展を自国の成長に取り込むことは重要であり，協力できる余地が大きい。このことから，英国をはじめ，欧州の国々が"予想外"にAIIBに参加申し込みしたことはむしろ至極当然であろう。

　中国が一帯一路構想を進める目的は4つあるといわれる。1つは，国内の過剰生産能力の解消と内需不足を補うための，関連諸国との連携によるインフラ投資の拡大である。2つ目は，中国から関連新興国への経済援助を通じた，中国を中心とした経済圏の確立である。3つ目は，そうして絆を深めた新興国に

鉄道，発電所，通信などの資本財を輸出し，そうした国からの安定的な資源輸入を図ることである。4つ目は，2つの現代版シルクロードを通じた貿易の活発化を提唱することにより，世界経済の牽引役として，中国の存在感をアピールすることである[21]。

一帯一路構想を資金面から中核的にサポートするのが，アジアインフラ投資銀行（AIIB：Asian Infrastructure Investment Bank，中国名：亜洲基礎設施投資銀行）である。アジアインフラ投資銀行は2013年10月に習近平と李克強が東南アジアを歴訪する中で提唱されたものである。北京APEC期間中の2014年10月24日に，アジアを中心とする21カ国が設立覚書に調印した。提唱された当初，先進国の参加はほとんどなかったが，2015年3月に英国が参加表明したことを皮切りに，フランス，ドイツ，韓国などが相次いで創設国メンバーに参加表明した。創設国は2015年3月の時点で57か国に増え，一帯一路構想の沿線国がほとんど参加することとなった。

AIIBは本部を北京に置き，法定資本金が1,000億ドルとなる。AIIBはアジア地域における多国間国際金融機関と位置づけられている。現在，多国間国際金融機関には，世界銀行，国際通貨基金（IMF），そして日本主導で1966年に設立されたアジア開発銀行（ADB）が存在しているが，米国，欧州そして日本がそれぞれ主導的立場を占め，中国はほとんど発言権がない。AIIBの設立は中国主導のもとで中国色彩の強い金融機関となる。AIIBへの出資比率は購買力平価で計測したGDPに基づくとされる。参加メンバーの関係で最終調整が必要であるが，中国は最大の出資国となり，圧倒的な議決権を握るとみられる。

アジア地域が今後も発展していく上で，道路，鉄道，港湾施設，通信施設のインフラ整備が重要になっていくが，それには膨大な資金が必要である。ADBの試算[22]によれば，2010～2020年の間に，アジアは各国内インフラの整備に約8兆ドルの投資を必要としている。年間に換算すれば，約8,000億ドルという巨額である。現状では，これに応える国際金融スキームが不十分である。AIIBの設立はアジア新興国にとってインフラ整備資金を確保する選択肢が1

つ増えて歓迎されている。無論，AIIBの設立から最大限の恩恵を享受するのは中国である。中国の世界戦略の観点でみると，欧米や日本が主導する国際金融機関と並んで，中国のプレゼンスを反映できるAIIBは，人民元の国際化，参加国と長期の協力関係を築くには大きな戦略的意味を有するものである。また，ビジネスの観点でも中国にとってメリットが多く，「新常態」への移行の要になると考える。AIIBの想定される投資案件が道路，鉄道など，現在中国が国際競争力を獲得しつつある産業分野である反面，近年の国内生産能力過剰の深刻度の高いものでもある。これまでの国際経験からすれば，中国主導のAIIBから資金調達される案件には中国企業が恩恵を受けやすいことになる。つまり，あわよくば，経済のバブル化に伴って深刻になった生産能力の過剰の解消につながり，やがて中国経済をバブルの軟着陸に導く。

6．おわりに

中国は1980年代以来，外国資本の誘致に成功し，それを梃に，海外から資本，技術さらに市場を入手し，加工貿易輸出を通じて経済成長を遂げてきた。さらに，旧社会主義時代に築かれた巨大な国有経済体をベースに，政府主導の投資拡大をし続けた結果，中国は30数年の経済高度成長を経て貧困国を脱し，中進国に飛躍した。人類史上にこれほどの人口規模を持つ国が豊かになることはなかった。所得水準と人口規模を掛け合わせた巨大経済体が今ブラックホールのように世界経済の動きを吸い寄せている。

一方，多くの発展途上国が先進国に生まれ変わっていく過程に遭遇する「中所得国の罠」に，中国が直面する段階に来た。それは，所得水準の上昇に伴って，高度成長を導いた輸出依存と投資依存の成長パターンから脱却し，低価格に代わる新たな競争力を獲得するイノベーションを引き起こせるかどうかである。それに加えて，2008年のリーマン・ショックに起因して行われた巨大景気刺激策はその後大きなバブルを作り出して今破裂寸前になっている。とりもなおさず，バブルを軟着陸させ，「中進国の罠」を克服すべく経済構造を転換

することが中国経済の課題である。

　中国政府は「新常態」という政策概念のもとで政策を集結させて，この課題に取り組もうとしている。国内において，都市化をさらに推進して内需を掘り起こしていく。同時に，「中国製造2025」[23]を目標に，イノベーションを引き起こし，中国企業に新たな競争力を獲得させていく。生産能力過剰の解消，海外需要の創出に，中国は一帯一路構想とする世界戦略を打ち出し，それをサポートするためのAIIBの設立に取り組んでいる。このように，「新常態」をめぐる中国政府の政策枠組みは概ね出揃ったといってよい。これから実行に移していく段階になるだろう。

　中国政府の政策を筆者なりに総合的に評価すれば，一帯一路構想ならびにそれに関連するAIIBの設立などの世界戦略が大胆で野心的なものであり，中国経済にとって一石二鳥の効果が期待できる。つまり，短期的には国内過剰生産能力の海外移転によって，バブル経済の軟着陸が望める方向になる。中長期的にはアジア発展途上国，アフリカ諸国の経済発展が実現できれば，中国にとって欧米と並ぶ新規市場の獲得となり，「中進国の罠」を克服する可能性を高めることにつながる。この世界戦略が中国経済の行方を左右する要だと思う。政策効果を十分に発揮するためには迅速な行動が不可欠だといえよう。

　しかし，国内政策と違い，中国政府の一存ですべてが決まるのではなく，他国と協調しながら行わなければならないため，政策効果の発揮には大きなリスク要因となる。国内向けの政策を見ると，オーソドックス的なものがほとんどで，新鮮味が見当たらないといってよい。もちろん，今の中国経済にはバブルの熱が自然放出し，クールダウンしてくるのを待つことが大事で，景気刺激策も景気緊縮策も取れない状態にあってやむを得ない部分もある。ただし，これから中国が「中所得国の罠」を克服していく上で重要となるイノベーションを生み出すには，今の政策パッケージでは明らかに不十分だと言わざるを得ない。つまり，イノベーションを起こす主体はだれかである。これまで国有企業が中国の経済発展に大きな役割を果たしたことは否定しないが，同時に民間の成長の芽を阻害している部分があったことも事実である。民間がもっと自由に経済

活動できるためには，国有企業をどう変革させるかの政策が望まれる。さもなければ，今の政策では，衣だけが変えられ，従来の通り，国主導，国有企業主導の開発になってしまい，「中所得国の罠」を克服することが困難だろう。

　近年，日本での中国観光客の爆買いが話題になっているが，爆買い商品の1つにウォシュレットがあった。このことが中国でも報道され，中国科学界の頂点ともいえる中国科学院の関係者が次のように発言したと伝えられている。中国科学院が雑貨類のウォシュレットの研究をすれば天下に笑われるという意識があってやらない。一方，中国の民間中小企業は技術力がなく外国製品をコピーするしかないと解説していた。このことはまさに中国経済の現状であり，問題の核心の1つである。この状態を変える政策こそが「新常態」に転換していくのに必要不可欠な政策だといえよう。

【註】

（1）中国網日本語版「チャイナネット」2015年1月20日。
（2）人民元建てでは469元，為替レートは1.5人民元＝1ドルであった。
（3）この年に中国より国内総生産（GDP）規模が大きい国の順は米国，日本，旧ソ連，旧西ドイツ，フランス，英国，イタリアであった。
（4）中国では女性の定年年齢は55歳，男性は60歳であることが一般的である。
（5）農村の土地は農民の集団所有物であるが，政府が強権発動で用地を収用して外国資本企業に利用させていた。
（6）無論，国有企業を国有企業のままにすることにより生じた限界も大きい。特に，所有と経営の関係や民営圧迫など中国経済が発展する上での課題となっている。これについては後述したい。
（7）胡江雲「中国対外貿易の主な特徴及び将来の展望」内閣府経済社会総合研究所，『中国の長期的経済発展に関する研究』個別報告三，平成23年5月。
（8）多数の輸出企業が倒産した広東省では，労働者や農民工が給与未払いなどに抗議してデモや集会を開き，なかでは暴徒化したケースも発生した。
（9）1ヘクタールが15畝である。
（10）2008年5月に，四川省でマグニチュード8の大地震が発生，死者・行方不明者が約9万人，直接の経済損失は総額1兆元（約14兆円）に達し，1,000万人以上が住む家

を失った。

(11) 社会の安定を図り，人口増加に伴う労働力増加を完全雇用するには，少なくとも8％以上の経済成長が必要だといわれる。それを反映して，この時，中国政府の政策スタンスは成長率8％死守であった。

(12) 1994年に財政改革が実行され，中央政府と地方政府の税収取り分が見直された。これによって中央政府の税収が大きく増えたのに対して，地方政府の税収が大きく減少した。このことがシャドーバンキング発生の遠因にもなっている。

(13) 審計署『2011年第35号：全国地方政府性債務審計結果』。

(14) 冯立果 高蕊「当前我国部分行业产能过剰情况調査及其化解」『中国発展観察』2013年第6期。

(15) http://www.focus-asia.com/，2014年11月11日記事，「世界の携帯電話の77％が中国製，自主開発のチップは3％に満たず」

(16) 前任者の胡錦濤の政策スローガンは和諧社会，さらにその前の江沢民は3つの代表であった。いずれも後に中国共産党憲章に書き込まれた。

(17) 2014年8月特別報道「新常態，新在哪」，8月5日評論員論説「経済形勢閃耀新亮点」，8月6日評論員論説「経済運行呈現新特徴」，評論員論説「経済発展邁入新段階」。

(18) http://www.cs.com.cn/（中証網），2013年11月20日「地方版4万億計画投資総額已超20万億元」。

(19) 城中村とは，都市化が進む過程で，都市域が外縁拡大し，従来の農村地域を新都市地域に取り込むが，種々の政策の歪みで農村住民が居住する集落は農村のままで都市の中に取り残された地域のことである。

(20) 改革開放政策前に，国民個人の生活より国家建設が優先されていた。当時，国有企業の従業員のために建設された簡易住宅が今日まで利用されている。劣悪の居住環境として知られている。

(21) http://www.smam-jp.com/market/report/keyword/，三井住友アセットマネジメント，＜今日のキーワード＞　一帯一路。

(22) アジア開発銀行，アジア開発銀行研究所（著），荒川 博人（翻訳）『シームレス・アジアに向けたインフラストラクチャー』一灯舎，2010年6月。

(23) 2015年3月に開催された全人代で，李克強が打ち出した，中国を製造大国から製造強国に深化させていくための戦略である。2025年を目標に，インターネット技術との融合を中心に，十大分野を重点的に強化していく方針である。

（閻　和平）

ロシア金融制裁の衝撃度

1. 世界秩序への挑戦

　光陰矢のごとし。早いもので「ベルリンの壁」倒壊から25年の歳月が経過した。この四半世紀，遠心力と求心力とが混ざり合いながら国際政治のドラマが展開されていった。ソ連邦やユーゴスラビアは空中分解し，数多くの独立国家が誕生すると同時に，欧州連合（EU）や北大西洋条約機構（NATO）の加盟国は増加の一途を辿った。第二次世界大戦後の冷戦構造は崩れ落ち，新たな国際秩序が形成されていく過程と重なる。

　ここに挑戦状を突きつけた異質な国がロシア。隣国ウクライナに土足で踏み込み，クリミア半島を略奪した挙句，同国東部に軍事介入した[1]。2008年9月に発生したリーマン・ショック（金融危機）の直前，ロシアは隣国グルジアに侵攻し，南オセチア共和国とアブハジア自治共和国とを強奪している。自国の領土拡張に執心するロシア。飢えた熊が子猫に襲いかかる日々が続く。

　「罪と罰」。国家侵略という大罪を犯したロシアに対して，欧米社会は金融制裁という処罰を下した。資金と先端技術へのアクセスを遮断する兵糧攻めである。確かにロシアは世界屈指の資源エネルギー大国であるが，いかんせん高度技術を持ち備えていない。大量破壊兵器，すなわち核兵器を保有する一方，まともな乗用車1台作れない。経済の近代化が喫緊の課題であるにもかかわらず，依然として資源マネーに依存するいびつな経済構造から脱却できないでいる。

　ロシアの急所は技術とマネー。遮断されればたちどころに行き詰る。

　ロシアの挑戦に身構える欧米諸国はさらなる浸食を食い止めようと，ウクラ

イナを全面的に支援する方針を表明。ウクライナのNATO加盟には慎重なものの，EU加盟に向けて着々と布石を打っている。

ウクライナ最高会議（国会）は2014年9月16日，EUと連合協定（EUが第三国と結ぶ国際協定，包括的な協力策が盛り込まれる）を批准した[2]。連合協定の一部に相当する自由貿易協定（FTA）については，2016年1月に発効する。一方，欧州議会（EUの立法機関）も連合協定に批准，ウクライナのEU加盟を視野に入れた。ウクライナは経済面でロシアとの関係改善を進める一方，EUとの政治経済関係強化に乗り出す。

ウクライナのポロシェンコ大統領は2014年9月中旬に米国を訪問，オバマ米大統領とホワイトハウスで会談した[3]。米国の対ウクライナ追加支援は5,300万ドルで，支援総額は2億9,100万ドルに達した。ただし，ウクライナの具体的な安全保障については今後の課題となっている。

欧米諸国はウクライナを取り込むことでロシアに対抗できる体制を徐々に構築する途上にあると位置付けられる[4]。

受けて立つロシアは客観的に不利な状況に追い込まれた。潤沢な資源マネーが間断なく流入して初めて機能するロシア経済は，国際商品価格の動向に左右される。原油価格が急騰している局面に入ると，ロシアは決まって好戦的となる。グルジア紛争は国際原油価格が史上最高値を更新した直後に勃発した。ソ連邦がアフガニスタンに侵攻した時期は第2次石油危機の直後である。

しかし，国際原油価格の下落局面では，ロシア経済は常に低迷する。米国のいわゆる「シェール革命[5]」で原油と天然ガスの産出量が格段に増大した結果，それらの輸入量は激減した。中・長期的に新興国の需要は旺盛であるが，足元の消費量は伸びていない。世界市場全体で需給バランスが崩れ，供給リスクは発生せず，逆に原油価格に供給圧力がかかる。当然，原油価格は押し下げられる。

「シェール革命」の効用はこの価格抑制機能にある。米国の原油と天然ガスの輸入量削減で余剰が発生する。余剰となったアフリカ産や南米産の原油はアジア市場に流入。アジア市場を舞台として，中東産原油との値下げ競争が繰り

広げられている。石油取引拠点のシンガポールでは大型オイルタンカーが停泊，原油価格が反転するのを待っている。

　米国内では「シェール革命」の恩恵でエネルギー価格が低下，これを背景に製造業が息を吹き返した。連綿と続くIT（情報技術）革命と相まって，経済の先行きは明るく，ニューヨーク株式市場は史上最高値更新に沸く。加えて強いドルも復活，投資家の米国経済に対する信頼度は確実に高まっている。

　しかしながら，好調な米国経済とは真逆に，ロシア経済は低空飛行が続く。米「シェール革命」の進展と反比例して，ロシア経済は国際商品市況の低迷に嘆く。

　一般に，ドル高局面では国際商品価格が低下する。ドル建て価格が割高感を演出するからだ。「有事の金」としばしば評価されるが，そもそも金を保有しても利息を伴わない。米国の長期金利先高期待で投資家がドル買い姿勢を鮮明にすると，どうしても金価格に下押し圧力がかかる。原油価格についても同様である。

　米国の原油・天然ガス生産量が急上昇し，原油・天然ガス価格抑制機能が作用し始めた時期以降，ロシア経済は足踏み状態，踊り場から脱出できなくなった。にもかかわらず，プーチン政権はクリミア半島強奪を強行，金融制裁が科された。原油価格の低迷と金融制裁でロシア経済は青息吐息。安定成長への糸口を見つけられないでいる。

　世界秩序を切り崩し，ロシアに有利な秩序に塗り替えようとするクレムリン（ロシア大統領府）の野望は成功するのか。クリミア半島を手中に収めたものの，この代償は大きい。プーチン大統領の挑戦はどうやら失敗に終わりそうだ。少なくとも経済的にはロシアが敗戦国となった。

　ロシアは米国をライバル視するが，そもそも総合的な国力で米国を打ち負かすことはできない。ロシアは謙虚に日米欧諸国から先端技術を学ぶべき立場にある。

2．長期低迷期に突入したロシア経済

　深刻化する資本逃避。ロシアの投資家や実業家は自国通貨ルーブルを信用しない。ロシアからの純資本流出総額は2014年1－6月期に746億ドルにのぼり，2013年の年間総額627億ドルを上回る水準に達している[6]。2014年通年で1,515億ドルに達するとロシア中央銀行は報告している[7]。もちろん，過去最高の純資本流出額である。対外債務の返済，外貨需要，外国直接投資（FDI）に充当されている。また，2014年上半期の輸出総額は2,195億ドルと前年同期と変わらないが，今後は減少していくことが予想される。

　もちろん，ロシアの株式（代表的株価指数はRTS）は下落基調で推移。2011年初頭を頂点に趨勢として低下傾向にある。RTSは2014年だけでも年初の1,400から12月中旬には800まで下落した。株式市場では出来高が急減，商いが膨らまないと市場の活性化は不可能である。ロシアリスクに鑑みると，投資家があえてロシアに資金を振り向ける理由が見当たらない。投資家のロシア離れはより一層進んでいる。

　当然，格付け会社はロシアの格付けを再検討せざるを得ない。事実，矢継ぎ早に格付け会社はロシアを格下げした。

　米格付け会社スタンダード・アンド・プアーズ（S&P）はロシアの外貨建て長期信用格付けをダブルBプラスに1段階引き下げた。ロシアは10年ぶりに投資適格級を失ったことになる。もちろん今後の見通しについてもネガティブ（弱含み）である[8]。同じく米格付け会社ムーディーズ・インベスターズ・サービスもロシア国債の格付けをBa1に1段階引き下げ，投資不適格にした[9]。さらに，格付け会社フィッチ・レーティングスもロシアの長期格付けを投資適格では最低水準のトリプルBマイナスに1段階引き下げている。今後の見通しについても弱含みとしている[10]。

　ロシアの信頼はすでに地に落ちた。富裕層は資産の目減りを嘆き，外国人労働者はロシアを見限って脱出している[11]。

驚いたことに，ロシア当局自身がリスクを察知,「有事の金」の買い増しに動いた。2014年にロシアが購入した金は173トンに達する。年間購入量では世界首位。世界の中央銀行全体で477トンであるから，ロシアの購入量が3分の1強を占める。ロシアが世界第3位の産金国であることに加えて，米ドルや米国債，ユーロ債を売却して金を買い増したようである。付言すると，ロシアと対立するウクライナは「有事の金」を20トン売却，現金化した[12]。

ロシア自らがロシアリスクに身構える姿は滑稽でもある。だが，それはロシア自らが招いたリスクに過ぎない。リスクを吹き飛ばすにはモスクワが自らの罪を認め，不要なプライドを捨て去り，普通の国家に脱皮することである。そうでないと，国際社会で生存できない。

中国についても同様である。背伸びをせず，身の丈に応じた国際貢献に徹し，国際社会と共存できる道を模索すべきだ。そうなると，韓国も背伸びをしなくなる。

ロシアの経済成長率は2013年でわずか1.3％，2014年も0.6％という低水準に甘んじている。ロシア中央銀行は2015年の実質経済成長率をマイナス3.5－4.0％と予測する[13]。また，シルアノフ財務相は2015年通年の成長率をマイナス4％と予測している。民間の調査ではマイナス7％になるとの見方もある。

ロシア経済は今や景気後退（リセッション）入りの局面を迎えた。世界銀行（WB）は2014年の成長率がマイナス1.8％に沈み，2015年もマイナス3.8％，2016年マイナス0.3％とマイナス成長が続くと警告を発している[14]。原油価格の低迷と金融制裁発動のダブルパンチでロシア経済はショック死寸前である。

固定資産投資総額は2014年1－9月期，マイナス2.5％を記録。民間投資と民間消費が経済を下支えしなければならないのだが，実質所得が増えない以上，過度な期待はできまい。

2014年8月の新車販売台数は対前年同月比で25.8％も減少，月間では同年最悪を記録した[15]。同年1－8月期では対前年同期比で12.1％の減少となっ

ている。特に，高級車の販売が不振だという。実体経済にも悪影響が忍び寄ってきていることがわかる。

興味深いのはロシアの農業もまた低迷している事実である。ロシアでは農業人口が1960年の5,500万人から3,000万人に激減，耕作地も減少した[16]。ソ連邦崩壊とともに農業が軽視されてきた帰結だ。ここ数年は農業生産が横ばいのようだが，家畜の生産は低下しているという。

欧米からの農産品輸入が禁じられたために，国内産へのシフトが促されてはいるが，食糧品の40％を輸入に依存する。ロシアの食品輸入業者が打撃を被っていると聞く。また，中国産の台頭でロシア国内産食料品の競争力は弱っている。

そこで，ロシア政府は国営銀行による融資やリース会社を通じた融資で農業を再建。その結果，穀物生産や豚肉生産は上昇に転じた。ところが，物流設備の未整備から果物・野菜・ミルク生産の近代化が今もって遅れている。仕方なく，ジュースなどに加工されているのが現状である。それでも，小規模農家向けの補助金が欠如しているとされる。

いわゆるトリプル安（株安，通貨安，債券安）に喘ぐロシア経済。もはや身動きが取れない状況に追い込まれた。ルーブルの対ドル為替相場は2014年初頭の1ドル33ルーブルから同年12月には80ルーブル台にまで急落。その後は1ドル60ルーブル台近辺で推移している[17]。

ルーブル安を阻止しようとロシア中央銀行は政策金利を引き上げ（政策金利は現在11.0％），なおかつ断続的にドル売り・ルーブル買い介入を実施したが，それでもルーブル売りが止まらない。困り果てたロシア中央銀行はやむなく通貨バスケット制から変動為替相場制への移行を決定，ルーブルの買い支えを放棄してしまった[18]。

利上げは資金調達コストを押し上げ，景気をさらに下押しする。ルーブル安で輸入品の価格は跳ね上がり，ロシア市民の台所を直撃する。ロシア中央銀行は2015年3月のインフレ率が16.9％に達したと報告している。2014年末の11.4％から明らかに加速していることがわかる[19]。企業は資金調達コスト高

に，家計は物価高に悲鳴を上げる。実質賃金も実質可処分所得もともに下落している。早晩，金融機関や企業が相次いで倒産することだろう。ロシア社会は危機モードに突入した。

ロシア国民の半数が年金生活者と公務員。活力が欠如した社会である。国庫は資源マネーに依存し，この資源マネーは年金生活者と公務員を介して還元される。資源と公的部門に大きく依拠する脆弱な構造だ。資源マネーが枯渇すると，たちどころに赤信号が灯る。

起死回生。プーチン大統領は下落する支持率を食い止めようとクリミア半島侵略に踏み切った。ロシアのナショナリズムを鼓舞し，プーチン政権に対する求心力を回復する戦略だ。思惑は奏功し，見事，支持率は急回復した。

しかし，副作用が大きかった。ロシア経済は深く傷つき，再起不能の状況に追い詰められている。経済的に追い詰められた有権者はナショナリズムで生計を維持できないことを悟るだろう。支持率は再び急降下し，遠心力へと姿を変える。クレムリンはウクライナに土下座し，クリミア半島と同国東部から撤退すべきであろう。そうでない限り，危機モードは解消されない。

ロシア市民は今，経済危機，物価高，貧困，所得格差，失業に脅える日々を過ごす。一般国民はこの苦境に耐えることができるか。ロシア政府は公務員の汚職取締りを強化しているようだが，国民の不満は鬱積するばかり。堪忍袋の緒が切れたそのとき，ロシア国民はプーチン大統領に反旗を翻す。クリミア半島略奪はプーチン大統領の政治生命を絶つリスクを内包している。

3．ロシア制裁の目的と効果

欧米諸国による対露経済制裁の目的は，資金と技術へのアクセスを遮断することによって，プーチン大統領を取り巻くインナーサークル（利益集団）を壊滅することにある。すなわちプーチン帝国の破壊だ。対露制裁は二重三重の層からなる。

独立系天然ガス企業ノバテックを率いるゲンナジー・チムチェンコ社長。総

資産153億ドルと目されるこの人物はプーチン大統領のサンクトペテルブルク市勤務時代からの盟友とされる[20]。

フランスの石油最大手トタルがノバテックの株式15％を保有，ノバテックがロシア北部のヤマル半島で進める液化天然ガス（LNG）生産プロジェクト・ヤマルLNGにも20％を出資する[21]。ヤマルLNGは2017年に本格始動し，年間1,650万トン（日本のLNG輸入量の2割に相当）のLNGが生産される[22]。

日量100万立方メートルの天然ガスを生産するノバテックは，2007年からヤマル半島にLNG生産基地を建設してきた。総事業費が270億ドルに達することから中国石油天然ガス（CNPC）も出資，2014年1月に権益を取得している。

ノバテックはガイダン半島にもLNG生産基地を建設する計画でいる。完成すれば，ノバテックのLNG生産規模は倍増する。同社の天然ガス生産量は過去6年間で倍増，ロシア天然ガス生産全体の10％を占めるに至った。ロシア国内供給量の19％を占有する。大躍進を遂げるノバテックが国営天然ガス独占体ガスプロムを追い詰める構図が浮き彫りにされる[23]。

もちろん，ノバテックに代わって，ロシア国営石油最大手ロスネフチがインテルRAOに天然ガスを供給する契約を締結するなど，企業間競争は確実に激化している。ノバテックが他社に買収されるリスクも残る。しかし，注目すべきはガスプロムの独壇場が完全に崩れ去った事実である。それだけに欧米諸国はガスプロムだけではなく，ロスネフチやノバテックにも制裁の網を広げているのである。追加制裁はロシア国内の変化する勢力地図に対応するために科されている。

要するに，プーチン大統領を取り巻くインナーサークルの壊滅が制裁の究極的な狙いなのだ。

民間金融機関バンク・ロシアの大株主であるユーリー・コワリチュクの総資産は14億ドル。このバンク・ロシアはプーチン大統領の財布の1つと位置付けられる。

ロシア鉄道社長ウラジミル・ヤクーニンの資産は公表されていないが，紛れ

もなくプーチン・ファミリー一員であり，国営企業とプーチン・インナーサークルとが裏で繋がることを物語る。

ロスネフチのイーゴリ・セチン社長にも制裁の手は伸びる。言うまでもなく，セチン社長はプーチン大統領の腹心の友。メドベージェフ首相よりもプーチン大統領に近い人物である。大統領府や内閣府に身を置かない，ある種の自由さがセチン社長の強みとなっている。

ここで経済制裁の内容についてもう少し掘り下げてみよう。経済・金融制裁は緩和されたとしても解除される時期は後ずれする。

ホワイトハウスは2014年9月12日，追加制裁を表明，ガスプロム，ロスネフチ，ガスプロムネフチ（ガスプロムの石油部門子会社），民間石油企業スルグートネフチェガス，民間石油大手ルークオイル，石油パイプライン管理・運営独占体トランスネフチなどを制裁対象に追加した。即刻，深海・北極圏・シェールプロジェクト関連の財・技術・サービスの提供が禁じられた[24]。

金融機関では銀行大手5行に加えて，銀行最大手ズベルバンクにも米金融市場での資金調達が禁じられている。同行はロシア国内銀行総資産の25％を占めるため，資金調達コストが上昇すると，ロシア経済全体に悪影響が拡散する。あわせて，ワシントンは国営防衛企業5社の米国内資産を凍結，米国企業・個人との取引を禁じた。

一方，EUはロスネフチ，トランスネフチ，ガスプロムネフチを資金調達の制限対象に加えた。また，ロシア国営防衛コングロマリット（複合企業）・ロステクノロジーのチュメゾフ社長を筆頭に，資産凍結対象として24名を追加，全体として個人119人，企業・団体23を制裁対象としている。

欧米諸国に比べると，日本政府の対露制裁内容は生ぬるい。対露関係に考慮した結果であろう。特定人物に対するビザ発給停止による渡航制限，特定の個人・団体に対する資産凍結，武器輸出・技術提供・軍事転用可能な汎用品の輸出制限，ズベルバンク・対外貿易銀行（VTB）・対外経済銀行（VEB）・ガスプロムバンク・ロシア農業銀行による証券の発行・募集を許可制にするといった内容にとどまっている。

先端技術の移転が絶望的になったことは当然，ロシア経済にとって痛手だが，短・中期的には資金調達のラインが途切れることのほうが打撃となる。

　ロスネフチやノバテックがロシア政府に資金援助を申し出たけれども（ロスネフチはロシア国家福祉基金から1兆5,000億ルーブルの支援を要請），ロシア中央銀行は早晩，ズベルバンク，VTB，VEBに資本注入する必要に迫られるはずだ。ある試算によると，今後18カ月間に750億ドルの資本注入が必要だという。

　ムーディーズは欧米諸国による金融制裁でロシア企業が国際資本市場にアクセスできなくなったことから，2016年から17年かけて信用収縮に直面する危険性を指摘している。ロシア企業，特に金属・鉱業，不動産，建設部門の痛手が大きいと警告を発した。

　事実，ロシア国内企業が抱える対外債務は5,500億ドルに上る。ロシア中央銀行は2015年末までに返済期限を迎える，ロシア金融機関・企業の対外債務は1,340億ドルに達すると表明した。2014年末までに限定しても320億ドルに及ぶという。返済不能の場合，たちどころに不良債権が山積することになる。

　ただ一方で，ロシアの対外資産が2014年10月末時点で1兆ドルに達することも付言しておきたい。このうち2,200億ドルは現金，預金，ポートフォリオ投資である。

　それでも，ルーブル安が顕在化していることから，通貨防衛のために当局は断続的にドル売り・ルーブル買い介入を断行せねばならない。いずれも外貨が必要となる。外貨準備金が枯渇すれば，万事休す。ロシアは再びルーブル危機に見舞われることになる。

　ただし，ロシアで事業を展開する日本企業にとっての悪影響は軽微であるけれども，欧米企業にとっては痛手でもある。

　英系国際石油資本（メジャー）BPはロスネフチ株20％を保有，BPにとってロシアビジネスは主柱の1つでもある。

　ノルウェーの石油最大手スタトイルもロスネフチとの合弁事業に33.3％を出資，バレンツ海やオホーツク海での海底油田開発に乗り出す構えでいる。

　英蘭系メジャーのロイヤル・ダッチ・シェルは原油・天然ガス生産事業・サ

ハリン2に出資，年間1,000万トンのLNG生産に従事する。サハリン2の事業会社はサハリンエナジーでガスプロムが約50％，ロイヤル・ダッチ・シェルが約27.5％を出資する。三井物産（出資比率は12.5％）と三菱商事（同10％）も参画している。また，同社は西シベリアにあるサリム油田の権益50％も所有する。

イタリア炭化水素公社（ENI）もまたノバテックやロスネフチと資源開発事業を推進。

米系メジャー・エクソンモービルはサハリン1・プロジェクトに30％を出資，2012年実績で日量14万5,000バレルの原油を産出した。だが，エクソンモービルはカラ海でロスネフチと海底油田開発を進めていたが，中断を余儀なくされた。

資源エネルギー関連企業だけではない。

オーストリア銀行大手のライファイセン銀行はロシアとウクライナに総額180億ドルを融資している。ビール大手・カールスバーグの利益に占めるロシアの比率は2014年実績で40％に達する。フランス自動車大手ルノー・日産自動車グループのロシア自動車最大手アフトワズへの出資比率は67.1％と，アフトワズは同グループの傘下に入っている。対露制裁の影響を被っても不思議でない。ただ，ロシア国内の金融機関が資金調達難に喘いでいることから，外資系金融機関にはこの空白を埋める余地がある[26]。この空白は商機かもしれない。

無論，経済制裁は一方通行ではない。双方向に影響が及ぶ。ロシア人顧客が中国にシフトしていることから，ロシアで事業展開する外資系企業は生産を圧縮せざるを得ない。

米自動車大手フォード・モーターはロシア自動車大手ソレルスとの合弁工場で従業員700人を削減[27]，同じくゼネラル・モーターズ（GM）は生産調整に着手し，在庫を圧縮する構えでいる[28]。GMのドイツ子会社・オペルはロシアから撤退している[29]。自動車業界ではルノーやドイツのフォルクスワーゲン（VW）も苦戦を強いられている。

ドイツ流通大手メトロはロシア子会社の上場計画を延期，純利益も削った。同じくドイツのスポーツ用品世界第2位・アディダスは営業減益に直面，消費低迷に直撃されている[30]。オーストリア建設大手ストラバックはロシアでの買収計画を凍結している[31]。米マクドナルドはロシア当局から12店舗の営業停止が命じられるなど米系企業に対する風当たりも強い。

特に，ロシアと経済的な関係を積み上げてきたドイツが被る打撃は大きい。幸いなことに，ドイツ経済はユーロ安を背景に順調に推移しているけれども，ロシアビジネスが足枷となる懸念は払拭できていない。

具体的な数値を示そう。

まず，ロシアとの貿易に携わるドイツ人は30万人に上るという[32]。ドイツ・ロシア間の貿易が停滞すれば直撃される雇用層だ。ドイツの対ロシア輸出は2014年1－8月期に対前年同期比で16.6％も激減した。輸出総額ベースで203億ユーロから80億ユーロも減少したのである。もちろん，輸出全体に占めるドイツの対ロシア輸出はわずか3％以下に過ぎない。しかし，6,200社がロシアで事業展開する。ドイツ企業にとっては当分の間，苦悩の日々が続く。

図表Ⅳ－1を見れば明らかなように，米露間貿易は活発でないが，やはりロシアと欧州諸国との貿易総額は多い。貿易に関しては欧州地域が鍵となる。

ルーブルが下落すると，ロシア事業の収益は目減りする。ロシアに進出した企業にとっても一連の対露制裁は痛手となる。しかしそれでも，外資系企業に対する影響は軽微だ。やはり打撃を被るのはロシア企業。ことに，資源エネルギー企業の業績を下押しする。

図表Ⅳ－1　ロシアの主要貿易相手国 (2013年，単位：億ドル)

	オランダ	ドイツ	中国	イタリア	トルコ	ウクライナ	ベラルーシ	日本	米国
輸出	701	370	356	393	255	238	200	196	112
輸入	58	379	532	146	73	158	136	136	165

(出所) *Financial Times*, March 4, 2014.

4．台頭するロスネフチと色褪せるガスプロム

　資源エネルギー業界に鎮座するロスネフチとガスプロム。双方とも独自の帝国を形成してきた。

　新生ロシアが誕生して間もなく，国営企業の民営化が断行された。このとき，暗躍し，巨万の富を築いたのがオリガルキー（寡占資本家）。略奪同然に国家資産を手中に収めた。その代表的な標的が国営石油企業。国営石油企業の分割民営化にオリガルキーは群がった。石油大手ユーコスを率いたホドルコフスキー氏，シブネフチの総裁アブラモビッチ氏らはいずれも石油ビジネスで財を築いている。エリツィン政権が弱体化していくのとは反比例的に石油王たちの影響力は凄まじかった。

　誤算。プーチン政権が軌道に乗ると，オリガルキーは影響力を削がれていく。なかでも政治に介入したホドルコフスキー氏が格好の標的となった。同氏は逮捕され，シベリア送りの憂き目に遭った。お家断絶。ユーコスは解体され，ロスネフチに強制吸収されていく。震え上がったアブラモビッチ氏はシブネフチをガスプロムに売りさばいた。

　ここでオリガルキーは政界に介入しないというゲームのルールが確立される。ビジネスに徹する限り，オリガルキーの生命と財産は保障されるが，政治的発言を発したならば即刻，財産は没収という不文律が徹底された。その一方で，ユーコスを組み入れたロスネフチは田舎企業の汚名を返上，ロシア石油業界のトップに躍り出る。ロスネフチの巨大化はユーコス犠牲の上に実現した。

　他方，ガスプロムは分割民営化の対象にはならなかった。ソ連邦時代の旧態依然とする経営スタイルが死守された。天然ガス田の開発から天然ガスの生産，それに流通から小売や輸出に至るまでのすべての部門をガスプロム1社が取り仕切った。まさに徹底した垂直統合型の支配体制が保持されてきたのである。そして，ロシアの天然ガス埋蔵量が世界首位であることを背景に，ガスプロムはロシアの資源エネルギー業界に君臨した。

ガスプロムはロシア資源エネルギー外交の一翼を担い，クレムリンにもっとも近い企業だった。ガスプロムの声はプーチン大統領の声。クレムリンとガスプロムとによるタンデム（直列 2 頭立ての馬車）外交が繰り広げられた。メドベージェフ現首相が大統領に就任できたのはガスプロムの会長であったからに他ならない。プーチン，メドベージェフ両氏によるタンデム政治とは，実はクレムリンとガスプロムとによるタンデム支配だったのである。

　しかし，米国で展開される「シェール革命」がガスプロムの地位を揺るがす。既述のとおり，米国の天然ガス増産でガス価格が低下，ガスプロムの収益を圧迫した。ここに切り込んだ人物がセチン氏。プーチン大統領とセチン氏とによる蜜月がガスプロムを追い詰めていく。プーチン大統領が信頼するタンデムの相手は今やセチン社長とロスネフチに取って代わった。ロシアで政財界の勢力地図が塗り替えられていく。

　セチン氏はロスネフチ社長に就任，辣腕を振るってロスネフチの経営基盤強化に邁進する。2013年には英BPとロシア石油大手・チュメニ石油（TNK）の両社が創設した合弁企業TNK－BPを550億ドルで買収。ロスネフチは産油量で世界首位（株式上場ベース）の座を射止めた。

　返す刀でガスプロムに切りつける。ガスプロムが享受してきたLNG輸出独占権を剥奪するようにプーチン大統領を説得。結局，ロスネフチはガス事業に参入して，LNG生産・輸出部門に進出する。同時に，ノバテックもLNG輸出の道を切り開いた。

　これに歩調を合わせて，プーチン大統領はロシアの年間LNG輸出量を2020年までに4,000万トン（現在は年間1,000万トン程度）にまで引き上げる目標を掲げ，ロスネフチとノバテックを援護射撃した[33]。

　ここで留意すべきはLNG輸出の全面自由化ではないという観点である。ロスネフチとノバテックとが手がけるプロジェクトのみを対象としたLNGの輸出自由化なのである。つまりロスネフチとノバテックに限定した輸出特権の拡大にほかならない[34]。

　独占体制に安住できなくなったガスプロムはサハリン 2 のLNG増産を表明，

2020年までに年産能力を現行の1.5倍に相当する年間1,500万トンに拡張する計画を明らかにした[35]。LNG生産施設は現在の2系列から3系列に拡大される。

また、ガスプロムは極東のウラジオストクにLNG生産基地（年産1,000万トン以上）を建設する事業計画も打ち出している。もちろん、輸出標的市場は日本、中国、韓国。東アジア地域のLNG需要は今後も旺盛だとの判断から売り込み攻勢をかける意気込みだ。

5．中国に擦り寄るロシア

長期間、価格交渉で折り合わなかった中露両国が、ようやく決着に漕ぎ着けた。交渉妥結を受けて、両国は天然ガスパイプライン（Power of Siberia：シベリアの力、総延長4,000キロメートル）の建設に着手。2014年9月1日には東シベリアのヤクーツク近郊で起工式が開かれた。式典にはプーチン大統領と中国の張高麗副首相が臨席、中露両国の蜜月をアピールした[36]。

総工費550億ドルに及ぶこの天然ガスパイプラインが2019年に完成すれば、30年間にわたって年間最大380億立方メートルの天然ガスが1,000立方メートル当たり350ドルでロシアから中国に輸出される[37]。総額4,000億ドルにのぼる中露間の天然ガス貿易となる。

東シベリア・バイカル湖北方に眠るチャヤンダ天然ガス田とコビクタ天然ガス田（推定埋蔵量は合計で3兆立方メートル）を開発、パイプラインと連結する[38]。パイプラインは天然ガス田からロシアのブラゴベシェンスクに延び、ここから中国へとルートが向く（図表Ⅳ－2参照）。

2014年10月中旬、中国の李克強首相がモスクワを訪問、対露支援の拡充を表明した[39]。ロシア中央銀行と中国人民銀行は通貨スワップ協定（中央銀行が相手国通貨を担保にドルや自国通貨を融通する協定）を締結、金融制裁に苦しむロシアに支援の手を差し伸べた。期間3年で1,500億元（2兆6,000億円）に及ぶ規模である。通貨スワップ協定には人民元国際化という北京の野望が潜む。

図表Ⅳ-2　東シベリア天然ガスパイプライン「シベリアの力」

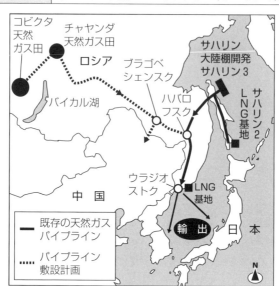

（出所）『日本経済新聞』2014年9月27日号。

　経済協力の分野は金融のみならず、多方面にわたる。ロシアで進められる高速鉄道プロジェクト（総額100億ドル、総延長770キロメートル、最高時速400キロ）に中国企業が参加する計画が打ち出された。モスクワとロシア南西部のカザンを結ぶ高速鉄道建設事業に中国の関連企業が参画する。当然、中国勢が独占して受注することが予想される。

　また、天然ガスの供給に加えて、電力網の相互接続も検討される。ロスネフチとCNPCの協力拡大も含まれている。あわせて、ロシアのIT高度化事業に中国企業が参加する計画もある。次世代携帯電話については、中国の華為技術（ファーウェイ）が技術協力するという。航空宇宙分野ではGPSの相互接続や共同開発も検討される。

　否応なく、ロシアで中国のプレゼンスが増していく。チャイナマネーがロシア経済の生命線となる可能性すら秘める。体力を消耗した企業を買収する戦術

は中国の常套手段。ロシアもまた中国の軍門に下るのか。あるいは，経済の減速で中国の野望は目的を達成できないのか。長い時間軸で検証する必要がありそうだ。

中国の財布を当てにするロシアだが，それでも，資源エネルギー価格の低迷というハンディキャップと制裁という障害物が眼前に広がる。思惑どおりに輸出できるかどうか。ロシアは今後，価格交渉で窮地に立たされる可能性がある。

中露往復貿易総額は2013年実績で890億ドルであったが，2015年には1,000億ドルに拡大する見込みとなっている。2020年までに相互貿易総額を2,000億ドルに引き上げる数値目標が掲げられた[40]。

ただ，中国系企業にはロシアの天然資源にしか興味がないようだ[41]。不動産の取得にも熱を上げるが，製造業分野には投資しない。確かに中国の対露投資額は2014年1－8月期に前年同期比1.7倍に急増しているけれども，ロシアに移住する中国人が増えるだけで，中国の対露投資はロシア人の雇用促進に貢献していない。この点が日本企業とまったく異なる。ゆえに中国企業は現地で歓迎されない。

中露両国は欧米社会に協調して対抗してきた。その格好の受け皿が上海協力機構（SCO）。中国とロシアが主導するSCOは米国の一極集中を牽制する道具として活用されてきた。しかしながら，2014年9月12日にインドがSCOに加盟申請したことで[42]，SCOが質的に変化を遂げる可能性がある。安全保障や外交よりも経済協力に力点が置かれるかもしれない，あるいはそのような色彩が濃厚とならざるを得ない地域機構に変質していくことが予想される。インドのSCO加盟で安全保障や外交の分野での協調姿勢を打ち出せなくなるかもしれない。

ただ現状では，ロシアは資金面で中国に頼らざるを得ないことは確かな事実である。潤沢な外貨を抱え込む北京にモスクワは資金援助してもらう以外，当面は方策がない。

アジア市場開拓を急ぐロシアは日本にも秋波を送るようになった。ロシア政

府はサハリンと北海道とを結ぶ海底天然ガスパイプライン建設を日本側に打診し，天然ガスを間断なく日本市場に供給する姿勢を鮮明にした。その一方で，ガスプロムはウラジオストクLNG生産基地建設計画を白紙撤回する意向を示している[43]。供給増による価格下押し圧力を緩和するためだろう。

　海底パイプライン構想は以前にも打ち出された経緯がある。しかし，日本の大口需要家が高額な建設コストを理由に首を縦に振らなかった。LNGの受け入れは点と点を繋ぐのに対して，パイプライン網の構築はサプライチェーンを面状に広げていく。送ガス能力には格段の違いがある。

　日本列島がパイプラインで覆われることは自ずとエネルギー安全保障を強化する。他方，ロシア依存度を高めるリスクにも配慮しなければならない。コスト・アンド・ベネフィット（費用対効果）も厳密に弾き出す必要がある。ロシア側の意図が日本と欧米諸国との分断にあることは間違いがない。だが，原子力発電所に対する日本国民のアレルギーが顕在化するなか，火力発電所が有力な発電源であることも事実。日本の政財界，ことに北海道電力はロシア側の提案を真剣に検討する必要があろう。

6．資源エネルギー大国・ロシアの立場

　プーチン大統領は東シベリアや極東の天然ガス輸出をガスプロム以外の企業に開放する姿勢を鮮明にしている。これはガスプロムからLNG輸出に加えて，天然ガスパイプラインによる輸出についても独占権を剥奪することを示唆する。LNG輸出の自由化に続く，天然ガスの全面的な輸出自由化への道が開かれる。ロスネフチを見据えた配慮ではあるが，対露制裁がプーチン大統領の決断を後押ししたことは間違いがないだろう。現実にロスネフチがパイプラインによる天然ガス輸出部門に参入するのかを注視したい。

　アジアで流通するLNGは高価だ。しかし，米国の「シェール革命」の影響で天然ガス供給量が激増した結果，世界的には天然ガスが供給過剰となった。需給バランスが崩れ，価格に下方圧力がかかる。

LNGスポット（随時契約）市場（LNG取引全体に占めるスポット取引の比率は3割程度，残余は長期契約）では2014年の夏場，日本向け価格が100万BTU（英国熱量単位，25立方メートル）当たり10ドル台に下落，3年ぶりの安値となった。その後も13ドルを下回る水準で推移している[44]。そこで，資源商社はLNGの洋上備蓄を拡大，価格の反発局面（冬場）で転売する戦略を立てる[45]。

需給が緩んでいるのは天然ガスだけではない。やはり米国の「シェール革命」の影響で原油供給量も安定，原油価格は弱基調で推移し，買い手市場へと傾きつつある。

国際エネルギー機関（IEA）は世界石油需要の伸びが減速するとの見通しを公表。中国経済や欧州経済の減速で石油需要の伸び幅が鈍化する一方，米「シェールオイル・ガス」の増産が原油価格を押し下げていると分析した[46]。石油輸出国機構（OPEC）による原油減産も期待できないとする。

現在の原油価格には中東不安が織り込まれていると診断できるにもかかわらず，国際原油価格は1バレル50ドルを割り込む水準，すなわちおよそ6年ぶりの安値水準で推移[47]。緩和マネーの引き揚げとも相まって，反転の糸口をつかめないでいる。

OPECの原油生産が高水準であるという要因も作用している。OPEC加盟12カ国の産油量は日量3,000万バレルを超えて推移，2014年末には同3,030万バレルであった。一方，ロシアの産油量は2014年実績で日量1,058万バレル。ソ連邦崩壊後で最高水準が維持されている。2015年についても，2014年並みか若干の減少だと見込まれている[48]。

「シェールオイル」の生産量が確実に増えていることで（図表Ⅳ-3参照），米国の産油量は2012-14年期に日量350万バレルの増産を達成，2014年9月には同887万バレルに到達した。2014年末には同900万バレルに達するという。2008年の産油量が同500万バレル程度であったから，増産の勢いを強めている。米国1国で世界全体の増産分に匹敵する産油量を確保したことになる。

米国は今もって世界最大の石油消費国であるが，米国内で産油量を確保できれば，輸入原油を削減できる。米国による原油輸入量の最大記録は2005年の

図表Ⅳ-3　米国の「シェールオイル」生産量動向[1]

（注）1）イーグル・フォード，バッケン，パーミアン・シェール鉱区。
（出所）*Financial Times*, August 27, 2014.

7月。当時，日量1,080万バレルを輸入していた。しかし，2014年7月には同760万バレルと3分の1の規模に縮小した[49]。特に，アフリカ産や南米産原油の輸入量が絞り込まれている。

　たとえばナイジェリア。同国は米国の原油輸入国トップ5にランキングされていたが（ピークの2006年で日量130万バレル），2014年7月，ついに対米輸出を停止した。ナイジェリア産も含めて，米国はアフリカ産油国（アルジェリア，リビア，アンゴラ）からの原油輸入量を大幅に低下させている。これが貿易赤字，経常赤字の縮小に一役買っている。

　世界トップクラスの原油埋蔵国サウジアラビアの産油量は過去最大の日量1,030万バレル（2015年3月実績，生産余力は日量250万バレル[50]），ロシアの場合は同1,058万バレルであるから（2014年実績[51]），米国の石油市場における存在感は急速に高まっている。米国が世界石油市場の安定に決定的な役割を果たすようになった（図表Ⅳ-4参照）[52]。

　原油価格の低迷は原油輸出国を危機モードへと導いていく。原油輸出国は程

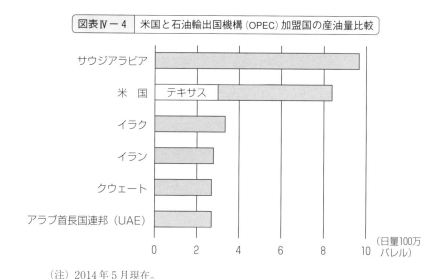

図表Ⅳ－4　米国と石油輸出国機構（OPEC）加盟国の産油量比較

（注）2014年5月現在。
（出所）図表Ⅳ－3と同じ。

度の差こそあれ，貿易と財政の両面で原油輸出に依存する。価格が低迷すれば，例外なく，貿易収支と財政収支に傷がつく。

　サウジアラビアですら財政赤字に転落するのではないかとささやかれ始めた。米「シェール革命」当初，サウジアラビア当局は悠然と構えていた。米国の原油増産を歓迎するといった見解まであった。だが，同国の財政均衡点は1バレル86ドル程度（図表Ⅳ－5参照）。1バレル90ドルを割り込む価格水準が続けば，財政赤字に陥っても不思議ではない。

　一方，ロシアの財政均衡点は1バレル100ドル近辺だとされる（図表Ⅳ－5参照）。原油価格が1ドル下落すると，700億ルーブル（1,800億円）の歳入減になるという[53]。ロシアも財政赤字転落に見舞われる事態となった。確かにロシアは天然ガス大国ではある。しかしながら，輸出収入と政府歳入を支えるのは石油産業。原油と石油製品の輸出がロシア経済を潤す。原油価格の下落が直線的にロシア経済全体を傷つけるのは明らかだ。

　南米屈指の産油国ベネズエラではデフォルト（債務不履行）の恐れが生じてい

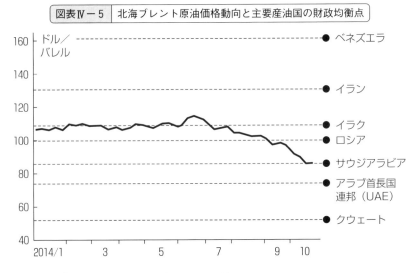

図表Ⅳ-5　北海ブレント原油価格動向と主要産油国の財政均衡点

（出所）『日本経済新聞』2014年10月24日号。

ると警戒され始めた[54]。同国のインフレ率は実に63.4％と高水準で中南米随一。市民生活は崩壊寸前だ。財政均衡点はコスト高で1バレル160ドル（図表Ⅳ-5参照）と高く，財政赤字でベネズエラ政府は右往左往している。

　原油価格下落に直面する米国のシェール関連企業もまた今後の投資を抑制する計画でいる。産油国の低落と消費国の高揚。産油国が青ざめるのを横目に，石油消費国ではエネルギー価格が下落，その恩恵を享受する段階を迎えている。

　世界の石油貿易に地殻変動が生じていることに気付く。LNGについても同様だ。米国内の天然ガス生産量が激増し，加えて，ロシアが中国にパイプラインで天然ガスを輸出する計画であることを受けて，中国を主要輸出市場とするオーストラリア産LNG輸出に赤信号が灯っている。新しいLNGプロジェクトの先行きに不透明さが増しているのである[55]。

　資源エネルギー貿易の分野では，原油とLNGを代表選手として異変が起こっている。これは貿易の量と質の両面に広がる変化である。進化しているのか，

それとも劣化しているのか。消費国と生産国，それに貿易相手国によって，それぞれの新たな地平が広がりつつある。

ここに欧米諸国による対露制裁という特殊要因も追加される。

日本はサハリン産の原油やLNGに加えて，東シベリア産のESPO原油も輸入するようになった。ESPOとは本来，「東シベリア太平洋石油パイプライン」を意味する。この東シベリアで産出される原油がESPO原油である。ESPO原油はリビア産原油と同様に，低硫黄の軽質原油で品質が良い。

日本が輸入するESPO原油は2014年で日量50万バレル（対前年比15％増）になる[56]。日本は現在，ESPO原油全体の3割強を輸入する。輸送日数は2－3日と中東産原油の20日よりも格段に短い。日本にとって重宝な原油であることは間違いがない。

ところが，ESPO原油の価格がドバイ原油価格に連動するため，どうしても下押し圧力がかかる。ドバイ原油に対するプレミアム（上乗せ金）も低下しているのが現状だ。そうなるとESPO原油の入札で応札価格が低迷してしまう。

ここには需給バランスとロスネフチへの警戒感が絡んでいる。邦銀がロスネフチとのESPO原油代金決済を拒否すると，取引は成立しない。日本による対露制裁は緩やかだ。しかし，欧米の強硬姿勢は間接的に日本にも影響を及ぼす。回りまわって，世界の資源エネルギー需給動向に影響力を行使，結果的にロシアは世界から追い詰められていく。

にもかかわらず，ロスネフチの野望は尽きない。

ロシア国内では従来，原油や石油製品の輸出はトランスネフチが独占してきた。輸出部門の収益率が高く，ロシアの政府歳入に直結するからである。

2014年第1・四半期実績で政府歳入の対石油・天然ガス依存度は52％だが，その内訳を見ると，石油採掘税17％，天然ガス採掘税3％，原油輸出税18％，石油製品輸出税10％，天然ガス輸出税4％と，天然ガス関連よりも石油関連のほうが圧倒的に寄与度は高い。ロシアの政府も経済社会も石油に依存する体質であることがわかる[57]。

シルアノフ財務相は1ドル51ルーブルの為替相場を前提として，原油の平

均価格が1バレル60ドルの水準ではロシアの財政赤字が対GDP比3％になると指摘している。合わせて，2015年の連邦予算が2兆ルーブルの赤字になると吐露した(58)。

であるがゆえに，原油価格の下落はロシア経済全体を直撃するのである。原油価格下落を受けて，ロシア政府は軍事費の削減を強いられている。2016年の計画では軍事支出が5.3％削減されるという。プーチン大統領は権力掌握後，対ロシアGDP比で3.3－4.1％の軍事費を確保してきた。2016年に軍事費が削減されると，1998年以来初めての削減となる。ロシアの苦しい財政事情を物語っている(59)。

原油の輸出独占権を享受するトランスネフチの株式取得を目指すのがロスネフチ。セチン社長が提案している模様だ。

最近完成した中露間の石油パイプラインの拡張工事に加えて，ESPOパイプラインも拡張する計画がある。ESPO送油量を日量160万バレルに増強する計画である。これには49億ドルの資金が必要だという。これでESPOパイプラインの総工費は230億ドルに達し，ロシアで最も高額なインフラ・プロジェクトになった(60)。

問題は資金の調達。トランスネフチが増資する，あるいは輸出関税を引き上げるといった対応が想定できるが，増資の場合，ロスネフチが引き受ける可能性がある。ロスネフチにとってESPO拡張は死活問題。同社は中国のCNPCと25年間で2,700億ドル相当の原油を輸出する契約を締結している。対中原油輸出は必須課題なのである。と同時に，ロスネフチはESPO原油を日本も含むアジア太平洋諸国に輸出したい。ESPO原油の輸出量増大で収益基盤を強化したいのである。

油田の開発から輸出に至る部門を包括する垂直統合型の組織構造を完結したいロスネフチ。だが，ロスネフチの眼前には制裁という巨大な障害物が広がる。制裁強化で資金調達難に陥ったロスネフチはこの障害物をどのようにして乗り越えようとしているのか。セチン社長が立ち止まればロスネフチの命運は尽きる。同時に，プーチン大統領やロシア経済の命運も燃え尽きる。制裁の経済的

被害は甚大である。

7．窮地に立つロスネフチとガスプロム

　経済的困窮へと突進するロシアだが，問題はそれだけにとどまらない。当然のことながら，資源エネルギー開発プロジェクトが遅れる懸念が生じている。確かにロシアは世界原油埋蔵量の6％，天然ガス埋蔵量の17％を占める資源大国である。産油量については日量1,000万バレル以上（このうち62％が西シベリア産）の水準が維持されている。

　しかしながら，日欧米諸国の資金や先端技術へのアクセス遮断で資源大国のメリットを活かすことができなくなる。技術移転，特に海底資源の開発や洋上施設の設置に伴う技術移転は欠かせない。ロシアの国産技術や中国・韓国製ではこれに対応できない。中国や韓国は最先端技術そのものを持ち合わせていない。ある試算によると，制裁でロシアの産油量が2020年までに20％減少するという[61]。

　米エネルギー情報局（EIA）によると，ロシアの地域別原油・天然ガス生産量は次のようになる（カッコ内の数値は全体に占める割合）[62]。

　　西シベリア　　原　　油：日量620万バレル（62％）
　　　　　　　　　天然ガス：21兆1,000億立方フィート（89％）
　　ウラル・ヴォルガ　原　　油：日量220万バレル（22％）
　　　　　　　　　天然ガス：1兆1,000億立方フィート（5％）
　　東シベリア　　原　　油：日量60万バレル（6％）
　　　　　　　　　天然ガス：2,000億立方フィート（1％）
　　北西部・北極圏　原　　油：日量50万バレル（5％）
　　　　　　　　　天然ガス：1,000億立方フィート（1％）
　　極　　　東　　原　　油：日量40万バレル（4％）
　　　　　　　　　天然ガス：1兆立方フィート（4％）

原油，天然ガスともに，西シベリア地域が中心であることがわかる。ところが，西シベリアの油田地帯では老朽化が進行，油田の近代化が喫緊の課題となっている。サハリンや東シベリアでも追加的な開発・生産が要請される。増産計画を達成するには，「最後のフロンティア」とされる北極圏の海洋資源開発も手がけていかねばならない。このようなプロジェクトには外資系企業の参入が不可欠である。ロシア企業単独では絶対に実現できない。

　待望の北極圏資源エネルギー開発で外資系企業との合弁事業が推進されようとしていた矢先に制裁の憂き目に遭った。

　バレンツ海海底油田の開発には，ロスネフチとともにスタトイル，ENIが着手しようとしていた。

　また，米メキシコ湾よりも原油埋蔵量が豊富，あるいはサウジアラビアのそれに匹敵するとされるカラ海海底油田の開発には，ロスネフチとエクソンモービルが探鉱作業に乗り出していた。エクソンモービルは2011－13年の間に10案件の合弁事業契約を結んでいる。

　エクソンモービルは当初，カラ海開発を断行する構えであったが，中途で頓挫，開発・生産を中断して，やむなく撤退を表明した。カラ海海底に眠るポベダ油田には原油換算で7億3,000万バレルが埋蔵されるという。

　エクソンモービルはウニベルシチェツカヤ油井1の開発に取りかかっていたが，中断を余儀なくされた。制裁が解除されればいち早く復帰できるように処置した模様だ[63]。開発コストは7億ドルとされるが，ロスネフチが計画する北極圏全域の投資総額は4,000億ドルにのぼる[64]。

　エクソンモービルはカラ海開発のほかに，ラプレフ海・チュクチ海，オホーツク海の海底油田開発も進める計画だが，思惑どおりに計画が進展するかどうかは不透明な状況となった。エクソンモービルはまた，サハリン原油・天然ガス開発にも従事。ここには中国石油化工（シノペック）やインド国営石油会社（ONGC）も出資する。

　北極圏以外では黒海海底油田開発にエクソンモービル，ENIが参入，西シベリアのバジェノフ・シェールにもエクソンモービルがロスネフチと開発する構

えでいた。

　ロスネフチによる外資との合弁事業は外国にも広がる。エクソンモービルのお膝下・メキシコ湾やベトナム沖・南シナ海で権益を保有している。ベトナム沖の油田開発にはロスネフチのほかにONGCやベトナム国営石油会社・ペトロベトナムも出資する。

　加えて，既述のとおり，ヤマルLNGプロジェクトにはトタルとCNPCが権益を保持している。

　このような事業案件すべてに対して，制裁に伴う開発・生産の遅延・延期が発生する事態を招いている。次善の策として，ロシア側は中国企業を招き入れるかもしれない。しかしながらそれでも，中国企業ごときでは北極圏の開発を成功に導くことは無理だろう。また，ロシア側も中国企業の進出に躊躇するかもしれない。

　弱り目に祟り目。ガスプロムも二重三重の打撃を被る。欧州市場の需要低迷と天然ガス価格の下落，それにルーブル安の影響でガスプロムの収益基盤は急激に悪化してきた。2014年1－3月期実績で純利益は2,320億ルーブル，前年同期の3,880億ルーブルから40％も減収となった。減少分のうち，710億ルーブル（19億ドル）がウクライナの国営天然ガス供給会社ナフトガス・ウクライナの料金支払い滞納分だとガスプロム側は主張する。ガスプロムの純債務は9,690億ルーブルに達した[65]。

　江戸の敵を長崎で討つ。ガスプロムは日量2,400万平方キロメートル相当の天然ガスをポーランドに輸出してきたが，ここにきて輸出量を20－24％削減した[66]。なぜか。ポーランドからウクライナへの天然ガス再輸出を阻止するためである。

　ポーランドは日量400万平方キロメートルに相当する対ウクライナ天然ガスを停止せざるを得なくなった。ガスプロムはすでにウクライナへの天然ガス供給を停止しているが，ポーランド，スロバキア，ハンガリーが対ウクライナ間接輸出を担当してきた。ウクライナは年間500億立方メートルの天然ガス消費のうち，半分程度を輸入に依存する。ガスプロムのウクライナに対する執念，

憎悪が溢れている。

　米国やモザンビークで天然ガスの増産が進み，今後もガスプロムの傷口を広げそうだ。米国産LNGの出荷が始まると，世界天然ガス市場の価格を11％押し下げ，ガスプロムは売上高を18％減らすことになると試算されている(67)。米国産LNGの輸出量は最大で日量145億立方フィート超とロシアの対EU輸出量に匹敵する規模に膨れ上がる。

　ロシアとの関係強化を推進してきたドイツ企業もロシア戦略の見直しに踏み切った。ドイツのエネルギー大手BASFはガスプロムとの資産スワップ（交換）を白紙撤回した(68)。当初の計画では西シベリアにあるウレンゴイ天然ガス田のアチモフ鉱区をBASFの子会社ヴィンテルスハルとガスプロムとで共同開発する予定だった。その見返りにヴィンテルスハルはガスプロムに天然ガス貿易・貯蔵合弁の保有株を譲渡する計画だった。加えて，ガスプロムはヴィンテルスハルが北海で保有する権益50％も移転する計画だった。しかし，両社を取り巻く外部環境がリセットを余儀なくした。

　ガスプロムの経営基盤はますます圧迫される。このような閉塞状況を打破するには，ガスプロムは生産と市場の拡充を急がなければならない。石油部門の子会社であるガスプロムネフチは2010年からイラクで操業を開始，バドラ油田の開発に関与している。また，クルド人自治区の南西部に位置するシャカル鉱区でも開発に着手，カナダのグレイ・ウォルフ社がサービス事業を担当する。クルド人自治区ではハラビヤ鉱区やガルミアン鉱区にも進出する。生産物分与協定（PSA）に基づく契約で，ガスプロムネフチはシャカル鉱区とハラビヤ鉱区で80％の権益を保有する。残余の20％はクルド人自治政府が保有している。2015年からガスプロムネフチがオペレーター（責任企業）を務める(69)。

　プーチン政権は懸案となっていたサウスストリーム計画（黒海海底天然ガスパイプライン敷設プロジェクト）を白紙撤回した(70)。欧州での天然ガス需要が低迷を続けているからである。

　このサウスストリーム計画に関連して，イタリア石油サービス大手・サイペムがパイプライン建設を20億ドルで受注していたが，ご破算となった。この

損失も含めて欧州企業は25億ユーロの受注を失ったという。パイプラインを供給する予定だったドイツ鉄鋼大手・ザルツギッター,新日鉄住金,住友商事,伊藤忠商事,丸紅にも影響が及んでいる[71]。

サウスストリームに代わって打ち出された「ターキッシュ・ストリーム」構想（建設費20億ユーロ）がトルコ経由で欧州に天然ガスを供給する計画である[72]。おそらくはギリシャなどバルカン半島諸国に天然ガスを供給する戦略なのだろう。

ここで疑問が浮かぶ。需要低迷は明らかなのにもかかわらず,一体なぜ,欧州供給に固執するのか。それはバルカン半島諸国の囲い込みが視野にあるからだろう。その布石がEUにもNATOにも加盟していないスラブ系国家セルビアへの食い込みである。同時に,不安定なギリシャ,それにハンガリーにも揺さぶりをかける魂胆なのだろう。もって欧州を分断したいのである。

分断作戦はクレムリンの常套手段。だが,分断工作が奏功するかどうかはまったくの未知数だ。危険な賭けかもしれない。それはまず,EUの長期エネルギー戦略と衝突する。EUはカスピ海沿岸に位置するトルクメニスタンとアゼルバイジャンから天然ガスを調達する構想を抱く。トルクメニスタンの天然ガス田から潤沢な天然ガスをカスピ海海底パイプライン経由でアゼルバイジャンの首都バクーに陸揚げし,トルコ,ギリシャ,イタリアへと供給する壮大な南方回廊計画がある。カスピ海沿岸部の資源国を欧州世界とつなぐと同時に,ロシア依存脱却を狙う[73]。

バルカン半島ではロシアが頼る中国とも対立せざるを得ない。バルカン半島諸国は中国が提唱するシルクロード計画の西端に位置する。これを意識して,北京は意図的にバルカン半島諸国との関係強化に動いている。2014年12月中旬,李克強首相がセルビアの首都ベオグラードを訪問,インフラ投資計画を打ち出した。

この際,李首相はアルバニアのエディ・ラマ首相とも会談,アルバニアとインフラ投資金融協定を締結している。これには総工費2億5,000万ドル以上とされる,アルバニアの首都ティラナとマケドニアの首都スコピエを結ぶハイウ

エー建設も含まれる。北京はアルバニアから農産物も輸入したい。

　中国政府は中・東欧諸国に100億ドル規模のインフラ投資に踏み切る構えでいる。ベオグラードとハンガリーの首都ブダペストとをつなぐ高速鉄道建設計画はこの代表例だ(74)。北京は中・東欧諸国へ積極的に食い込み始めた。この攻勢がロシアの欧州分断戦略と衝突するのか，調和を図るのか。中露関係は興味深い局面に達している。

　中露対立の事例は続く。

　ありとあらゆる手段を駆使して，モスクワはキエフに横槍を入れてきた。周知の事実である。北京は数々のモスクワによる暴挙を黙殺してきた。これも周知の事実である。だが，実利を追求するしたたかな中国政府はウクライナ政府に接近。ナフトガスが中国国家開発銀行から36億ドルの融資を受け入れることになった(75)。この融資はガス代金の支払いに充当されると思われる。これは明らかにモスクワの意図と反するだろう。

　制裁3兄弟（ロシア，イラン，北朝鮮）の一角を占める北朝鮮をめぐる思惑も中露両国の違いが鮮明だ。権力が3代目にバトンタッチされた北朝鮮も中国も意図的に距離を置き始めている。北朝鮮の中国離れに乗じて，ロシアは朝鮮半島でのプレゼンス強化に乗り出してきた。

　2015年2月25日，モスクワで初の露朝ビジネス評議会が開催された(76)。そこで打ち出された構想がロシア極東から朝鮮半島に電力を供給する事業。2016年には北朝鮮北東部の経済特区・羅先に向けて送電される予定となっている。羅先は日本海に面する戦略的要衝地。不凍港も有する。モスクワは将来，北朝鮮と軍事的関係を強化して，羅先へ進出したい。同様に北京も羅先に狙いを定める。ここにも中露対立の芽が潜む。

　少々横道にそれたが，話題をロスネフチに戻そう。

　高額な企業買収を繰り返した結果，多額の債務を抱え込むことになった。純債務総額は440億ドルに達している。資金調達にアクセスできれば問題はない。しかし，欧米で資金を確保できなくなった今，ロシア国内で調達せねばな

らない。ところが，ロシア国内の金融機関もまた資金調達難で青息吐息。切羽詰まったロスネフチはロシア政府に支援を要請した。

　TNK－BPを550億ドルで買収した際，ロスネフチは国際銀行団やスイスの原油トレーダー世界最大手ヴィトル，それにグレンコアから合計310億ドルを借り入れている[77]。また，ヴィトルからは追加融資20億ドルを受けた[78]。この返済期限が2014－15年に集中する。2014年末までに120億ドル，15年に170億ドル返済する必要がある。

　2013年には中国から原油輸出代金700億ドルを受け取っているものの，ロスネフチはイテラ（ロシア天然ガス中堅），シブネフチェガス（ロシア石油天然ガス中堅），アルローサ（ロシアダイアモンド最大手）の天然ガス事業，ドイツ・イタリアの製油所なども買収。無理な買収を矢継ぎ早に重ねた。その結果，財務状況が急速に悪化したのである。

　セチン社長は2015年2月上旬，急遽ロンドンに飛び，TNK－BP買収の際の借り入れのうち，70億ドル分の返済期限が迫っていると窮状を訴えた。返済できないとデフォルト宣言を余儀なくされると嘆いた。また，原油価格急落の背景にはOPECの頑なな減産拒否があると言明。2015年の事業計画については1バレル50ドルを前提にしていると語った。合わせて，2014年の売上高は1,460億ドル，税引き前利益が280ドルであると表明している[79]。ついにセチン社長が弱音を吐いた。

　資金繰りに困っているのは無理な買収を重ねてきたロスネフチだけではない。ロシアの金融機関も企業も多額の借金を抱えている。2014年9月時点のロシア系銀行・企業の対外債務は6,140億ドルに達する[80]。ロシア国内限定のリーマン・ショックが勃発したと理解すればわかりやすい。極端な流動性不足に直面しているのである。治癒するには資金供給しか方策はない。

　途方に暮れたロスネフチは2014年8月14日，ロシア政府に1兆5,000億ルーブル（416億ドル）の公的資金を願い出た。2015年1－3月期に2,000億ルーブルを受け取る。ロシア政府は国民福祉基金（NWF，853億ドル）から拠出する。公的資金はロスネフチと同じく資金難に陥ったノバテックにも供与され

る。

　市中銀行には合計1兆ルーブルが資本注入される[81]。公的資金供与による金融機関支援の一環である。その第1弾として，VTBに1,000億ルーブルが資本注入されることになった。ガスプロムバンクにも資本支援される。資本注入の原資は国民福祉基金から拠出される。

　また，ロシア中央銀行は資金繰り難に直面した（負債総額は1,270億ルーブル）中堅トラスト銀行には990億ルーブルの緊急融資を実施，中堅銀行オトクリチエに吸収合併させる。これに合わせて，オトクリチエには最大で280億ルーブルが注入される[82]。金融システムの悪化を防止し，融資を停滞させないためだ。

　政府と中央銀行が一丸となって危機対策を講じている。それでも，本格的な危機が到来するのはこれからである。危機対策で危機を乗り越えたわけではない。危険を察知したロシア市民は銀行口座から預金を引き出し続けている[83]。元来，市民はルーブルを信用していない。ロシア経済はいよいよ本格的な危機モードを迎えた。

　規模の拡大を追求してきたロスネフチであるが，今後は人員整理や権益譲渡など規模の縮小に踏み切らざるを得なくなった。欧米諸国の制裁でロシアが中国に急接近しているゆえんだ。

　ロスネフチは東シベリア油田地帯にあるヴァンコール油田の権益をCNPCなど中国の国営企業に付与する[84]。ヴァンコール油田はロスネフチにとって第3位の産油量を確保する油田だ。2013年実績で2,140万トンの原油を産出している。

　ロシアの資源エネルギーを狙う中国企業にとっては格好の買い物だ。上流部門に進出できる意義は大きい。中露間は天然ガスパイプラインに先立って石油パイプラインで結ばれている。中国とロシア両国による石油産業部門の協業がどの程度進むか。注目する必要がある。

8．バシュネフチ事件で新たなルールなきゲームが始まる

　奇策。セチン社長はユーコス事件の再現を企図，新興財閥から石油会社を横領しようと思案中だ。

　2014年9月16日夜，企業グループ持ち株会社・AFKシステマ（本社ロンドン）のウラジミル・イェフトゥシェンコフ会長が突如，逮捕された。ロシア石油第7位バシュネフチの民営化と買収に絡む横領，マネーロンダリング（資金洗浄）容疑である。この直後，モスクワの裁判所がシステマ保有のバシュネフチ株（40億ドル相当）を差し押さえている[85]。

　米『フォーブス』誌によると，同会長はロシア第15位・資産90億ドルの富豪だが，プーチン大統領のインナーサークルに属さず，クレムリンとは一定の距離を保ってきた人物。政治的発言もなく，実業家に徹してきた。にもかかわらず，無情にも息の根を断たれた。システマはバシュネフチ株87％を保有するほか，携帯電話最大手MTS，不動産，メディア，小売り企業などの株式も所有するコングロマリットである。

　バシュネフチは元々，バシュコルトスタン共和国が所有していたが，2003年に民営化され，この共和国の大統領，その息子に近い投資会社や基金に譲渡された。その後2005年から09年にかけて，システマがこの基金などからバシュネフチ株を25億ドルで買収，09年に完了していた[86]。当局はこの買収額が奇異に低い（株式時価総額は2014年9月時点で73億ドル）と審判，同会長を自宅軟禁に追い込んだ。

　では，なぜ，イェフトゥシェンコフ会長が突然，逮捕されたのか。この逮捕劇がユーコス事件と重なる。どうやらセチン社長によるバシュネフチ買収交渉をイェフトゥシェンコフ会長が断った節がある。かつてユーコスはロスネフチに強制吸収されている。セチン社長は強引にバシュネフチを吸収するのか。バシュネフチもまたロスネフチの餌食になるのか。関心はこの一点に集中する。

　そして，2014年10月30日，モスクワ仲裁裁判所は没収していたバシュネフ

チ株71％を国家保有に戻す判決を下した[87]。この急転直下の判決によって，バシュネフチの再国有化が決定的な情勢となった。ロスネフチによる強制吸収の道が開けたのである。

　ヒチン社長の狙いは何か。バシュネフナを吸収できれば，新たな原油資産を追加できることに加えて，バシュネフチの原油資産を担保に追加融資を受ける道が開ける。資金難に陥るロスネフチにとって新たなキャッシュフローと原油は魅力的だ。

　2014年上半期実績でロスネフチの産油量は横ばいだが，バシュネフチは9％増を記録[88]。業績が好調なバシュネフチを吸収できれば，ロスネフチの産油量に上乗せできる。また，石油・天然ガス部門の国家管理を強化したいプーチン大統領の思惑にも重なる。

　無論，その副作用は甚大となる。投資家はロシア離れをさらに加速させるだろう。資金流出に拍車がかかり，株安・通貨安・債券安のトリプル安が顕在化するだろう。ロシアは国際社会から遮断され，経済的繁栄は不可能となる。

　システマのイェフトゥシェンコフ総裁が自宅軟禁を余儀なくされたバシュネフチ事件から，ユーコス事件当時とは異なったロシア政財界の変動を読み取れる。ルールの変質と表現しても良いかもしれない。

　イェフトゥシェンコフ会長はクレムリンに特別近いオリガルキーではないが，そうかと言って，ホドルコフスキー氏のような政治的発言を繰り返したわけでもない。中立的な立場を守り抜いてきたオリガルキーの1人である。しかし，イェフトゥシェンコフ会長はクレムリンの標的となった。

　この事実は何を意味するのか。プーチン大統領のインナーサークルに属さない人物はすべて安泰ではないということを示唆するのかもしれない。それでは，次の標的は誰か。また，どの企業か。ロシアの政財界では疑心暗鬼が渦巻く。

　金融制裁の余波はロシア国外にも及ぶ。英国政府もロシアのオリガルキー排除に動いている。

　英国政府はロシア屈指の大富豪ミハイル・フリードマン氏に対して，北海天然ガス田の取得に待ったをかけた。フリードマン氏はドイツのエネルギー大手

RWEの石油・ガス子会社であるRWE・Deaを50億ユーロで買収する計画であったが、白紙撤回される可能性が高まった。フリードマン氏はプーチン大統領のインナーサークルに属するオリガルキーではないが、ロンドンは金融制裁を盾に許可しない方針なのだろう[89]。

かつて「クレムリン・バンカー（ロシア大統領府の金庫番）」と呼ばれ、エリツィン大統領時代に権力を自由自在に操ったセルゲイ・プガチェフ氏は、ロシアの実業家は全員、プーチン大統領の農奴だと言い切っている[90]。プガチェフ氏は新生ロシアが産声を上げた1992年創設のメジュプロムバンクを率い、2010年に同行が経営破綻すると同時に、ロンドンへ亡命した人物である。

プガチェフ氏はプーチン大統領が秘密警察のメンタリティーを今もって持ち備えているとしたうえで、ロシアの実業界にはもはや「アンタッチャブル」な領域はなく、実業家はプーチン大統領の操り人形に過ぎないと吐露した。さらに、ロシアの経済システムに純粋な意味での私有財産は存在せず、封建制度時代に逆戻りしたと嘆く。要するに、金融制裁が引き金となって、ロシアの民間企業は例外なく、国家による収奪のリスクにさらされていると嘆いているのである。

さもありなん。2015年2月27日深夜、ボリス・ネムツォフ氏がモスクワ中心部で暗殺された[91]。ウクライナ国籍の女性とモスクワ川にかかる橋の上を歩いている際、銃撃され死亡したという。ネムツォフ氏は3月1日にロシアの対ウクライナ軍事介入に抗議するデモ行進をモスクワ南東部で計画していたとされる。軍事介入の証拠をネムツォフ氏が握っていたとされる。ロシアの治安当局は暗殺劇直後、ネムツォフ氏の自宅を家宅捜査したという。証拠の押収が捜査目的であったことは想像に難くない。

ネムツォフ氏はロシアの有力なベテラン反プーチン派指導者。ソ連邦が崩壊し、新生ロシアが誕生した当時、エリツィン政権下で第1副首相を務めた。リベラル派の旗手であり、反プーチン派のまとめ役でもあった。

プーチン大統領は特別捜査班を設置、捜査の指揮をとると明言したが、これは大いなる茶番。ネムツォフ暗殺が政治的陰謀であることは誰もが認める。プ

ーチン政権側もプーチン大統領の政敵による陰謀説を展開。政治的抗争は今後，本格化していく。やがてはプーチン大統領も暗殺の標的になるのか。今のロシアで何が起こっても不思議ではない。

　クリミア半島略奪直後から，プーチン大統領はロシア民族主義を鼓舞。ナショナリズムを扇動することでクレムリンへの求心力強化を狙ってきた。ネムツォフ暗殺はこの副産物に他ならない。無闇な誇張されたナショナリズム扇動が暗殺の原因である。この意味で暗殺の責任はプーチン大統領自身にある。

　ネムツォフ氏は暗殺される直前，ロシア国民が制裁は米国の誤りだと判断しているが，制裁の原因はプーチン大統領にあるとしたうえで，プーチン大統領が招いた危機であることをロシア国民は悟る必要があると語っていた[92]。プーチン大統領自身は生命が尽きるまでの超長期支配，プーチン帝国の興隆を目論んでいるけれども，また，賃金水準の停滞や物価上昇が即刻，プーチン大統領降ろしを誘発することはないかもしれないけれども，批判の矛先がやがてはプーチン大統領に向けられることは必然なのである。

　クレムリン周辺では今後，ルールなき危険な政治ゲームが展開されていく[93]。オリガルキーの眼前には新たな厳しい現実が待ち受けている。オリガルキーは戦々恐々としているに違いない。ロシアでは経済よりも政治，ことにクレムリン周辺の権力闘争，既得権益争奪戦のほうが重要なのである。直視すべきロシアの現実である。

9．プーチン大統領の野望と失望

　プーチン大統領がウクライナ東部地域に執着する理由は何か。それはクリミア半島に至る陸上回廊の確保に他ならない。この回廊を維持しないとクリミア半島へのライフラインが寸断されるのである。クリミア半島を略奪した以上，ライフラインの構築はモスクワの責務となる。そうでないと，クリミア半島が再び，ロシアから離反してしまう。

　プーチン大統領はキエフ政府に対して，ウクライナ東部地域の高度な自治権

を要求した。これを突破口にウクライナ東部自治体とロシア独自の条約を締結し，関係強化を図りたい。2008年夏のグルジア紛争の際，モスクワはグルジアから南オセチア共和国とアブハジア自治共和国を略奪したうえ，独自の条約を結び，影響下に置いた。この手法をウクライナ東部地域にも適用したいのである。いわばウクライナ東部地域の南オセチア化を実現したい。そうすれば，同地域と特殊な関係を構築でき，クリミア半島への回廊を死守できる。

しかし，これで一件落着ではない。プーチン大統領を甘く見てはいけない。執念深い人物である。

その視線はバルト3国にすでに移っている。否，具体的な行動を思案しているだろう。拠点はロシアの飛び地であるカリーニングラード。カリーニングラード州はリトアニアに囲まれている。ロシア系住民保護を口実にリトアニアを制圧するには3日で十分だろう。

友好国に恵まれないロシアは思惑通りに親露国を増やせない。そうなると，ソ連邦時代への回帰が始動する。ところが，ソ連邦構成共和国は軒並み通貨価値が下落[94]，経済関係が濃密であるがゆえに[95]，ルーブル相場低下に連動した。

カザフスタンに続いてアゼルバイジャン当局も平価切り下げを余儀なくされた。アゼルバイジャン経済も原油・天然ガス産業によって支えられている。輸出の95％，政府歳入の70％が原油・天然ガス収入に依存する。ただ，アゼルバイジャンの公的債務が少ないうえ，外貨準備金は対GDP比70％の水準まで積み上がっている[96]。

ロシアはユーラシア経済同盟を打ち立てて，ルーブル通貨圏を構築し，起死回生を図ろうと躍起だが，笛を吹けば踊ってくれるのか。所詮は弱者連合，はなはだ疑問だ。バルカン半島に触手を伸ばしたとしても名誉回復は不可能だろう。

折しも，ウクライナ政府と同国東部に展開する親ロシア派武装組織が2015年2月15日からの停戦で合意した。ドイツ，フランス，ウクライナ，ロシア4カ国の首脳会談を通じて，停戦合意に達した格好だ。今後は第3者，すなわ

ち欧州安保協力機構 (OSCE) による停戦・重火器撤去の監視の下で円滑に和平を導くことができるのかどうかが問題の焦点となる。ただし，OSCEには強制調査の権限はない。仮に停戦が実現しなければ，ウクライナ全土に戒厳令が発令される。そうなると，ウクライナの治安は正規軍が中心となる。

ウクライナ東部地域に高度な自治権を付与することは致し方ないとしても，親ロシア派武装組織がそこに君臨することは言語道断である。ロシアから流入した兵士は即刻，撤退すべきである。と同時に，武装組織側は武装解除に応じるべきである。ウクライナの主権と領土の一体性が保持されなければならないことは停戦合意の大前提でもある[97]。この文脈において，ロシアはクリミア半島を速やかに返還すべきだ。クリミア半島に固執する限り，金融制裁は解除されない。

国際社会はウクライナ経済が疲弊を極めていることを注視すべきである。もはや破産寸前の様相を呈している。急がば回れ。ロシアの経済力を消耗させるには制裁だけでは足りない。ウクライナを全面的に支援しなければならない。モスクワはクリミア半島とウクライナ東部地域に影響力を強化しようとして，財政支出に乗り出すだろう。

国際社会はこれに対抗すべく，キエフ政府にあらゆる支援の手を差し伸べねばならない。ウクライナ経済の破綻を防ぎ，経済力の強化を支援するのである。日欧米諸国とロシアとによる支援合戦の様相を呈するかもしれない。だがそれは，ウクライナの統一性と自立に不可欠である。この消耗戦に打ち勝てば，ロシアが撤退する契機となる。

ウクライナの通貨フリブナは2014年に100％も下落，2015年に入ってからも下落は止まらず，1年前の1ドル8.7フリブナから28フリブナ近辺に急落している[98]。インフレ率は年率換算で28％に上る (2015年1月)。2015年の物価上昇率も17.2％に及ぶと予想されている。

ウクライナ中央銀行はドル売り・フリブナ買いを断念，変動為替相場制への移行を決断した。また，通貨防衛のため，2015年3月初旬，主要政策金利を19.5％から30％へと大幅に引き上げた[99]。実に10.5ポイントの上乗せだ。同

年2月に14％から5.5ポイントの利上げを実施しており，短期間に金利は2倍以上に跳ね上がった。

経済成長率はマイナス7.5％に落ち込んだうえ（2014年実績），対外債務残高は1,360億ドルに達する（2014年10月1日時点）。合わせて，原油・天然ガスの輸入総額は年間100億ドルに及ぶ。一方，外貨準備金は56億ドルに過ぎない（2015年2月末）。放置すれば，外貨準備金は底をつく[100]。2015年もマイナス5.5％というマイナス成長に甘んじなければならないと予想されている。このような厳しい制約のなか，国防費は確保せねばならない[101]。

S&Pはウクライナの長期外貨建てソブリン格付けをトリプルCマイナスからダブルCに引き下げている。そのうえで外貨建て債券のデフォルトがほぼ確実だとした[102]。

幸い，ウクライナのデフォルト回避に向けて，IMFや世界銀行が追加支援を表明している。国際支援の規模は403億ドルにのぼる。このうちでIMFは4年間で総額175億ドルの追加支援枠を設定している[103]。IMF以外の国際機関は75億ドルである。日欧米社会が総力を結集して積極的に経済支援に乗り出すべきである。債務再編や返済繰り延べは欠かせない。ウクライナ政府は153億ドルについて債務再編を要請するものと思われる。

無論，ウクライナ国民には緊縮策が突き付けられる。ガス料金は2015年4月1日から4倍に，電気料金は3年間で3倍にそれぞれ引き上げられる。年金支給額が削減される一方，増税措置が打ち出されている[104]。通貨急落による輸入インフレが顕在化していることもあって，市民生活は苦しくなる一方だ。IMFが要求する構造改革に耐えられるか。正念場だ。

NATOはクレムリンが描く欧州分断作戦に即応できるか。過激派「イスラム国（IS）」を撃破できるか。北はロシアと南は「イスラム国」と向き合い，二正面作戦を完遂せねばならない。NATOの集団安全保障の意義が問われる段階を迎えた。

ただ，クレムリンはウクライナ東部地域へのこれ以上の深入りを回避するだろう。クリミア半島を返還することは考えられないが，事態の悪化は避けると

思われる。

　無論，プーチン大統領の野望が尽きたわけではない。すでに触れたとおり，視線はすでにバルト３国に向けられている。バルト３国に居住するロシア系住民の保護を口実に介入する懸念はまったく払拭されていない。リトアニアには飛び地カリーニングラードが隣接する。リスクを伴うものの，カリーニングラードを軍事拠点とすれば，即時に介入できる。バルト３国に介入するかどうか。それはプーチン政権に対する国内支持率と緊密な関係がある[105]。

　ロシアのクリミア編入から１年半の歳月が流れた。プーチン大統領は欧州の冷戦後秩序を軽視した[106]。欧州世界は再び，ロシアと対峙することになった。すでに勢力均衡は崩れている。均衡崩壊の被害者はほかならぬウクライナである。ウクライナの主権と領土保全の原則は破られた状態が続いている。

　次は，崩壊した均衡を修復し，新たな均衡を探る段階である。この均衡構築にNATOは積極関与していかねばならない。にもかかわらず，プーチン大統領は秩序の回復に興味がない。むしろ秩序なき世界の中のロシアを模索している[107]。NATOは新秩序構築という難題を乗り切れるか。

　心配無用。孤立を深めるロシアは自滅していく。外国からの出稼ぎ労働者はロシアを去り，有能なロシア市民も祖国から離れていくだろう。なすべきは日欧米諸国との関係改善であるにもかかわらず，クレムリンは逆走している。クリミア半島をウクライナに返還しない限り，金融制裁は永遠に続く。ロシアを待ち構えるのは破産宣告。ギャンブルに大敗を喫したプーチン大統領は降板して，ロシア内外に謝罪しなければならない。プーチン帝国は実現することなく，瓦解する。

【註】
（１）クリミア半島をめぐる情勢展開については，拙著『クリミア問題徹底解明』（ドニエプル出版，2014年）を参照されたい。
（２）『日本経済新聞』2014年９月17日号。ウクライナの対欧州連合（EU）輸出総額は167億ドル，輸入総額は270億ドル，対ロシア輸出総額は150億ドル，輸入総額は232

億ドル（2013年実績）。
（3）『日本経済新聞』2014年9月19日号。
（4）日欧米諸国がウクライナを支援する体制は整ってきたものの，ウクライナ経済の現状は厳しい。2014年の実質経済成長率はマイナス9％にまで落ち込む見通しで，信用不安が再燃している。ウクライナは2014年2月に変動為替相場制に移行したが，通貨フリブナを防衛すべく，外国為替市場でのフリブナ買い介入に追い込まれている。ただ，ウクライナ経済を再建するには集中的な復興投資が必要である（『日本経済新聞』2014年10月23日号）。
（5）「シェール革命」とは技術革新，すなわち高圧の水で岩盤を砕き回収する水圧破砕法と岩盤を水平に掘り進む技術の組み合わせによって，頁岩（シェール）に閉じ込められた原油や天然ガスを取り出せるようになったことを指す。その結果，世界の資源エネルギー需給やその価格，経済に多大な影響が及ぶようになった。「シェールガス」の生産，増産で天然ガス価格が下落。米国は液化天然ガス（LNG）輸出に舵を切った。一方，天然ガス埋蔵量で世界首位であるにもかかわらず，天然ガス生産量でロシアはシェアを低下する構造変化が生じた。また，「シェールオイル」の開発・生産も進展し，世界全体の埋蔵量は3,450億バレルと原油総埋蔵量の1割を占めるという試算もある。「シェールガス」埋蔵量の世界ランキングは中国が首位で，以下，アルゼンチン，アルジェリア，米国，カナダと続く。また，「シェールオイル」のそれはロシアが首位で，以下，米国，中国，アルゼンチン，リビアと続く（『日本経済新聞』2014年9月30日号）。
（6）『日本経済新聞』2014年8月18日号。
（7）*Financial Times*, November 19, 2014.
（8）『日本経済新聞』2015年1月27日号。
（9）『日本経済新聞』2015年2月21日号。
（10）『日本経済新聞』2015年1月10日号。
（11）*Financial Times*, February 5, 2015.
（12）*Financial Times*, January 30, 2015.『日本経済新聞』2015年2月13日号。ちなみに金を最も多く保有する国は米国で8,134トン。ドイツ3,384トン，イタリア2,452トン，フランス2,435トンと続く。ロシアの外貨準備金は2015年2月1日現在，3,762億ドルとなっている（『日本経済新聞』2015年3月8日号）。外貨準備金は外国為替市場でのドル買い介入で2014年に750億ドル減少した。
（13）『日本経済新聞』2015年3月14日号。
（14）『ロイターニュース』2015年4月1日号。

(15) *Financial Times*, September 12, 2014.
(16) *Financial Times*, August 20, 2014.
(17) *Financial Times*, December 20, , 2014.
(18) 『日本経済新聞』2014年11月11日号。
(19) 『ロイターニュース』2015年4月7日号。
(20) *Financial Times*, March 22, 23, 2014.『日本経済新聞』2014年3月22日号。
(21) *Financial Times*, April 11, 2014.
(22) 『日本経済新聞』2014年9月28日号。
(23) *Financial Times*, February 18, 2014.
(24) 『日本経済新聞』2014年9月13日号。*Financial Times*, September 13, 14, 2014.
(25) *Financial Times*, October 8, 2014.
(26) *Financial Times*, October 6, 2014.
(27) 『日本経済新聞』2014年4月9日号。
(28) 『日本経済新聞』2014年9月28日号。
(29) 『日本経済新聞』2015年3月19日号。
(30) 『日本経済新聞』2015年3月24日号。
(31) 『日本経済新聞』2014年3月23日号。
(32) *Financial Times*, November 27, 2014.
(33) 『日本経済新聞』2013年11月3日号。
(34) *Oil & Gas Journal*, January 6, 2014, p.40.
(35) 『日本経済新聞』2014年6月19日号。
(36) 『日本経済新聞』2014年9月3日号。中露間の天然ガスパイプライン「シベリアの力」に加えて，新たな天然ガスパイプラインの建設が合意されている。ロシア・西シベリアのアルタイ共和国と中国の新疆ウイグル自治区とを結ぶ天然ガスパイプラインが建設される計画である。30年間にわたり年間380億立方メートルの天然ガスがロシアから中国に輸出される計画だという（『日本経済新聞』2014年11月10日号）。
(37) *Financial Times*, July 23, 2014. *Financial Times*, March 9, 2015.
(38) 『日本経済新聞』2014年9月27日号。
(39) 『日本経済新聞』2014年10月15日号。
(40) 『日本経済新聞』2014年10月14日号。
(41) *Financial Times*, July 15, 2014.
(42) 『日本経済新聞』2014年9月13日号。
(43) 『日本経済新聞』2014年10月15日号。

(44)『日本経済新聞』2014年11月14日号。
(45)『日本経済新聞』2014年9月30日号。
(46)『日本経済新聞』2014年10月6日号。
(47)『日本経済新聞』2014年12月14日号。
(48)『ロイターニュース』2015年2月4日号。
(49) *Financial Times*, October 3, 2014.
(50)『日本経済新聞』2015年4月9日号。
(51) ロシアの2014年産油量は5億2,500万トンであったが，4－5年後には4億9,000万トンに減少するとの見方がある（*Financial Times*, November 28, 2014）。
(52) *Financial Times*, September 30, 2014.
(53)『日本経済新聞』2014年10月24日号。
(54) *Financial Times*, October 17, 2014.
(55) *Financial Times*, October 3, 2014.
(56)『日本経済新聞』2014年8月19日号。
(57) *Financial Times*, June 17, 2014.
(58) *Financial Times*, December 27, 28, 2014.
(59) *Financial Times*, October 16, 2014.
(60) *Financial Times*, February 21, 2014.
(61) *Financial Times*, September 2, 2014.
(62) *Oil & Gas Journal*,. January 5, 2015, p.50.
(63) *Financial Times*, October 1, 2014.
(64) *Financial Times*, September 27, 28, 2014.
(65) *Financial Times*, September 12, 2014.
(66) *Financial Times*, September 11, 2014.
(67) *Financial Times*, September 22, 2014.
(68) *Oil & Gas Journal*, January 5, 2015, p.12.
(69) *Oil & Gas Journal*, September 1, 2014, p.65.
(70)『日本経済新聞』2014年12月10日号。
(71)『日本経済新聞』2015年2月24日号。
(72)『ロイターニュース』2015年3月11日号。
(73) *Financial Times*, February 25, 2015. なお，EUの天然ガス調達先とその比率は次のとおりである。EU域内34％，ロシア26.7％，ノルウェー20.9％，アルジェリア8.4％，カタール5.1％，その他4.8％（2013年）。EUのエネルギー自給率は50％弱，

その輸入額は年間4,000億ユーロ(『日本経済新聞』2015年2月26日号)。
(74) *Tirana Times*, December 19-25, 2014.
(75) 『日本経済新聞』2015年2月28日号。
(76) 『日本経済新聞』2015年2月26日号。
(77) 拙稿「追い詰められたロシア，資金調達難で揺らぐ資源大国」『週刊エコノミスト』2014年10月14日号。
(78) *Financial Times*, March 4, 2014.
(79) *Financial Times*, February 11, 2015.
(80) *Financial Times*, November 26, 2014.
(81) 『日本経済新聞』2014年12月31日号。
(82) 『日本経済新聞』2014年12月27日号。*Financial Times*, December 27, 28, 2014.
(83) *Financial Times*, December 31, 2014.
(84) *Financial Times*, September 2, 2014.
(85) *Financial Times*, September 27, 28, 2014.
(86) 『日本経済新聞』2014年9月18日号。
(87) 『日本経済新聞』2014年10月31日号。
(88) *Financial Times*, September 12, 2014.
(89) *Financial Times*, October 6, 2014.
(90) *Financial Times*, October 9, 2014.
(91) 『日本経済新聞』2015年2月28日号。『日本経済新聞』2015年3月1日号。
(92) *Financial Times*, February 27, 2015.
(93) *Financial Times*, September 26, 2014.
(94) *Financial Times*, December 23, 2014.
(95) ロシアとの貿易比率はベラルーシで49.4％，ウクライナ25.4％，アルメニア24.1％，ウズベキスタン21.9％，カザフスタン21.1％，モルドバ19.0％(2014年8月までの1年間実績，*Financial Times*, January 9, 2015)。
(96) *Financial Times*, February 23, 2015.
(97) 『日本経済新聞』2015年2月13日号。
(98) *Financial Times*, February 25, 2015.
(99) 『日本経済新聞』2015年3月4日号。*Financial Times*, March 4, 2015.
(100) 『日本経済新聞』2015年1月29日号。*Financial Times*, February 27, 2015.
(101) 『日本経済新聞』2015年1月4日号。*Financial Times*, March 13, 2015.
(102) 『ロイターニュース』2015年4月10日号。

（103）『日本経済新聞』2015 年 3 月 12 日号。
（104）『日本経済新聞』2015 年 3 月 13 日号。
（105）*Financial Times*, October 21, 2014.
（106）*Financial Times*, October 25, 26, 2014.
（107）*Financial Times*, February 4, 2015.

（中津孝司）

中国自動車産業における量的拡大から質的向上への課題

1. はじめに

 2014年，中国の自動車生産台数と販売台数はそれぞれ2,372万台と2,349万台に達し[1]，6年連続で世界一を達成した。ちなみに，2014年の全世界の自動車生産台数は約8,700万台であった[2]。つまり，中国だけで実に世界の自動車生産の約27％を占めたのである。中国の自動車生産が急速に拡大し始めたのは世界貿易機関（WTO）加盟がほぼ確実になった2000年頃であった。その年，中国の自動車生産台数は初めて200万台を超えた。昨年，その規模は2000年当時に比べて約12倍となり，いかにこの15年の間に急拡大したかがわかる。

 名実ともに自動車大国となった中国だが，2010年前後から中国国内から「中国は世界の自動車大国になったけれども，自動車強国にはまだほど遠い」という論調が目立つようになった。それは，中国ローカルの民族系メーカーよりは中国に進出している外資系メーカーによって中国の自動車生産が支えられている側面が強いからである。つまり，自国の民族系自動車メーカーに支えられている欧米日などの自動車先進国に比べて，中国の民族系自動車メーカーは実力がまだ弱く，自動車先進国のメーカーと互角に戦える力がまだ備わっておらず，競争力という面では中国メーカーの競争優位がまだ現れていない，あるいは競争優位はあったものの，それが徐々に薄れていく状況にあると言ったほうが良いであろう。

 従来，競争力といえば，すぐに製品の品質や性能，またそれを支える技術力などと結び付ける傾向が強い。確かに，10年前の中国民族系メーカーといえ

ば，まさに先進国の自動車メーカーに比べて製品力が弱く，品質や性能の面において雲泥の差があると言っても過言ではない。しかし，近年，その差は着実に縮まっている。とはいえ，最近，民族系メーカーのシェアはむしろ下がる傾向にある。製品面の品質，性能が上がりながらシェアが落ちるのは一体なぜであろうか。結論から言えば，外資系メーカーに比べて民族系メーカーのマーケティング戦略，とりわけブランド構築の面で大きな失策があったと指摘しなければならない。

　本章では，これまで中国の民族系メーカーのマーケティング戦略，とりわけブランド構築にはどのような失策があったのかについて，外資系メーカーと比較しながら分析を行う。それを通して，中国の自動車産業が今後，量的拡大から質的向上へ向かう中で解決すべき課題は何かについて一定の示唆が得られるに違いない。

2．「民族系」と「外資系」の定義

　一般に，民族系とは民族資本によって構成されることを意味する。つまり，企業の場合，その出資者がその国の国民または機関であることは必須条件である。中国では，民族系自動車メーカーといわれるものには，政府系と私有系に大別され，さらに，政府系は中央政府系と地方政府系にわかれている。

中央政府系

　1953年に誕生した「第一汽車製造廠（現，一汽集団）」は，中国の中央政府によって設立された最初の民族系自動車メーカーである。また，1969年に設立された「第二汽車製造廠（現，東風集団）」も中央政府直属の民族系自動車メーカーである。この2社は，社会主義中国が誕生し，中国政府が計画経済を推し進めていた時代に国の総力を挙げて造られたもので，1980年代の初頭まで中型トラックを中心とする商用車の生産を行っていた。

　1980年代，中国政府が乗用車生産を後押しする政策に転換した以降，外資

との合弁生産を行う会社を設け，規模が拡大していった。また，従来の商用車生産の分野においてもトラックを中心に小型から大型まで車種のバリエーションを増やしてきた。さらに近年，中国政府が進める自動車産業の整理統合の動きに合わせて，中小メーカーの買収を通じて多数の子会社を持つ超大型の国有企業グループへと変わっている。

地方政府系

1950年代から60年代にかけて，中国経済が計画経済の紆余曲折を経験するなかで，幾度の中央集権と地方分権の時期があった。地方分権の産物として，自動車産業にも「一省一工場」と呼ばれる建設ラッシュが起こり，省レベルの地方政府による自動車工場の設立が相次いだ。これらの地方政府系メーカーの多くは小型トラック，ピックアップトラック，トラックを改造した専用車両などの生産を行っていた。今日の上海汽車，北京汽車，広州汽車などの企業は元々この地方政府系の自動車メーカーであった。

1980年代の半ばから，経済の中心地や沿海地域に位置する一部の有力地方政府系メーカーは外資との合弁生産を行う会社を設立し，乗用車を中心に生産を行ってきた。上述の上海汽車，北京汽車と広州汽車は今日，中国における乗用車合弁生産の代表格ともいうべき存在となっている。これらの有力な地方政府系メーカー以外に，「一省一工場」の状況は今日も続いている。その背景には地方政府による地域保護主義的な要因が挙げられる。自動車産業は裾野の広い産業として知られ，地域内の他産業への波及効果，雇用にも大きく貢献できることから，多くの地方政府にとって自動車産業はまさに金の卵を産み出してくれる存在となっている。

私有系

中国には私有系の自動車メーカーが非常に少ない。最近，ボルボの買収で話題になった吉利汽車と電気自動車の開発で有名になったBYD社がこの私有系に属するものである。この2社はともに1990年代末以降に自動車産業に参入

した，いわゆる新興民族系メーカーである。

　吉利は自動車産業に参入する以前は冷蔵庫やバイクの生産を行っていた。90年代末に創業者の李書福氏はまだ高度成長前夜の中国自動車産業に将来性を感じ，ほとんど手作りで数台の自動車を造り，「自動車製造は養豚と同じぐらい簡単だ」と豪語し，地元の浙江省台州に自動車組み立て工場を建設し，中国各地から部品をかき集めて廉価の自動車を造り始めた。初期の吉利は外資系メーカーの模倣，コピーを通じて瞬く間に自動車の量産に漕ぎ付けた。近年，自社開発に力を入れ，模倣からの脱却を図っている。

　一方，BYDは元々携帯電話用電池の製造から出発した企業である。2000年代初め，香港証券取引所に株式の上場を果たし，そこで得た資金をもとに経営の多角化を図り，陝西省にある地方政府系の自動車メーカーを買収し，自動車産業への参入を果たした。その人気車種であるF3は，「外観はトヨタのカローラにそっくりだけど，価格は半分以下」と評されるように，BYDも最初，模倣車の製造を通じてシェアを広げていった。近年，同社は得意の電池製造技術を駆使し，電気自動車の分野に参入し，世間の注目を集めている。

外資系

　外資系はその名の通り，海外資本によって設けられた企業である。しかし，中国では自動車の完成車組み立てを行う企業については外資による持ち分比率は50％まで，しかも同一企業による中国国内での合弁相手は2社までと制限されている[3]。つまり，中国で完成車の最終組み立てを行う外資系企業はこの「50％以内」と「2社制限」のルールを守らなければならない。したがって，厳密に言うと，中国で完成車を製造している外資系企業は中国側企業との「合弁」という形態でしか認められない。しかも，株式の過半数所有による経営の主導権を握ることはできない。その意味で，外資系というのはあくまで海外の自動車メーカーが中国で行っている合弁事業であり，現地子会社という形態ではないことを認識しなければならない。

　たとえば，トヨタの場合，一汽集団と合弁会社「天津一汽豊田汽車有限公司

（略称：一汽トヨタ）」を設立している。独フォルクスワーゲン（VW）と上海汽車との合弁会社は「上海大衆汽車有限公司（略称：上海VW）」である。また，「2社制限」の下で，海外の自動車メーカーは中国側パートナー2社と合弁を組むことができる。トヨタは上記の一汽トヨタ以外に，広州汽車との合弁会社「広汽豊田汽車有限公司（略称：広汽トヨタ）」も設立している。VWも一汽集団との合弁会社「一汽大衆汽車有限公司（略称：一汽VW）」を持っている。外資が中国側企業との合弁を組む際に中国政府の影響をかなり受け，いわば「政略結婚」の色彩がかなり強いと言える。どの相手と組むかは，外資の一存では決められないのが実情である。

「自主ブランド」とは

　中国自動車産業の現状を把握する際に，民族系か外資系かという企業の資本属性の視点と同時に，近年，自主ブランドか合弁ブランドかという製品のブランド属性の視点もますます重要となってきている。中国でいう自主ブランドは以下のように定義されている[4]。

　「『自主ブランド（Self-owned Brand）』とは，企業が自ら開発したブランドで，自主知的財産権を持つブランドを指す。自主ブランドを評価する際の主要指標は，市場シェア，研究・開発（R&D）の経緯・成果と業界全体における地位，の3点である。企業の自主ブランドの特徴は，自社自らが保有し，管理し，方策を決定するべきもので，同時に，ブランドが生み出す経済的利益に対し，自主的に管理運用できることにある。自主ブランドは，ブランド知的財産権の『管理権』と『所有権』という2つの主な権利を備えている。ブランド処理力や最終決定権が他者の手中にあり，ブランドマーク貼付などのブランド使用権しか持たないメーカーは，本当の意味での自主ブランドではない。」

　自主ブランドが頻繁に用いられるようになったのは2005年頃からである。WTO加盟によって外資が中国の自動車産業に参入してきた。1980年代から90年代にかけて中国に進出したドイツのVW，フランスのシトロエン（当時），日本のホンダ，米国のゼネラル・モーターズ（GM）に加えて，2000年以降，日

本のトヨタ，日産，米国のフォード，韓国の現代，起亜，フランスのプジョー（当時），ルノーなど，世界中のほぼすべての主要メーカーが中国進出を果たした。それらのメーカーは中国側パートナーと合弁会社を設立し，そこで生産する車種（合弁ブランド）は外国からの持ち込みがほとんどである。つまり，それまでに海外で開発し，生産・販売していた車種をほぼそのままで中国に持ち込んで，合弁会社の工場で生産を行ってきた。

最初，中国政府は外資の中国進出を通じて，彼らが持つ技術を中国に導入させて，合弁会社でそれを吸収し，ひいて中国側がそれをもとにさらに技術開発を行っていくことを目論んだ。いわば，海外メーカーへのキャッチアップを図ろうとしていたのである。当然，それに対して，中国政府は海外メーカーに技術を提供させることを正当化するための言い分として，「市場と技術の交換」をうたっている。中国という広大で，潜在力のある市場を外資に提供する（儲けさせる）代わりに，技術を中国側に渡せという魂胆である。

しかし，蓋を開けてみれば，外資による技術提供がほとんど進まず，むしろ，WTOにおける知財権や内国民待遇などを用いて，外資が中国政府からの圧力を交わしている。結局，外資との合弁会社は外資からの技術導入がほとんど進まず，単なる外資側の生産請負工場と化している。それに業を煮やした中国政府は，自主ブランドという知財とブランドをすべて中国の企業が所有，管理できる製品の開発を推奨するようになったのである。

民族系メーカーが開発した製品は当然自主ブランドになるが，最近，一部の民族系メーカーが海外の自動車メーカーへのM&A（合併・買収）を通じて得た知財，たとえば，上海汽車傘下の「栄威」（MGローバーのエンジンと車体の知財権），北京汽車の「紳宝」（サーブ「9-3」と「9-5」の知財権）も自主ブランドである。また，外資との合弁会社が開発した中国ブランド車，たとえば，広汽ホンダの「理念」と東風日産の「啓辰（ヴェヌーシア）」も自主ブランドとみなされている。

外資系メーカーに中国での自主ブランドを開発させたのは，外資に合弁会社（中国で営業登録した企業）で車種を開発させ，その知財権，ブランド権を合弁企

業のものにし，それを通じて外資に技術を吐かせるのが中国政府の狙いであった。元々，外資はそのグローバル展開を図る上で，車種や技術開発の分散化，技術の流失を嫌い，合弁会社で中国の自主ブランド車を開発することにあまり積極的ではなかった。

しかし，近年，中国市場の急拡大，競争の激化に伴い，一部の外資がむしろ中国ローカルのニーズをより細かく対応し，すでに展開しているグローバル・ブランドとは別に，中国専用のブランドを使い，コア技術以外の技術を中国側に積極的に開示していくことによって，世界最大の中国市場で地盤固めをしていく戦略を採るようになってきている。

3．民族系と外資系のポジショニング

図表Ⅴ-1が示すように，2009年頃まで民族系と外資系のポジションは，価格10万元・排気量1,600ccを境目に一定の棲み分けができていた。2000年前後から外資の中国進出が本格化し，欧米日のメーカーは中高級車から中国に参入する戦略を採っていた。その背景として，当時の中国市場において中高級車領域は「アウディ」以外ほとんど空白に近い状態であったこと，市場需要の

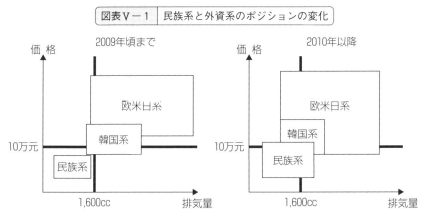

図表Ⅴ-1　民族系と外資系のポジションの変化

（出所）筆者作成。

面では法人需要が主で，特に政府部門では中高級車に対するニーズが高かったこと，さらに，中高級車を先行投入することでブランドイメージをいち早く構築できることなどが挙げられる。

一方，民族系は技術の面では欧米日のメーカーに対抗できるほどの能力がなく，当時，都市部で徐々に高まりつつあった個人需要をターゲットに小型で安いローエンド車の製造販売に集中していた。韓国系は，欧米日と民族系の中間，特に日系メーカーをベンチマークに，民族系より品質や性能は良いが，価格は決して高くはないというポジションを採ったのである。

2008年のリーマン・ショック（金融危機）以降，中国政府は世界的な金融危機の中国への波及を食い止めるために，積極的な財政出動による国内消費の底上げを柱とする振興策を打ち出した。自動車産業の場合，中国政府は自動車消費を促すために，「購置税」と呼ばれる自動車を取得する際にかかる税金を1,600cc以下の車種に限って車両本体価格の10％という従来の税率を2009年に5％へと半減した[5]。また，翌2010年にも同政策が続けられ，ただし税率は7.5％に戻された。この政策の恩恵を最も受けたのは民族系メーカーである。外資系メーカーは同様の排気量の車種が少なかったため，ほとんど蚊帳の外に置かれていた。

また，2005年頃から中国の大都市を中心に個人による自動車の購入が盛んになり，1,600cc以下の車種が人気を集め，シェアが急拡大した（図表Ⅴ－2参照）。その中で，外資系メーカーは従来の方針を転換し，1,600cc以下クラス，価格が10万元近い車種を積極的に投入するようになった。さらに，前述のように，近年，中国政府は外資系メーカーに対して自主ブランド車の開発を推奨しており，一部の外資系メーカーは低価格の自主ブランド車を投入し，従来，民族系メーカーが得意とする分野に侵食し始めた。外資系メーカーの動きに対して，民族系メーカーによる1,600cc以上，10万元超の領域への上級移動の動きも見られた。

このように，2010年頃から，民族系と外資系の正面衝突が本格化し始めた。その戦いの中で，民族系はシェアを落とす一方である。図表Ⅴ－3が示すよう

図表Ⅴ-2　排気量別車種市場シェアの推移

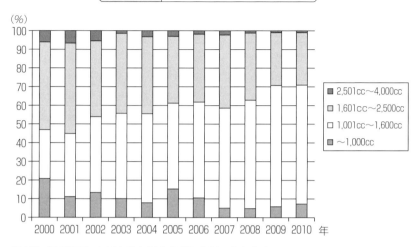

（出所）『FOURIN中国自動車調査月報』参照のもと作成。

図表Ⅴ-3　民族系と外資系の市場シェアの推移

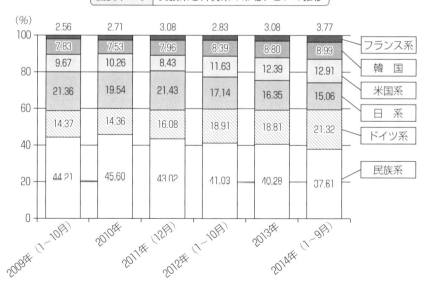

（出所）中国汽車工業協会のデータに基づいて作成。

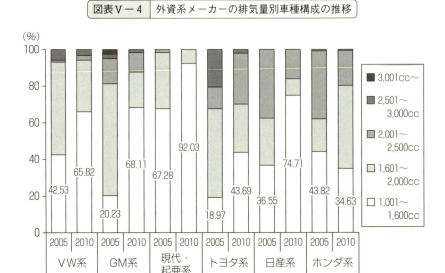

図表V-4　外資系メーカーの排気量別車種構成の推移

(出所)『中国汽車工業年鑑』のデータに基づいて作成。

に，民族系のシェアは2010年の45.60％を最高に徐々に下がり，2014年（1〜9月）には37.61％まで落ちている。そのシェアを奪ったのは主にドイツ系，米国系と韓国系である。VWは2005年時点で1,600cc以下クラスの車種は全体の42.53％を占めていたが，2010年には同クラスの車種は全体の65.82％まで引き上げられている。GMも2010年時点で1,600cc以下の車種が全体の68.11％を占めるようになった。韓国の現代・起亜は同クラスの車種を全体の92.03％まで高めた。それに対して，日系の中で日産だけが同クラスの車種を74.71％に引き上げており，トヨタとホンダは同クラス車種の導入が遅れた（図表V-4参照）。

4．民族系の製品開発の問題点

内部蓄積能力の欠如

　民族系の製品開発において，自社開発と外部委託開発の両方を併用するケースが多い。特に，新興民族系と呼ばれる後発メーカーの多くはこれまでにリバースエンジニアリングの手法を用いて，外資系メーカーの製品を解体してその構造や部品の仕組みを調べ上げ，模倣できる部分は図面に起こして部品メーカーに製造させる，あるいはその代用部品を部品メーカーから直接仕入れる。模倣できない部分，たとえば，エンジン，トランスミッション，電子部品などについては中国現地で生産を行っているグローバル・サプライヤーから調達する場合が多い。一時期，多くの民族系メーカーの車種に三菱のエンジンを搭載しているのが話題になっていた。三菱は中国瀋陽にエンジンを製造する合弁会社「瀋陽航天三菱汽車発動機製造有限公司」があり，同社は1997年に設立され，2012年8月に累計生産が200万台を突破し，中国国内の20以上の完成車メーカーに製品を供給している。2013年単年で生産50万台を超えている[6]。また，ドイツ系部品サプライヤー大手のボッシュや米国系のデルファイなどのグローバル・サプライヤーが中国現地に多くの生産拠点を設立しており，外資系だけでなく，民族系メーカーとの取り引きも盛んである。近年，力を付けてきた一部の民族系メーカーは，エンジンなどの中核部品を製造する設備を導入して自社で生産を行うようにしているが，ただし，エンジンの設計については海外の設計会社に依頼するケースも見られている。

　新興民族系に比べて，国有系（中央政府系と地方政府系）大手の民族系メーカーは資金力などの面で遥かに豊富な経営資源を持っているが，しかし，製品開発の面では依然として外資の力を借りることが多い。たとえば，一汽が2006年に発表した高級車種「紅旗Q3」はトヨタのクラウン・マジェスタをベースにしたものである。また，中級車種の「奔騰」はマツダの技術が使われ，2012年筆者が一汽の製造工場を見学した際に，マツダ6と同じ建屋の隣の生産ライ

ンで造られている。前述の上海汽車や北京汽車も海外の車種を丸ごと買収して自社のブランドで製造販売を行っている。

　製品開発を外部に依存するやり方では，自社内における技術やノウハウの蓄積ができない。自動車のフルモデルチェンジは平均で 3 年と言われている。古いモデルと新しいモデルの間に何らかの関連性，いわば「遺伝子」のような要素がないと，そのモデル自体のコンセプト，差別化ポイントは不明確になり，結局，消費者にインパクトを与えることができなくなる。その「遺伝子」を受け継ぐには社内の開発チームによる長年の技術蓄積と自社文化への理解と継承，ロイヤルカスタマーの特性の把握など，全社的な取り組みが不可欠である。製品開発にかかわるこれらの最も根本的な部分は決して外部委託によって解決され，受け継がれていけるものではない。

自社製品間のカニバライゼーション

　民族系メーカーの製品開発にとってもう 1 つ大きな問題は，自社製品間のカニバライゼーション（共食い）である。本来であれば，製品開発を行う際に自社製品ライン間の補完性，いわばそれぞれの製品をそれぞれ異なる市場セグメントのニーズに合わせ，スペックや価格の面で違いを出し，ターゲット顧客にアプローチしていくのが普通である。たとえば，顧客の購買能力に合わせて「Low（低価格帯×低スペック）」，「Middle（中価格帯×中スペック）」，「High（高価格帯×高スペック）」のような車種ラインを揃えるのが基本である。前述のように，2010 年頃から，民族系メーカーによる「Middle」と「High」車種領域への試みが始まった。しかし，これらの領域は外資系メーカーが得意とする分野であり，民族系メーカーの製品はほとんど市場から評価されず苦戦が強いられている。その中で，多くの民族系メーカーは値下げに踏み切り，安さを消費者にアピールする戦略に切り替えた。結局，「High」は「Middle」，「Middle」は「Low」とほぼ同じような価格にまで下げられたのである。その中で，元々「Low」しか買えない顧客は「Middle」が値下げられたことで，「Low」の代わりに「Middle」を買うようになり，また，「High」と「Middle」の購買層

にも同じような現象が起こり，民族系メーカーの自社製品同士による潰し合いが発生した。

　さらに，従来，民族系メーカーは「Low」の領域に限定して製品造りをしていたので，そもそも「Middle」や「High」の顧客層にブランドが認知されていない状況にあった。「Middle」と「High」の顧客層は大都市に住む中間所得者や地方都市の中高所得者がほとんどで，彼らは決して安さだけで商品の購入を決めるような層ではない。2014年，筆者が中国汽車流通協会を訪問した際に，担当者から，「中国の消費者，特に大都市に住む者は自動車を自分のステイタス・シンボルとして考え，また，中国では生まれて初めて自動車を買う消費者が非常に多く，彼らは自動車を選択する際に自分の身分，階層に合ったものを選択する傾向が非常に強い」と説明された[7]。つまり，「Middle」と「High」の顧客層は購入の前からすでに「民族系ブランド」より「外資系ブランド」を選択する意思を持っている。その出発点はブランドに対する認識であり，ブランド力の面では外資系が民族系よりは優位なポジションにあり，その差が縮まらない限り，彼らによる民族系の「Middle」と「High」の購入は難しいと言える。

5．民族系と外資系に対する消費者の評価

　2011年，京都大学東アジア経済研究センターが行った「中国（北京）自動車消費者アンケート調査」の結果から，ブランドイメージについては，外資系と民族系の間に大きな差が存在することがあらためて浮き彫りにされた（図表Ⅴ-5参照）。最も評価されているブランドはドイツのVW，続いて日本のトヨタは2番目，韓国の現代は3番目となっている。民族系ブランドの代表であるBYD，吉利と奇瑞は評価対象の9ブランドの内，ワースト3となっている。

　各ブランドに対して，それぞれの「走行性能」，「スタイリング」，「価格」，「品質」，「燃費性能」に対する評価は図表Ⅴ-6の示す通りである。VWとGMの場合，「走行性能」の面で非常に高い評価を受けている。日系のトヨタ，日

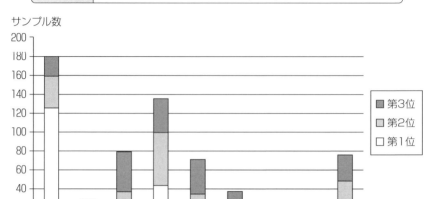

図表Ⅴ－5　主要外資系と民族系ブランドに対する消費者のブランドイメージ

（注）「あなたが評価する自動車ブランドをランキング形式で答えてください」という設問に対して，上位3位の回答を集計した結果である。
（出所）京都大学東アジア経済研究センター主催「2011年中国（北京）自動車消費者アンケート調査」に基づいて作成。

産，ホンダに対して，「燃費性能」が高い評価を受けている。現代の場合は，「スタイリング」が他社より高い評価を受けている。一方，民族系3社は，「価格」の面で非常に高い評価を受けている以外，その他のポイントでは総じて外資系よりかなり低い評価となっている。

上記のアンケート調査は北京に限って行われたもので，中国全般の状況を如実に表しているとは言い難い部分があることは確かだが，しかし，中国の自動車消費に関するアンケートがきわめて少ない中で，このデータはそれなりに参考する価値はあると言える。少なくとも，中国国内で最も自動車消費が盛んな北京では，多くの消費者が民族系の主要ブランドに対するイメージは「価格は魅力だが，肝心な性能や品質の面ではまだまだ」，いわば，「安かろう，悪かろう」であると言える。

中国のユーザーが自動車の品質に対する評価に関するもう1つ注目に値する

図表Ⅴ-6 主要外資系と民族系ブランドに対して消費者が評価するポイント

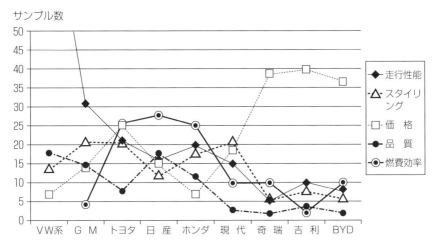

（出所）図表Ⅴ-5と同じ。

調査結果がある。J.D.Power社が毎年行っている自動車の初期品質（IQS）に関する調査である（図表Ⅴ-7参照）。その調査によれば，近年，民族系と外資系の品質（初期品質）面での差が着実に縮まっている。2000年代中頃まで，民族系と外資系が初期品質の面における差が約倍ぐらいあり，かなりの開きがあったが，2010年以降，その差が徐々に縮まり，2013年時点で約1.5倍となっている。100台当たりの不具合指摘件数は，2013年の数値を見れば，民族系が155件，2008年頃の外資系の数値173件を下回るレベルに達していると言える。このデータからわかるように，2010年頃まで，民族系は品質面で外資系との差がかなりあり，消費者が抱く「安かろう，悪かろう」というイメージはかなり当てはまると言って良いであろう。近年，民族系は品質面での改善が一定の功を奏し，外資系との開きはあるものの，かなり近付きつつあることも事実である。しかし，長年にわたって消費者の間で形成された民族系ブランドに対するイメージの改善にはまだつながっていない。前述した民族系のシェアの下落はその良い証拠と言えよう。

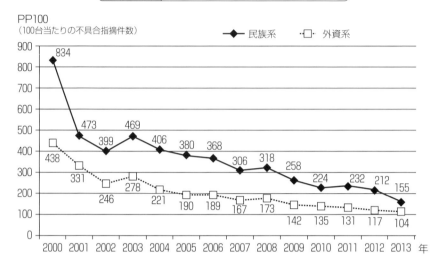

図表Ⅴ-7　民族系と外資系の初期品質（IQS）比較

（注）IQS調査は，新車購入3カ月後のユーザーに対して行われたもので，同一ブランド車100台当たりの不具合指摘件数を表している。
（出所）J.D.Powerのデータに基づいて作成。

　では，民族系メーカーにとって，品質面での改善を図ると同時に，外資系との競争において早急に取り組まなければならない課題は一体何であろう。

6．おわりに（民族系メーカーの戦略課題に対する吟味）

　図表Ⅴ-8は現時点の外資系と民族系のポジション，および今後，民族系が目指すべきポジションについての筆者の提言を表すものである。現在，外資系は民族系に比べて高い品質・性能と高い価格の領域を占めている。一方，民族系は前述の通り，低品質・性能と低価格，つまり，「安かろう，悪かろう」というポジションと認識されている。民族系にとって，現在の状況から脱出し，競争上の優位を構築するには，価格水準を現状から大きく変えることなく，より高い品質・性能を目指す方が戦略的に重要であると筆者は考える。外資系の

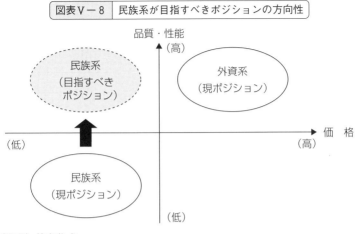

図表Ⅴ-8　民族系が目指すべきポジションの方向性

(出所) 筆者作成。

ような高い品質・性能と高い価格を目指すことは避けるべきである。外資系に真正面から挑むには，今の民族系にとって技術能力をはじめ，さまざまな経営資源の面において乗り越えなければならないハードルがかなり高いと言わざるを得ない。

それよりもむしろ，今の低価格の商品領域に徹し，品質・性能面でより高いパフォーマンスを追求することで，消費者に「安いが，決して悪くない」というブランドイメージを植え付けていく方が，今の「安かろう，悪かろう」というイメージを払拭する意味において重要と言える。それを達成するには，製品造りの面で工夫する必要があると同時に，ターゲット顧客の明確化とニッチ市場の開拓も不可欠である。

ターゲット顧客の明確化

民族系にとってターゲット顧客をどのような層に設定すべきなのかという問題を考慮する必要がある。筆者としては，まず民族系の製品を購入する意思のある中・低所得者層に絞るべきだと考えている。中・高所得者層は購入金額が10万元（2015年時点でのレートでは，約200万円）以上の外資系ブランドを念頭に

置いている人が多く，ブランドイメージの面から言えば，彼らを民族系の方に誘引するには現時点では非常に難しい。

それより，購入金額が10万元以下で，経済力の面から民族系の製品を受け入れてくれるような層に焦点を絞って，彼らのニーズを積極的に製品開発や製品造りの面に取り込み，「安くて良い製品」を提供し，この層における民族系のブランドロイヤリティを高めていくべきである。しかも，民族系にとってこれまでこの層と最も接触してきているので，外資系より彼らの好みやニーズをよく理解しているはずである。

ニッチ市場の開拓

もう1つ重要なのはニッチ市場の開拓である。今まで，民族系は外資系と同じようなフルライン戦略を採り，「Low」から「High」へと製品ラインの拡張を図ってきた。しかし，それは結局，経営資源の分散を招いただけでなく，民族系の差別化ポイントをぼかしてしまうことになり，価格以外の強みを際立たせなくなってしまったのである。日本の軽自動車メーカーの例を参考にすべきだと筆者は考える。ダイハツやスズキのようなメーカーは，「軽」という領域に専念し，極めることによって日本では独自のポジションを築くことに成功した。さらに，自動車の普及に伴い，増車需要，つまり2台目，3台目の需要が拡大し，1台目はすでに外資系の製品を持っているので，2台目，3台目はあまり立派なものでなくても，安くて運転しやすい車を求める消費者は少なからず存在しているはずである。そのような層をターゲットにすることも戦略上考慮すべき重要な課題であると言える。

いずれにせよ，中国の民族系メーカー，特に新興民族系メーカーが自動車産業に参入してまだ10年あまり，この間に高い技術能力，優れた製品造りの経験を持つ外資系メーカーと棲み分けを図りながらここまで成長してきたことは評価に値すると言える。しかし，これまで考察してきたように，その成長の裏には自動車市場の急拡大というモータリゼーションの恩恵を受けていることや知財権を無視した模倣による製品造りなどの要素も多く，結局，「安かろう，悪

かろう」というブランドイメージを多くの消費者が持つようになった。それを変えることは決して容易なことではない。

ただし，それを変えない限り，いずれは民族系自身が市場から消えることになるに違いない。中国も「自動車大国」から「自動車強国」への変身も成し遂げられない。さらに，自動車産業自身が今，大きな転換期を迎えている。エコカー，スマートカーといった世界的な潮流が大きく渦巻いている。中国の民族系メーカーにとってもそれは新たな機会であり，挑戦しなければならない大きな課題である。中国という膨大な市場の中でどのようなポジションを築いていくのか，またそれをもとにどのような製品開発，製品造りをし，ブランドイメージをどのように構築していくのかは，他の戦略課題より先に決めなければならない喫緊の最重要課題である，と筆者は考える。

【付記】本稿には，平成26年度大阪商業大学研究奨励助成費を受けて行った現地調査で得た情報が含まれている。紙面を借りて関係者の方々に御礼を申し上げる。

【註】
（1）中国汽車工業協会発表の速報値。
（2）『FOURIN 世界自動車調査月報』2014年12月号。
（3）2004年6月に中国政府が公布した『汽車産業発展政策』第48条に基づく。
（4）人民網日本語版（http://j.people.com.cn/）参照。
（5）同政策は，2009年1月16日に中国財政部，国家税務総局が公表したもので，2009年1月20日〜12月31日の期間に適用された。
（6）瀋陽航天三菱汽車発動機製造有限公司のウェブサイト（http://www.same.com.cn/）参照。
（7）2014年8月29日中国汽車流通協会・全国オートモール協会副理事長蘇暉氏へのインタビューに基づく。

主要参考文献

上山邦雄編（2009）『調整期突入！ 巨大化する中国自動車産業』日刊自動車新聞社。
黄リン編著（2002）『WTO加盟後の中国市場』蒼蒼社。
塩地洋（2002）『自動車流通の国際比較』有斐閣。
塩地洋・孫飛舟・西川純平（2007）『転換期の中国自動車流通』蒼蒼社。
塩地洋編著（2011）『中国自動車市場のボリュームゾーン』昭和堂。
塩地洋他著（2012）『現代自動車の成長戦略』日刊自動車新聞社。
塩見治人編（2001）『移行期の中国自動車産業』日本経済評論社。
孫飛舟（2003）『自動車ディーラー・システムの国際比較』晃洋書房。
孫飛舟（2006）「WTO加盟後の中国自動車流通政策とその影響―新車の『ブランド販売サービス体制』を中心に」『産業学会研究年報』第22号。
孫飛舟編著（2011）『転換期を迎える東アジアの企業経営―組織イノベーションと戦略転換』御茶の水書房。
丸川知雄・高山勇一編（2005）『新版グローバル競争時代の中国自動車産業』蒼蒼社。

（孫　飛舟）

ロシア自動車産業政策と部品サプライチェーンの現状と課題

1．はじめに

　2002年からフォードに始まりロシアでトヨタ自動車（以下「トヨタ」），日産自動車（以下「日産」），三菱自動車（以下「三菱」），ルノー，フォルクスワーゲン（以下「VW」）などの主要な自動車メーカーが進出し，現地で生産を行っている。しかしながら，日系の進出企業が求めるスペックに見合った良質な部品を供給できる現地の中小企業の数は限られているのが現状である。大半の部品は日本をはじめとしたロシア以外の国から調達している。ロシア政府は自動車産業に力を入れており，外国企業の誘致を促進するために，進出外国企業に対して税制等の優遇策を講じてきた。その適用要件として2018年までにロシア企業からの調達率を一定割合以上に高めることが求められている。

　日系自動車メーカーも現地調達率（ローカルコンテンツ）を上げるべく努力をしている。しかしながら，ロシアにおいては2次，3次部品サプライヤーの裾野産業が育っていない。このため，このような環境下で現地調達率をいかに上げるかが課題となっている。

　そこで本章では，ロシア政府のロシア自動車産業政策とロシアにおける部品サプライチェーンの現状と課題について明らかにする。

2．ロシア自動車市場の概観

　最初にロシア自動車市場を概観する。

| 図表Ⅵ－1 | ロシアの自動車（乗用車）市場（2003～2014年）

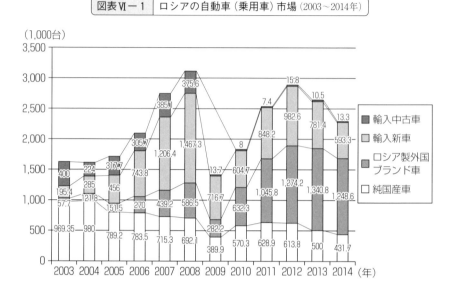

（出所）ASMホールディングの資料から作成。

　ロシア自動車市場は2008年の312万5,000台をピークに，2009年のリーマン・ショック（金融危機）の影響で2009年には140万台まで下落した。その後，2012年までは，外資企業の現地生産が進み，288万6,000台まで回復した。しかし，ウクライナ問題をめぐる西側諸国による対露制裁，油価の下落等により，ロシア経済は落ち込み，2014年12月にルーブルが急落し，ロシア経済は大きな打撃を受けている。自動車販売台数も2014年には228万6,000台まで下落し，2年連続のマイナスとなった。

　純国産車の販売動向が減少している一方，ロシア製外国ブランドの販売台数は2010年以降，急増している。2010年には632万台であったが，その後，年々販売台数は増加し2013年には1,340万台を達成している。しかし，ウクライナ問題をめぐる西側諸国による対露制裁による消費の低迷で2014年には1,248万6,000台へと下落している（図表Ⅵ－1）。

3．ロシアへ進出した外資自動車メーカーと外資部品サプライヤーの状況

本節では，ロシアの主要な自動車産業クラスター（集積地）について概観する。

ロシアの自動車産業の主要なクラスターは，3地域ある（図表Ⅵ－2）。それは，サンクトペテルブルク市・レニングラード州（図表Ⅵ－2，A地域），モスクワ市，モスクワ州，カルーガ州（図表Ⅵ－2，B地域），サマーラ州，ウリヤノフスク州，タタルスタン共和国，ウドムルト共和国，ニジェゴロド州（図表Ⅵ－2，C地域）である。

Aのレニングラード州には，フォード・ソレルス，トヨタ，日産，ゼネラル・モーターズ（以下「GM」），現代，スカニアが進出している。Bのモスクワ

図表Ⅵ－2　ロシア欧州地域における自動車メーカーの進出状況

サンクトペテルブルク市・レニングラード州
フォード・ソレルス，トヨタ，日産，GM，現代，スカニア

モスクワ市，モスクワ州
アフトフラモス（ルノー）
ZIL

カリーニングラード州
アフトートル

カルーガ州
VW，PSA／三菱
ボルボ

ニジェゴロド州
GAZ（VWの委託生産含む）

ウドムルト共和国
イジアフト

ロストフ州
タガーズ

ウリヤノフスク州
UAZ，BAW，ソレルス・いすゞ

タタルスタン共和国
フォード・ソレルス，ダイムラー，KAMAZ，ZMA

サマラ州
アフトヴァズ，GMアフトヴァズ

（出所）各種報道資料より作成。

| 図表Ⅵ－3 | ロシア欧州部における欧米韓日系部品メーカーの進出状況 |

サンクトペテルブルク市・レニングラード州
トヨタ紡織、AGC、ノキアンタイヤ、ゲスタンプ、リア、マグナ、テネコ、アントリン、ジョンソンコントロールス、エベルスピヤー、ADプラスチック／フォレーシア、SSV（三井物産・セヴェルスタリ合併会社）、カルソニックカンセイ、ユーロモールディング、ユーロディスク、ユニプレス、韓国系9社

カルーガ州
マグナ、フォーレシア、YAPP、リア、ビステオン、コンチネンタル、ゲスタンプ、シーメンス

モスクワ市、モスクワ州
AAT、ミシェラン、ヴァレオ、ZF、マグナ、フォーレシア

ウラジミル州
ビステオン・アフトプリボル

リペツク州
横浜ゴム

ニジェゴロド州
マグナ、リア、大同メタル、ティラド、ボル・ガラス工場（AGC）、矢崎総業、フォレーシア

リャザン州
マニエッティマレリ、ボッシュ

タタルスタン共和国
コンチネンタル、レオニ、ZF、カミンズ

サラトフ州
ボッシュ

ウリヤノフスク州
タカタ、ブリヂストン

サマラ州
ジョンソンコントロールス、ADプラスチック、テネコ、三桜工業、エグゼシティ、ハイレックス、アツミテック豊田通商（ジャトコ）、GMB、エドシャ、HVCC、Kdac、シーメンス、モバラン、フォーレシア

（出所）図表Ⅵ－2と同じ。

州には、ルノーのアフトフラモス工場、ZILが進出している。Bのカルーガ州には、VW、プジョーシトロエン（以下「PSA」）／三菱自動車（以下「三菱」）、ボルボが進出している。Cのサマラ州にはアフトヴァズ、GMアフトヴァズ、タタルスタン共和国には、フォード・ソレルス、ダイムラー、KAMAZ、ZAMA、ウリヤノフスク州にはUAZ、ソレルス・いすゞ、BAW、ニジェゴロド州にはGAZ（VWの委託生産を含む）、ウドムルト共和国にはイジアフトが進出している。

図表Ⅵ－3は、ロシア欧州部における外資自動車部品サプライヤーの進出状況である。図表Ⅵ－3の通り、図表Ⅵ－2のA、B、Cの自動車メーカーが進出している地域に主たるグローバル・サプライヤーがすでに進出している。

このうち、GMは販売低迷を受け、ロシアのサンクトペテルブルク工場を15

Chapter Ⅵ　ロシア自動車産業政策と部品サプライチェーンの現状と課題

図表Ⅵ－4　自動車部品サプライヤーグローバルトップ20のロシア進出状況

順位	会社名	2013年売上高(100万ドル)	国	ロシア生産拠点
1	コンチネンタル	44.3	ドイツ	カルーガ州,タタルスタン共和国
2	ボッシュ	40.6	ドイツ	リャザンとサラトフ州
3	デンソー	38.1	日本	0
4	マグナ	34.8	カナダ	サンクトペテルブルク,カルーガ州,モスクワ,ニジェゴロド州
5	ブリヂストン	31.1	日本	ウリヤノフスク州
6	現代モービス	30.4	韓国	サンクトペテルブルク
7	ジョンソンコントロールズ	28.1	米国	サンクトペテルブルク,サマラ州
8	アイシン精機	27.8	日本	0
9	フォーレシア	24.5	フランス	サンクトペテルブルク,カルーガ州,モスクワ,サマラ州
10	ミシュラン	23.2	フランス	モスクワ州
11	ZF	22.9	ドイツ	モスクワ州,タタルスタン共和国
12	グッドイヤー	19.5	米国	0
13	TRW	17.4	米国	0
14	カミンズ	17.3	米国	タタルスタン共和国
15	デルファイ	16.5	英国	サマラ州
16	ヴァレオ	16.4	フランス	モスクワ,ニジェゴロド,サマラ州
17	リア	16.2	米国	サンクトペテルブルク,カルーガ州,モスクワ,ニジェゴロド州
18	BASF	12.8	ドイツ	モスクワ州
19	ティッセン・クルップ	12.6	ドイツ	0
20	住友グループ	11.0	日本	スヴェルドロフスク州

（注）分析目的のために，自動車事業の売上高のみ記載。
（出所）*Russia's automotive market; 1H 2014 results and outlook*, PwC, 2014年8月。

年6月末で生産を中止した。年内に工場を閉鎖する予定である。同国でのオペルブランドの販売も終了する（国際自動車ニュース2015.3.19,　2015.7.3, Autostat 15.07.15）。

　図表Ⅵ－4は2013年の自動車部品サプライヤーのグローバルトップ20のロシア進出状況である。1位のコンチネンタルはカルーガ州とタタルスタン共和国，2位のボッシュはリャザンとサラトフ州に進出している。3位のデンソーはロシアに生産拠点がない。4位のマグナは4つの生産拠点がロシアにある。

5位のブリヂストンはウリヤノフスクに生産拠点がある。6位の現代モービスはサンクトペテルブルク、7位のジョンソンコントロールズはサンクトペテルブルクとサマラ州に生産拠点がある。8位のアイシン精機は生産拠点がない。9位のフォーレシアはサンクトペテルブルクを含め4カ所に生産拠点がある。10位のミシュランはモスクワ州に生産拠点がある。このようにメガサプライヤーの上位10社のうち、日系2社を除くメガサプライヤーは、ロシア国内に複数の拠点を有しており、1次部品サプライヤーとして外資系向けを中心に部品供給している。

4．ブランド別の販売台数の推移と現地調達率

本節ではロシア自動車市場の状況をブランド別と車種別で概観する。

図表Ⅵ-5はロシア乗用車市場におけるブランド別の販売台数の推移である。第1位のアフトヴァズのラーダは2011年の57万台をピークに減少傾向にあり、2014年には38万台まで減少している。第2位の起亜自動車（以下「起

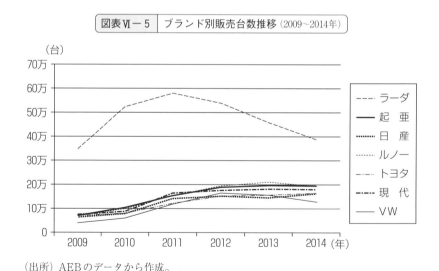

図表Ⅵ-5 ブランド別販売台数推移（2009～2014年）

（出所）AEBのデータから作成。

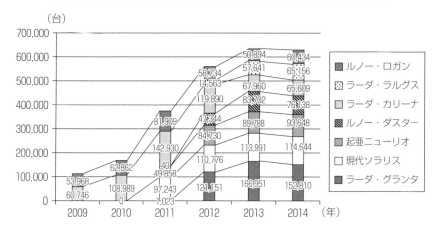

図表Ⅵ－6　ロシア自動車市場における車種別販売台数（2009〜2014年）

（出所）図表Ⅵ－5に同じ。

亜」）は好調に販売台数が増加しており，2014年には19万台の販売台数に達している。3位の日産は2009年の6万4,000台から順調に販売台数を増加させており2014年には16万台に達している。ルノーは2013年21万台までは順調に販売台数が増加したが，2014年には19万台に減少している。トヨタ自動車は2009年6万8,000台から順調に販売台数を伸ばしており2014年には16万台に達している。現代の販売台数は好調に推移しており，2009年7万4,000台から2014年には17万9,000台までに達している。一方，ＶＷは2012年の16万台をピークに2014年には12万台まで販売台数が落ちている。好調なのは，現代／起亜，トヨタおよび日産である。

　次に車種別の販売台数の推移を概観してみよう（図表Ⅵ－6）。1位はラダ・グランタで2013年16万台をピークに2014年は15万台まで減少している。2位の現代ソラリスは好調で，2011年の販売開始から順調に増加しており2014年には11万台を販売した。3位の起亜ニューリオも好調で2014年には9万台を販売した。4位のルノー・ダットサンは2013年をピークに2014年には7万6,000台に減少している。5位のラダ・カリーナは2011年の14万台をピーク

に2014年には6万5,000台まで減少している。6位のルノー・ロガンは2011年の8万台をピークに減少しており，2014年は6万台まで下落している（図表Ⅵ－6）。

　車種別の販売台数において，上位6位までのうち，現代ソラリスと起亜ニューリオが好調であることがわかる。

5．ロシア自動車産業政策

　本節では，ロシア政府の自動車産業政策について簡単に概観する。

　ロシア政府は，資源依存型経済から脱却するためにも自動車産業の育成を目指してきた。そのために，ロシア政府は外資の自動車メーカーをロシアへ誘致し，ロシア国内で現地生産を行ってもらい，自動車産業の近代化を実現する政策を採ってきた。まず，1990年代後半に投資契約制度が発表されたが，現地調達率の条件が厳しすぎたために，締結したのは1997年のフォード1社のみであった。その後，2005年に政令166号の工業アセンブリ措置が導入された。これは，現地生産を促進するため，ロシア政府が導入したものである。一定条件を満たした完成車工場および部品工場（ロシア資本，外資問わず）は，部品もしくは原材料の輸入に際して，関税上の特典を供与する措置である。工業アセンブリ措置には，2005年導入の旧工業アセンブリ措置（有効期限：グリーンフィールドの場合8年間）と，2011年導入の新工業アセンブリ措置（有効期限：最長2018年6月30日まで）の2タイプが存在する。旧工業アセンブリ措置ではロシア自動車産業の競争力強化につながらなかった。なぜならば，自動車産業の2次，3次部品メーカーや素材産業などの裾野産業の近代化に貢献できず，そのためロシア国内の完成車や部品の生産コストが高くなっていたからである。このためロシア政府は国内自動車産業の競争力強化を図るために新工業アセンブリ措置を導入したものである（坂口2012，坂口・富山2012）。

旧工業アセンブリ措置

　旧アセンブリ措置は，①グリーンフィールド方式（新たに投資先国に法人を設立する投資の形態，工場の新規建設などを伴う）での工場については30カ月後に，ブラウンフィールドの工場については操業開始から18カ月後に，溶接および塗装ラインを設置し，CKD（コンプリート・ノックダウン）方式の生産を開始すること，②年間生産台数が2交代制下で2万5,000台以上であること，③CKDを開始してから24カ月後に特典を得て輸入する部品の割合を価格ベースで10％減少させ，42カ月後と54カ月後にさらに10％ずつ減少させることが義務となっている。旧工業アセンブリ措置の適用を受けたのはトヨタ，マツダ，三菱，現代，起亜であり，それぞれ30％を達成する義務を負っている。

新工業アセンブリ措置

　新工業アセンブリ措置は，ブラウンフィールド（投資先国の既存法人や工場に対し追加投資する形態）方式で既存工場を増強する場合は，①協定発効後3年以内に既存の工場の生産能力を年間35万台に増強すること，②ローカルコンテンツを協定発効後1年目に35％，2年目に40％，3年目に45％，4年目に50％，5年目に55％，6年目に60％にすること。グリーンフィールド方式で工場を建設する場合は，①協定発効後4年以内に年産30万台を達成すること，②ローカルコンテンツを協定発効後，4年目に30％以上，5年目に40％以上，6年目に60％以上にすること，③生産される自動車の30％に国産のエンジンおよび（あるいは）トランスミッションを装備すること（ただし，自動車の年産量が100万台を超える場合は年産20万個を達成すればよい），④組立，塗装，溶接ラインの他に，協定発効後4年以内にプレスラインを設置すること，⑤協定発効後4年以内に研究・開発（R&D）センターを設置することが義務となっている。新工業アセンブリ措置の適用を受けたのはルノー／日産／アフトヴァズ連合，GM，フォード／ソラーズ，VWグループであり，それぞれが60％達成する義務を負っている。

　図表Ⅵ-7は工業アセンブリ措置の新・旧条件をわかりやすくまとめたもの

図表Ⅵ-7	工業アセンブリ措置の新・旧条件の比較	
	2005年	2011年
生産能力	2.5万台	30万〜35万台
契約期間	7〜8年	8年、2020年12月31日まで
現地調達率	1年め SKD組立 2年め SKD組立 3年め CKD開始 4年め 10% 5年め 10% 6年め 20% 7年め 30%	35% 40% 45% 50% 55% 60% 60%
特別条件		・エンジンおよび（または）トランスミッション装備 ・R&Dセンターの設置 ・プレスライン設置

（出所）PwCに加筆修正して作成。

である。同図表からわかるように、ロシア政府は自動車部品を外国から輸入するのではなく、部品の国産化率を増やし、国内でプレスなど付加価値の高い生産やR&Dを促進しようとしていた。

6．現地調達率

本節では現地調達率について検討する。

図表Ⅵ-8は車種別の現地調達率とロシアで組み立てられた割合を示している。外国車の中でも最も販売台数が多い現代ソラリスと起亜ニューリオはロシアで100％組み立てられている。それらの現地調達率がそれぞれ56％と47％であり、外国車の中でもっとも現地調達率が高い。ロシアで組み立てた割合が100％である車種の現地調達率はルノー・ダスターが41％、VWポロが32％、日産アルメーラが25％、ルノー・ロガンが25％、シボレー・ニヴァが21％である（図表Ⅵ-8）。

図表Ⅵ-6の車種別トップ販売台数をみると、トップ7はいずれも現地で組み立てられている。2014年でもっともよく売れた外国車トップ7はすべてロシアで組み立てられており、現地化が販売台数増加の鍵となっている。自動車

図表Ⅵ－8 車種別現地調達率とロシアで組み立てた割合（2013年現在）

	現地調達率(%)	ロシアで組み立てた割合(%)
現代 ソラリス	56	100
起亜 ニューリオ	47	100
ルノー・ダスター	41	100
VW ポロ	32	100
日産 アルメーラ	25	100
ルノー・ロガン	25	100
シボレー・ニヴァ	21	100
スコダ・オクタヴィア A7	19	93
ルノー・サンデロ	19	100
トヨタ RAV4	19	0
現代 ix35	18	0
シボレー・クルーズ	16	100
トヨタ・カムリ	16	100
日産 キャシュカイ	15	0
トヨタ・カローラ	15	46
フォード・フォーカス	15	100
起亜 スポーテージ	14	0
起亜 ニューシード	13	0
オペル・アストラ	13	77
三菱 アウトランダー	12	6

（原出典）AEB, PwC。
（出所）図表Ⅵ－4と同じ。

　メーカーはこのようにマス市場のセグメントで現地化を好んでいる。なぜならばこのターゲット層は価格に敏感だからである。トヨタカムリは100％現地組み立てが行われているが、現地調達率は2013年段階では16％であり、現地化はあまり進まなかった。

　ブランド別の現地調達率では、2013年現在で、アフトヴァズ74％、ルノー55％、GMおよびGM／アフトヴァズあわせて51％、VW42％、日産38％、フォード37％、UAZ66％、プジョーシトロエン20％、現代自動車48％、トヨタ10％である（図表Ⅵ－9）。

　このように、ロシアにおいては、自動車部品の現地調達率が高いとはいえな

| 図表Ⅵ－9 | ロシアにおける自動車メーカーの現地調達率 (2013年現在)(%) |

メーカー	現地調達率
アフトヴァズ（トリヤッチ）	74
ルノー	55
GM，GM／アフトヴァズ	51
VW	42
日産	38
フォード	37
UAZ	66
PSMA	20
現代	48
トヨタ	10

（上位6行）新工業アセンブリ　（下位4行）旧工業アセンブリ

（注）2012年にはGMはレニングラード地域で20％の現地調達率であった。
PSMAの出資比率は、PSA（70％），三菱（30％）である。
（原出典）Russian Ministry of Industry and Trade, *Avtotor*, PwG analysis.
（出所）図表Ⅵ－4と同じに加筆修正して作成。

い。

　一方で，自動車メーカーは除々に現地調達率を増加させてきている。たとえば，ロシアの自動車調査会社autostatによると，トヨタは2014年11月にサンクトペテルブルクの工場で，車体プレス工場とプラスチック部品製造工場を稼働させ，新型トヨタカムリの製造を開始した。さらに，溶接工場の自動化を拡充し，2015年8月に新たにロボット溶接ラインを導入する予定である。トヨタロシア（TMMR）の尾崎社長は「われわれはトヨタの生産工場敷地内にサプライヤーであるトヨタ紡織のシートとドアトリムを設置した。これで，生産の現地化レベルは，30％に達した。」と述べている（Autostat 29.05.15）[1]。

　トヨタは，政令166号に定められた部品現地調達率30％を，自社での内製とおよびトヨタ系サプライヤーによる部品の現地生産によって達成している。

7．ロシアで外資系自動車メーカーの現地調達率が低い理由

　ロシアではなぜ，外資系部品サプライヤーの現地化が進まず，現地調達率が

低いのであろうか。本章ではその理由について述べる。

　第1に，複数の日系部品メーカーによると，部品メーカーが進出するには，最低10万台，できれば20万台の需要が必要であるが，それだけの台数が確保できない。外国メーカーにとっては，ロシアで製造すると自国内で製造するコストが20％高くなるという。なぜなら品質基準を満たすため材料やコア部品の多くを輸入せざるを得ないからである。また，欧米系部品サプライヤーも日系部品サプライヤーも，十分な2次・3次サプライヤーを連れてきていない。2次・3次サプライヤーの進出や育成が，ロシアではほとんど進んでいない。さらに，部品の材料となる化学産業等もあまり育っていない。このように，ロシアの部品産業の基盤は脆弱な状況である。加えて，物流コストが高く，OEM（相手先ブランドによる生産）の集積地も距離的に離れている。それぞれの集積地に鋼材，樹脂材料，フロントガラスなどを供給する物流コストが高くついている。

　第2に，部品の品質が良くない。

　旧ソ連時代のロシアの自動車産業は，垂直統合型で[2]，部品はすべて国営自動車メーカー内部で内製されてきた。垂直統合型のデメリットは，小田部（2010）の研究によると，（1）組織内での部署の増加により調整やコントロールの問題が増える。（2）サプライヤー間の競争がないために，コスト削減の動機をもたない。（3）自社ですべての部品を製造する場合，人件費が高くなる可能性がある。その結果，コストが生じることにある[3]。結果としてコスト構造を押し上げることになる。たとえば，保坂・杉浦（2014）によると，アフトヴァズでは歯車を削る切削工具，電気プラグ，工場で使う扇風機までも自社内で生産していたという[4]。そして現在でも，ロシアの国内自動車メーカーの内製の比率は高い。しかも，国営企業から移行し分社化した部品企業との固定的な取引が続いてきたため，競争があまりなかった。このため，品質・コスト・デリバリー・サービスの面で，国際競争力を具備できていない。さらに，旧国営企業は設備も古く，技術進歩に取り残されている。

　第3に，素材の品質が悪く，部品サプライヤーのR&D能力が弱い。

鋼材やプラスティックは，ロシアは従来から自動車用途の開発を行ってこなかった。このため自動車製造に欠かせない鋼材やプラスティックなどの素材の品質が悪い。

旧ソ連時代は，企業は生産のみでR&Dは国の研究所が行うとの分業が行われ，その影響が現在でも残っている。R&D活動には，科学的知識を究明する基礎研究，その科学的知識を応用し産業化に向けての可能性を探る応用研究，実際に新商品や新しい生産方法を開発するための開発研究がある。ソ連において，企業は生産を行うのみで，大学は教育中心，科学アカデミーが基礎研究中心，応用研究は各省庁の国家研究所が行う体制であった。スターリン時代に実体経済部門，特に民生部門からの研究所科学の分離が確立した。これが，研究と生産の分離へとつながり，ソ連の産業の技術革新を遅らせることになった。この断絶を克服せよとのゴルバチョフ時代に至るまでの党と政府の再三の呼びかけにもかかわらず，事態は変わらなかった。その結果，ソ連の産業開発は民生部門から遊離した脆弱なものになった。1980年代には准博士号を持つソ連の科学者全体のわずか３％しか生産現場にいなかった。こうして，研究所は，組織的にも，地理的にも，さらには理念的にも工場から分離してしまった。ロシアの研究所は完成した技術の買い手を見つける能力も，また自分の開発成果を市況に適合するレベルまで仕上げる能力も持てなかった。こうして，基礎研究の成果を製品開発に結実させる面でロシアは遅れてきたのである。最大の問題点は基礎研究の成果を実用化できないところにあった[5]。

第４に，ロシアでは，ガラス等を含め，プレス部品や樹脂など比較的原材料に近い構造物については利用可能である。しかしながら，１次サプライヤーさえいない分野がある。それはエンジンマネジメントシステム，シャシーなどエレクトロニクス関連などの部品がからむ部品や投資が必要な分野である。他にはクロームメッキ，ラバー系，モーターが皆無である[6]。

第５に，大半の外資系部品サプライヤーは東欧に拠点を有しているため，ロシアに進出する必要がない。サプライヤーにとって，進出するとなれば多額の設備投資が必要である。限られた経営資源の中で，世界の拠点に優先順位を付

けて進出することになる。新興国は人件費もインフレで，すぐに上昇し，投資を上回ることが難しい。ましてや，ロシアは，経済・政治的な面から不安定要因を抱えている。ロシアで自動車の販売台数が確実に増加していくのかどうか予測することは難しいのである[7]。

8．ロシアへ日系部品サプライヤーの進出が進まない理由

　日系の自動車メーカーも現地調達率を達成するために，日系の部品メーカーに進出を要請している。こうした要請を受けて進出を検討してきた部品メーカーも存在する。しかし，それが進まない問題点が存在する。本節では，なぜロシアへの日系部品サプライヤーの現地化が進まないかについて明らかにする。

　ロシア政府が2005年に導入した旧工業アセンブリ措置では，条件となる生産能力規模は，年間2万5,000台，現地部品調達率が30％であった。現地調達率30％というのは，高いわけではない。しかし，トヨタ，マツダ，三菱はSKD組立生産を行ったので，現地製部品採用の増加にはつながらなかった。なぜならば，輸入する部品の割合を価格ベースで10％減少させれば減免になったからである。このため，海外拠点から部品を輸入しSKD組立生産で現地部品調達率の削減ができたのである。

　そこで，ロシア政府は2011年に新工業アセンブリ措置を導入し，部品輸入関税優遇の条件となる生産能力を年間30万～35万台や現地部品調達率60％にするなど基準を厳格化した。さらに，新たに現地製エンジンおよび（あるいは）トランスミッションの搭載規程も設けた。ルノー／日産／アフトヴァズ，GM，VW，フォード／ソラーズの4連合が新工業アセンブリ措置を活用した。

　部品製品の国内生産に対しては，必要な資材や部品の輸入関税を優遇する制度（「政令566号」と呼ばれている）が2006年に導入された。この部品国内生産優遇策は完成車向け優遇策と同様に2011年に改訂された。そして，大統領か首相が承認すれば，従来の工業アセンブリに関する協定の新規締結や既存の協定の延長が可能になった。2011年初頭時点で工業アセンブリ措置の適用を受け

たうえで現地生産を行っている外国の部品メーカーには，ボッシュ，コンチネンタル，トヨタ紡織，タカタなどがある。これらの部品メーカーは，工業アセンブリ措置に関する協定をロシア政府との間で締結している。デンソー，TRW，Automotive など国内生産を行っていないメーカーも適用を申請した。メモランダムは締結したものの協定を締結するまでには至らなかった企業も多数存在した。こうした企業は関税の減免措置を受けることができない。

　その結果，次のようなことが起きている。すなわち，自動車メーカーが部品を輸入すると，新工業アセンブリ措置が適用されるために関税はゼロになる。一方，新工業アセンブリ措置が適用されない部品メーカーがその構成部品を輸入すると，関税を支払う必要がある。つまり，自動車メーカーが部品メーカーから完成品を輸入すれば，関税がゼロになるが，部品メーカーが現地生産を行うために構成部品を輸入すると関税を支払わなければならない。つまり，かえって，現地生産の方が部品の価格が高くなるのである。したがって，部品メーカーはロシアで現地生産せずに，輸出をしている方が有利になる。

　このように，自動車メーカーや自動車部品メーカーに現地化を促進させるための措置が，現地生産を行うよりも部品を輸入した方が安くなるために現地生産を行おうというモチベーションにはつながっていない。したがって，部品メーカーの現地生産は進まず，最終的には自動車産業の裾野を広げることに寄与していないのである。このように，本気で現地化しようとしている部品メーカーにとって，新工業アセンブリ措置が足枷になっている。

　すなわち，ロシアで現地化が進まないのは，1）自動車メーカーに現地化を促進させるための新工業アセンブリ措置が，部品メーカーの現地化の促進の足枷になり，自動車産業の裾野を広げることに寄与していないこと，2）地場の部品メーカーの技術的品質的レベルが低いこと，3）ロシアでは採算が取れる生産・販売ボリュームが出ないこと，4）マーケットが不安定であることである。現地化促進のためにはこれから進出する新しい部品サプライヤーや素材メーカーのために減免措置範囲を広げる必要があろう。

9．世界貿易機関（WTO）加盟の問題とその影響

　さらに，ロシアのWTOへの加盟が部品サプライヤーの現地進出促進にマイナスの影響を与えている。本節ではWTO加盟の問題とその影響について考察する。

　ロシアは2011年12月にWTO加盟が決定し，2012年7月に正式加盟している。WTOにおける2大原則は「最恵国待遇」と「内国民待遇」である。すなわち，輸出入についてWTO全加盟国を平等に扱うこと，そして国産品と輸入品を平等に扱うことが定められている。つまり国による差別や輸入品に対する差別を禁止することで，自由貿易体制を維持・促進している。

　ロシア政府は，WTO加盟交渉の結果，工業アセンブリ措置の適用条件の1つである現地調達義務を緩和し，部品・原材料の輸入関税率の減免期間を短縮することを約束した。さらに，現地調達率という概念に，現地生産のための光熱費や人件費，税金，CMなどの販売促進費等も含め，実際の部品の現地調達率は，旧工業アセンブリ措置のそれよりも5％大きいだけの35％とするという要求も受け入れた。こうして，関税の減免期間は短縮され，部品の現地調達率は新工業アセンブリ措置の60％から35％に減少させられた。これによって，ロシアの自動車産業の裾野産業を強化しようとする政策が困難になったのである（坂口2012）。

　乗用車（新車）の輸入関税率は加盟直後に30％から25％に引き下げられ，移行期間の7年を経て最終的には15％にまで引き下げられることになっている。ロシアの乗用車市場はもともと多品種少量販売の傾向が強く，ある一定の価格帯以上のセグメントでは多品種少量販売に対応しやすい輸入車の方に優位性がある。輸入関税率が15％にまで引き下げられれば，その傾向がさらに強まり，外資系メーカーの現地工場は苦戦を強いられることになる（坂口2012）[8]。

　コンサルティング会社のローランドバーガーによると，これによって，ロシア政府がこのまま何ら対策を講じなければ，ロシアではサプライヤーの現地化

が進まず，現地調達率も増加せず，自動車産業は空洞化し，危険にさらされるだろうと予測している。その理由は，政令166号による現地生産を行うメーカーへの優遇措置期間が短縮化され，WTO加盟による輸入関税の減少により，ロシアで現地生産することの優位性が失われるためである。

　2013年段階で，乗用車の輸入関税は25％（SUVは23％）で，現地生産の場合，政令166号により，関税は0～1％に減免されていたため，その差は25％であった。ところがWTO加盟により，2020年には乗用車の輸入関税は13～15％（SUVは12～15％），現地生産は政令166号の減免期間の終了のため，7％になる。輸入と現地生産の差は8％になる。わずか8％であれば，これほど多くの苦労をして，ロシアでサプライヤーを現地化し，現地調達率を増加させるよりも，関税を支払ってロシアへの輸出を選ぶ自動車メーカーが増加することが予測されるからである。

10．ロシア政府の対応

　ロシア政府はこうした状況に対してどのような対応を行ってきたのであろうか。

　コメルサント紙によると，2015年夏にはロシア経済発展省は，ルーブルの為替レートの変動を考慮して現地調達率のレベルを決定する算出式を導入する準備をしているという。ルーブル下落により，外資自動車メーカーが自動車部品の免税措置の優遇の恩恵が著しく低下していることを理解しているからだという。2014年の終わりに，自動車工業会がこうした変更政策を実施するように求めたが，GMが撤退を発表した後にようやく変更を検討し始めていると報じている。

　ロシア経済発展省は，ロシア自動車産業の経済危機の負の影響を減らすよう工業アセンブリに関する政令の変更を準備している。それは2006年の政令566号によって部品を0～5％の関税で輸入している部品サプライヤーに関するものと，2005年の政令166号によりロシアで組み立てをリードしている自

動車メーカー合わせて70社以上の企業に影響を与えるものである。2005年には，平均為替レートは1ドルは28.78ルーブル，1ユーロは34.19ルーブルであったが，2015年5月1日に1ドルは51.12ルーブル，1ユーロは57.16ルーブルまで下落している。技術的な点では，輸入した構成部品の割合は変化していないにもかかわらず，ルーブルで換算すると，輸入部品のコストが増加し，現地化のレベルが下がったことになる。その理由は現行の現地調達率は，輸入された自動車部品の関税価額，税金を含めない製造輸送手段の総コストに依存しているからであるという。2015年第2四半期終わりから第3四半期の初めに計画の最終的な改正を行う予定であるという[9]。

11．おわりに

　本章ではロシア政府の自動車産業政策と部品サプライチェーンの現状と課題について検証してきた。最後に，部品の現地化に対するロシア政府の政策について分析と考察を行い，裾野産業を育成していくためにはどうしたらいいのかを提示する。

　第1に，ロシア政府は，WTO加盟交渉の結果，工業アセンブリ措置の適用条件の1つである現地調達義務を緩和し，部品・原材料の輸入関税率の減免期間を短縮することを約束した。関税の減免期間は短縮され，部品の現地調達率は新工業アセンブリ措置の60％から35％に減少させられたことにより，ロシアの自動車産業の裾野産業を強化しようとする政策は困難になった。

　第2に，ローランドバーガーは，このままロシア政府が何も対策を講じなければ，ロシアにおいて部品サプライヤーの現地化が進まず，現地調達率も増加せず，自動車産業は空洞化し，危険にさらされるだろうと予測している。その理由は，政令166号による現地生産を行うメーカーへの優遇措置期間が短縮化され，WTO加盟による輸入関税の減少，価格競争力がないことにより，ロシアで現地生産することの優位性が失われるためであると分析している。

　その理由は，2013年段階で，乗用車の輸入関税は25％（SUVは23％）で，現

地生産の場合，政令166号により，関税は0～1％に減免されていたため，その差は25％であった。ところがWTO加盟により，2020年には乗用車の輸入関税は13～15％（SUVは12～15％），現地生産は政令166号の減免期間の終了のため7％になる。輸入と現地生産の差は8％になる。わずか8％であれば，苦労をして，ロシアでサプライヤーを現地化し，現地調達率を増加させるよりも，関税を支払ってロシアへの輸出を選ぶ自動車メーカーが増加することが予測される。

　第3に，ロシア政府が，真にロシアの自動車産業の空洞化を防ぎ，裾野産業を育成したいのであれば，進出済みあるいはこれから進出してこようとしている外資系サプライヤーや素材メーカーに対し各種優遇策を講じ，ロシア自動車産業の裾野産業を育成するために一貫性のある政策を取ることが求められる。さらに，関税の引き下げ，土地優遇，ガス電気優遇，税金優遇，誘致優遇等などロシア自動車産業進出企業への国内でのサポート，外国の大手メーカーと部品企業とのマッチング，商談会などの政府の支援での実施などへも全面的な支援も望まれる。

　最後に，サプライヤーが国産化をするためにかかる技術提携費に対する経済的借款などの支援が重要である。さらに自立できるエンジニアなどの人材育成の政策が必要である。

　※ 本章作成にあたり科学研究費補助金基盤研究（C）課題番号25380581，（C）課題番号25380550を得た。記して感謝申し上げる。なお，本章は，拙論「ロシア自動車産業政策と自動車部品サプライチェーンの現状と課題」『ERINA REPORT』August 2015，35－46ページに加筆修正したものである。

【註】
（1） Toyota продолжает модернизировать свой российский завод（Autostat 29.05.15）．
（2） ソ連の自動車メーカーのみならず，米国の自動車メーカーも高度に垂直統合され，70％にのぼる組立部品を自社で生産していた。しかし，GMは1999年に社内の部品製

造部門をデルファイ・オートモティブとして分社化した。デルファイはGM全従業員の3分の1にあたる約20万人を雇用した。また，フォードは2000年，社内の部品製造部門をビステオン・コーポレーションとして分社化している（ヒル2014，213ページ）。

（3）小田部（2010）参照。
（4）保坂・杉浦（2014），319ページ。
（5）Стратегическое сырье: Российская наука и техника по-прежнему сильны, но для того, чтобы превратить их в товар, нужны инновационные менеджеры, Эксперт No.16(227), 24 апреля 2000 года.
（6）NAPAK（2012），NAPAK（2013）および複数自動車メーカーへのヒアリングによる。
（7）複数自動車メーカー，部品メーカーへのヒアリングによる。
（8）坂口（2012），217ページ。
（9）Автопром попросят остаться: Минэкономики хочет защитить иностранные концерны от валютных рисков, Газета "Коммерсантъ" №77 от 05.05.2015, стр.1, (http://www.kommersant.ru/doc/2721093, 2015年7月1日アクセス)。

主要参考文献

小田部正明・クリスティアン ヘルセン（2010）『国際マーケティング』栗木契（監訳），碩学叢書（Kristian Helsen & Masaaki Kotabe (2007), *Global marketing Management*, 5th Edition）。

坂口泉（2012）9章「ロシアの自動車産業の近代化」溝端佐登史編著『ロシア近代化の政治経済学』文理閣。

坂口泉・富山栄子（2012）『ロシアの自動車市場：激戦区のゆくえ』東洋書店。

塩地洋編著（2012）『現代自動車の成長戦略』日刊自動車新聞社。

ソ連東欧貿易会（現ロシアNIS貿易会）編（1988）『ソ連・東欧諸国の自動車産業』。

ヒル・チャールズ・W（2014）『国際ビジネス企業戦略と事業運営3』鈴木泰雄・藤野るり子・山崎恵理子訳，楽工社（Charles W. L. Hill (2011), *International Business: Competing in the Global Marketplace*, McGraw-Hill）。

保坂不二夫・杉浦史和（2014）第14章「日系自動車企業のロシア進出：日産自動車のロシア・アフトワズ参加を例として」池本修一・田中宏編著『欧州新興市場国への日系企業の進出』文眞堂，307－328ページ。

> [資　料]

Autostat 各版（ロシア語）。

Эксперт No.16(227), 24 апреля 2000 года（ロシア語）。

Коммерсантъ, №77 от 05.05.2015（ロシア語）。

NAPAK (National Association of Automotive Component Manufacturers) (2012) Moscow 2012（プレゼン資料）。

NAPAK (2013) FOREIGN SUPPLIERS ON THE RUSSIAN AUTOMOTIVE COMPONENT MARKET, Trade Representation of the Russian Federation in Sweden（プレゼン資料）。

Roland Berger (2014), *Russia at the crossroads*, Roland Berger.

（富山栄子）

中国の住宅市場と住宅価格のゆくえ

1. はじめに

　中国の住宅市場の行方がいま注目の的となっている。それは，中国住宅市場の一挙手一投足が中国経済全体の行方を左右しているからである。研究者によっては，中国経済が住宅市況にバンドルされていると今の状況を例える人もいるほどである。さらに，極端な言い方をすれば，中国住宅市場の行方が世界経済の運命を握っているといって過言ではなかろう。

　その中国の住宅市場は，3年間にわたる急騰後に，いま転換点を迎えた。2014年5月に入って主要70都市の住宅価格がほぼ全面下落に転じた[1]。中国国家統計局の発表によると，2014年度の商品住宅販売面積が120億4,649万平方メートル，前年比で7.6％減少，商品住宅の販売額が7兆6,292億元，同6.3％減であった。住宅販売面積も販売額のいずれも前年比で大幅なマイナスとなった。

　中国の住宅バブルはいよいよ崩壊が始まった。そうではなく，今の価格下落はあくまでも上昇過程における一時的な調整である。中国住宅市場の行方について，諸説紛々である。中国住宅市場がバブルか否かは重要なことであるが，その結論を得る前に，これまでの住宅価格を押し上げた要因を今一度整理し，各要因が今後どのように変化していくかについて考察を加えることは建設的議論だと思う。

　本章はなぜ住宅価格が高騰し，バブル化したかについてその要因と仕組みを分析し，転換点を迎えたといわれる中国の住宅市場にいま何が起きているかを

考察する。そして，それらを踏まえて，ニューノーマル（新常態）の中国経済において，住宅市場の「新常態」がどのようなものになるのかについて筆者の見方を呈したい。

2．住宅をバブル化する仕組み

　1998年7月に国務院が『都市部住宅制度改革を深め，住宅建設を加速することに関する通達』を発した[2]。「通達」の主要な内容は当年の下半期から住宅の福祉分配を全面禁止することである。それまで，中国人の住宅と言えば，社宅であった。しかし，日本企業のように，会社に就職すれば，すぐに社宅に入居できるわけではなく，そこから長い待機期間が始まる。家賃が安いというのが入居待ちの1つの理由である。

　1980年代初めまでは，社宅の家賃は修繕管理費を下回るほど安かった。1980年代に入ってから，住宅制度の改革が行われ，家賃が徐々に引き上げられたが，それでも高くはなかった[3]。もとより，社宅以外に住宅を手に入れる方法はなかった。この時，商業ベースで開発され商品住宅[4]と呼ばれるマンションがすでに販売された。1987年に販売された商品住宅面積が2,697万平方メートルであった[5]。人口規模からすれば雀の涙ほどであった。供給量が少なかっただけでなく，販売価格も高くて一般市民は買えなかった。同じく政府の統計によると，この年の商品住宅の平均販売価格が402元／平方メートルであった。それに対して，一般市民の給与といえば，月給60元の時代であった。商品住宅の販売対象は外国人もしくは一部の富裕層であった。

　1998年の「通達」では，福祉分配の代わりに，住宅取得は市場から購入すること（住宅の商品化），住宅の供給は勤務先に代わって不動産会社が行うこと（住宅の社会化），住宅の現物支給に代わって金銭手当を支給すること（住宅の貨幣化）とする住宅制度の大転換が行われた。その結果，年功序列による順番待ちがなくなり，欲しい人はお金さえあれば，だれでもいつでも買えるようになって，それまでに積み上がった膨大な住宅の潜在需要が住宅市場に炙り出され

た。

　1998年に2,063元／平方メートルであった住宅価格は，1999年に2,053元／平方メートル，2000年に2,058元／平方メートル，2001年2,170元／平方メートル，2002年に2,250元／平方メートルへと徐々に上昇しはじめたが，急騰はしなかった。その背景には，同『通達』では，一般市民にも買える「経済適用房」[6]というリーズナブルな価格の住宅が80％の市民をカバーすることを想定し，その建設を奨励した。地方政府も積極的に「経済適用房」を建設して供給していた。また，それまでに売れずに積み上がった商品住宅の在庫が相当数あった。つまり，住宅需要が増えたが，住宅供給も十分に行われたからである。

　1998年の住宅制度大転換以降に，住宅価格が初めて急騰を見せたのが2004年であった。2003年に2,359元／平方メートルであった住宅価格が2004年には2,714元／平方メートルに，年間15％も上昇し，さらに2005年には3,167元／平方メートルに，年間16.7％上昇した。この状況に対して，中央政府が初めて大がかりの対応策を打ち出した。この時の政策はいまの住宅バブルにつながる住宅価格高騰の仕組みをすでに作り上げた。

　2002年から03年にかけて，地方政府が経済開発区を相次いで新設し，都市開発を進めていた。開発区を新設するためには，開発予定地に住んでいる人々を立ち退かせる必要がある。1998年以前では，政府があらかじめ転居先に住宅を用意した上で土地を取得していた。このため，開発は基本的に住宅市場の需給に大きな影響を与えなかった。しかし，1998年の住宅制度の大転換以降，立ち退き者に対して，金銭補償が基本となり，立ち退く人が補償金をもらい，住宅市場で住宅を購入することとなった。つまり，再開発が進めば進むほど，住宅需要が作られ，移転補償金を手にした人々が高い住宅取得能力をもって住宅価格を押し上げる需要創出構造となる[7]。

　地方政府の乱開発，土地市場の過熱に対して，2003年2月に国土資源部が『各種開発区・パークを整理し土地供給管理を強めることに関する緊急通達』[8]を出して，土地供給総量を厳しくコントロールし，特に住宅やオフィスの建設

用地を抑制するよう求めた。2004年7月に国土資源部と監察部が合同で『経営性土地使用権の入札競売実施状況に関する監察業務を継続的に展開していくことの通達』を出し，いかなる理由も認めず，同年8月31日までにすべての土地取引を市場公開競売方式に集約せよと最終通告した[9]。これにより，中国の土地需給状況が大きく変わった。従来，不動産会社が市政府から直接建設用地を取得するほかに，その下級政府や土地持ちの国有企業などいろいろなルートがあって，政府の売り出し建設用地の成約価格が低迷していた。しかし，通達以降，地方市政府が唯一の土地供給者となり，入札競売が唯一の取得方法となった。土地供給量が絞られるなか，地方政府の売り出し土地使用権の落札価格が急騰した。

　土地価格の急騰に連れられて住宅価格が急騰した。住宅価格の急騰に対して，国務院が『国家マクロ調整政策の総方針』[10]を通達して2軒目以上の住宅の購入に対して頭金の比率を適切に引き上げ，住宅購入用優遇利率に代わって商業融資利率を適用するよう指示し，住宅需要を抑える需要抑制策を初めて採った。ここに至って，住宅をバブる（バブル化する）基本なメカニズムが完成した。すなわち，地方政府が土地供給の独占的地位を利用して土地価格をバブり，土地価格の急騰によって住宅価格が急騰する。住宅価格の急騰に対して中央政府が住宅ローン金利，融資条件を利用して住宅需要の抑制を図り，住宅価格の急騰を抑える。一見すると，地方政府が住宅価格をバブり，中央政府がそれにブレーキをかけ，火消し役を演じるように見えるが，それは政策の表層であるに過ぎない。地方政府が住宅バブルから多くの利益を得たが，それを一番望んでいるのが中央政府である。いまの住宅バブルは地方政府と中央政府の共作物である。詳しくは次節の検討に譲る。

　2002年あたりから住宅価格が上昇スピードを速めたもう1つの要因が人民元の切り上げである。周知の通り，2005年5月21日に中国は人民元と米ドルのペッグ制を撤廃し，複数の通貨で構成される通貨バスケットに対して変動する管理フロート制への移行を発表し，即日実施した。人民元相場は1ドル＝8.27～8.28元程度にペッグされてきたが，1ドル＝8.11元と約2.1％切り上げ

られた。2001年に中国が世界貿易機関（WTO）の加盟を果たし，外国資本企業が中国への投資を加速し，中国の輸出も大きく伸びた。米国の外圧もあって，人民元為替レートの大幅な切り上げが趨勢であろうと見られていた。人民元の切り上げを狙った大量のホットマネーが世界中から中国に流れ込んできた。これらのホットマネーの一部が不動産市場に流れて住宅価格を押し上げる要因の1つとなった[11]。

　しかし，自国通貨の急速な切り上げは輸出競争力に大きなダメージを与えかねない。このため，中国政府は人民元の切り上げ幅を小刻みにし，切り上げスピードを緩やかなものに抑えようとした。一方，この間，輸出は増加し，外国資本の中国国内への投資・流入と合わせて，中国の国際資本収支黒字が大きく増え続けていた。人民元レートの上昇を抑えるために，中国人民銀行は外貨買・人民元売の為替介入を続けざるを得なかった。その結果，国内の通貨発行量が膨らんで過剰流動性をもたらし，住宅バブルの発生に拍車をかけることになった。

　1998年の住宅制度の大転換を受けて，途中に下落した年もあったが，中国の住宅価格は2014年初めまで上昇し続けてきた。この間，幾度も住宅バブルが叫ばれたが，調整を挟んでここまできた。時期ごとにその時の特別要因があったが，上述した住宅をバブル化するこの基本的な仕組みが今日に至って変わっていないとみる。この中で，特に中央政府と地方政府との関係が重要である。

3．中央政府と地方政府の掛け合い

　計画経済時代には，中央政府の権限は圧倒的であった。すべてのものが一度中央政府に集まってから中央政府によって再分配される。自明であるが，努力しようとするインセンティブが働かない。システムも経済も硬直してしまった。経済を発展するには，個々にインセンティブを与え，努力してもらうことが重要である。1980年代に中国が採用した制度は請負責任制度であった。事前に

中央政府に収める上納金額（ノルマ）を定め，努力次第で地方の財政収入が大きく増える仕組みである。結果もその通りになった。全国の財政収入に占める中央政府の割合が次第に低下し，地方の財政収入が大きく増えた。財政収入があまり増えていない地域もあり，地域間格差が拡大した。中央政府の権限を強め，地域間格差を是正し，中央政府と地方政府の役割を明確にするために，1994年に「分税制」と呼ばれる財税制改革が行われた。

「分税制」とは，中央財政と地方財政の区分を明確にし，各々の財政を確立することを指す。中央と地方政府の職務権限に基づき，各レベルの財政の支出範囲を確定する。職務権限と財政権限の統一を基に，中央税，地方税，中央・地方共有税に分け，中央税収と地方税収の体系を確立する。中央財政は国家の安全，外交と中央国家機関の運営に必要な経費，国民経済構造の調整，地域開発の協調，マクロコントロールの実施に必要な支出，中央が直接管理する事業の発展等の支出に使われる。地方財政は当該地区の政府機関の運営に必要な支出および地区の経済，事業発展に必要な支出を受け持つ[12]。

「分税制」改革直近の1993年に，国家財政歳入の割合は中央財政が33.3％，地方財政が66.7％であった。そして，1994年には中央と地方の割合が逆転して中央財政が55.7％，地方財政が44.3％となった。地方の財政収入が大きく減ったが，その職務範囲はほとんど変わらず，結果的に財政赤字に転落した地方が多い。とりわけ，公共サービスや都市開発などが各地方政府の責任となっている。「分税制」では，土地・住宅にかかわる税目がほとんど地方政府の税収としている。たとえば，都市維持建設税，房産税，城鎮土地使用税，土地増値税，契約税などである。住宅価格が低く，住宅取引が低調だった時代では，不動産関連税収が必ずしも地方財政収入に占める割合が高くなかった。しかし，住宅価格が上昇し，取引が活発になるに連れてその存在は日増しに大きく重要となった。

住宅価格が急騰する過程で土地制度の在り方も重要になってきた。社会主義の中国では，土地の私有が禁止されている。1980年代末まで土地の使用は政府からの無償割り当てであった。それは土地が国有だから国民が使用するのに

無償が至極当然であった。憲法では，都市の土地は国有であると定めているが，実際，国を代表してその所有権を行使するのは地方都市政府である。無償であれば権限があるが，権益はない。しかし，1988年に土地の使用権は法の定めるところにより譲渡できると憲法が改正された。1990年には国務院が『都市国有土地使用権払下げと譲渡暫行条例』を作成公布した。1994年に全人代が『都市房地産管理法』を改正した時，「国家が法律に従い国有土地を有償・期限付きで使用する制度を執行する」と明文化した。土地使用が有償になれば，その所有権者の地方政府に大きな土地収入が入るはずであるが，住宅価格が高騰するまで決して多くはなかった。商品住宅の建設用地以外は，産業誘致のため，土地使用権の譲渡は相変わらず無償の割当か低額の協議方式が主であった。1995年に全国で土地使用権有償譲渡された用地は4万3,092ヘクタールであったのに対して，無償で計画的に割り当てた用地面積は8万7,608ヘクタールで，有償譲渡の倍の面積であった。

　しかし，1998年の住宅制度の大転換で土地使用権をめぐる収益状況は一変した。中央政府が土地資源の有効利用を促すため，国土資源部が2003年7月1日以降，一部公共性の高い使用を除いて土地使用権の譲渡は原則として入札，競売によるとする『入札競売による国有土地使用権譲渡に関する規定』[13]の通達を出した。住宅開発が福祉から収益事業に代わったため，不動産会社も積極的に住宅用地の仕入れを行うようになった。財政難に苦しんでいた地方政府にとって，土地・不動産開発は今や金のなる木となった。地方政府が土地使用権の有償譲渡を財政収入確保の手段として積極的に活用するように変身した。

　地方政府が土地からより多くの収入を得るには，譲渡できる土地を増やすか，より高い値段で譲渡するかである。

　土地管理法第8条では，「都市の中心市街地域の土地は，国の所有に属する。農村の土地及び都市の郊外地区の土地は，法律の規定により国の所有に属する場合を除き，農民集団所有に属する。宅地，自留地及び自留山は農民集団所有に属する」と規定している。中国では，国有土地はほとんどがすでに市街地となり開発済みの土地である。まだ市街地になっていない土地の多くが農民集団

所有の土地である。しかし，土地管理法では，都市開発行為は国有地使用権が認められた土地の上に限定され，農民は集団所有地で直接的に都市開発行為を行ってはならないと規定している。すなわち，農民集団所有地は一旦国有地に収用して政府より使用権譲渡を受けなければならない。収用するにあたり農民集団に一定の経済補償を行わなければならないが，補償金は農地としての収益力を基に計算されるものである[14]。一方，土地使用権譲渡金は住宅をはじめ商業や工業用地として競売されるため，金額が通常大きく値上がり，収用と譲渡との間から，地方政府は多くの開発利益を得る[15]。このため，地方政府が色々な方便を使って土地収用を展開している。

　土地を多く収用すればするほど，都市開発規模が大きくなり，より多くの開発資金をまた必要とする。財政基盤の弱い地方政府が投資回収期間の長い都市開発に十分な資金を有しているわけではない。そこで，行われるのが都市建設投資会社（城投公司）に迂回するプロジェクト融資（城投債）である。1990年代初めに政企分離の行政改革が行われ，政府から都市インフラの建設機能を独立させて設立したのは都市建設投資会社である[16]。都市建設投資会社は都市インフラの建設・維持を行うほかに，地方政府の資金調達のプラットホーム（融資平台）の役割を併せ持っている。地方政府からの土地使用権，もしくは土地収益権，出資さらに地方政府の暗黙債務保証をバックに，地方都市建設投資会社は都市開発プロジェクトファンドを設立し，債券（城投債）を発行して社会から資金を調達する。しかし，その資金の返済は土地の開発便益・値上がりに頼ることがしばしばである。つまり，地方政府が都市開発を進めるために，土地を収用して土地使用権の譲渡を通じて開発資金の確保を図るが，収用した土地が次の開発を誘発し，さらなる開発と資金確保が必要となる。2008年の4兆元景気対策の中で地方政府の資金確保手段として都市建設投資会社の迂回融資機能はさらに注目されるようになった[17]。

　共産党の幹部人事制度も無理な都市開発を後押しする役割を果たしている。地方政府の首長や高級幹部は共産党中央によって人事一元管理されている。赴任地の経済をどれだけ伸ばせたかが栄転・昇進のポイントであった。人事評価

の指標として国内総生産（GDP）の成長率が用いられている。都市開発が最も手早く経済実績づくりに貢献でき，際立つイメージアップにつながりやすい手法である。このため，役人が競い合って都市再開発・新市街地開発を進める。

　前述のように，中国の土地使用権譲渡市場（土地1次市場）が地方政府の独占市場である。経済学では，たとえ独占企業といえども価格をすべてわが意のままにできるわけではない。しかし，地方政府は行政許認可権限を有しているため，地方政府が中国の土地使用権市場においてプライスメーカーに近い存在である。総じて土地価格の急騰，連れて住宅価格の急騰が地方政府の意を反映している部分が相当あると言えよう。

　住宅価格に含まれる地方政府の財政収入名目は実にさまざまである。その筆頭は土地使用権譲渡金である。全国工商連合会房地産商会の調査[18]によると，2008年に調査が行われた9都市のうち，土地使用権譲渡金が物件開発総コストに占める割合は，上海市が最高の52.8％であり，9都市の平均が30％であった。しかし，住宅関連で地方政府の財政収入になるのは土地使用権譲渡金だけではない。そのほかに，住宅関連税として12種類，すなわち営業税，企業所得税，不動産取得税（契税），房地産税，都市房地産税，耕地占用税，土地使用税，土地増値税，都市維持建設税，資源税，教育付加税，固定資産投資調節税等がある。税のほかに，住宅関連費として50種類以上がある。その代表的なものとして都市インフラ費，人民防空費，地震対策費，洪水対策費，環境衛生費，緑化費等などがある。同じく全国工商連合会の調査では，土地使用権譲渡金，税金，費用のすべてを足すと，地方政府の財政収入が住宅販売価格の実に37.36％を占めていたという。

　地方政府が土地・住宅から多くの財政収入を得，それを財源に都市開発，公共サービスを展開する構図である。そのため，地方政府が意図的に土地価格を押し上げ，土地・住宅市場をバブル化していた。それに対して中央政府はどのような対応を取ってきたであろうか。

　2003年8月の『房地産市場の持続的健全な発展に関する通知』で住宅産業を国民経済の支柱産業と位置づけ，2005年の「国八条」通達で住宅市場の調

節問題が政治的問題だと強調することや，2009年の「国四条」通達で普通商品住宅，中低価格帯，住戸面積の小さい住宅をより多く供給するよう促すことなど，産業政策として毎年通達が出されていた。しかし，これらの政策は住宅市場の現状に対する中央政府の政策スタンスを示していたものの，具体的な政策効果を上げることは難しい。多くの場合，中央政府が金融政策，財政政策，さらに行政措置を利用して住宅価格に関与していた。住宅価格が低迷する時に，住宅ローン金利や頭金の割合の引き下げ，住宅ローン融資枠の拡大，各種住宅取得費用の減免，購入資格・購入数量の制限緩和などを実施していた。それに対して，住宅価格が急騰する時には，住宅ローン金利や頭金の割合の引き上げ，住宅ローン融資枠の縮小，購入資格・購入数量の制限強化を実施し，政策の振り子を反対方向に動かしていた。

　中央政府が住宅価格の上昇に対して規制・抑制的スタンスを取り，一貫して価格上昇を抑える役を演じているように思われているが，実態は必ずしもそうではない。上述した政策の実施に当たって，次のような特徴を観察できる。まず，引き締めから刺激へと政策変更のタイミングは必ずしも住宅価格が大幅に下落し，あるいは長期低迷に入るような状況ではなかった。1998年の住宅制度大転換以降，数少ない住宅価格下落時期をみると，2008年のリーマン・ショック（金融危機）の影響を受けて，住宅価格が初めて前年比で下落に転じた。しかし，全国平均価格で見た場合，住宅価格の下落幅は2007年の3,665元／平方メートルから2008年の3,655元／平方メートルへとわずかなものであった。第2の特徴としては，政策が朝三暮四である。金融政策を小出しに使い，政策は頻繁に変更していた。2007年3月から年末にかけて，金利引き上げが9回，預金準備率の引き上げが15回行われていた。第3の特徴として，金利，頭金，購入制限などの政策措置は主に2軒目，3軒目の住宅購入を対象にしていたことである。史上最も厳しいと称される2010年の調整政策では，2軒目の住宅購入頭金が4割以上，金利が基準金利の1.1倍を適用し，3軒目の購入者には原則商業性融資を禁止する内容であった。1軒目の居住用の住宅需要を保護する意味もあるが，2軒目や3軒目は投資・投機購入であることを政府が認識し

た上で政策を展開し，住宅市場の総需要を調整しようとしていた。言い換えれば，中央政府が住宅バブルの発生こそ避けつつ，住宅価格を一定のレンジ内で上昇させることを狙って政策運営をしているように思われる。しかし，政策を打ち出したものの，期待するほど効果は小さかった，もしくはなかったものが多い。これは政策の制定者が中央政府であるのに対して，政策の実際の執行は地方政府が担うからである。都市規模の差異に加え，東西中地域間格差が大きい中国において，中央政府の政策決定は往々にして一線都市[19]の市況が判断基準になり，中小都市にとってタイミングを逸することになることがしばしばである。総じて，中央政府の関心が価格より経済状況・経済の過熱感にあると言えよう。

このようにして地方政府が土地を財源化し，土地収入を最大化にして収入を種々の事業に投入する。このような動機から地方政府がバブルを煽ることが累々である。一方，地方政府のバブル化する衝動に対して，中央政府はバブル化を避けたいものの，分税制により財政苦境に陥っている地方政府の財源を絶つわけにもいかない事情があり，地方政府の土地財政，土地収入の最大化行動を容認し，その結果，住宅価格の一定の上昇レンジに収めるよう音頭をとって旗を振っていた。中国の住宅市況を官制バブルと呼ぶ人がいる。であれば，それは地方政府と中央政府の合作であり，両者の制度・政策の掛け合いの結果である。

4．住宅市場は転換点を迎えたか

1998年の住宅制度の大転換以降，中国の住宅価格は急騰を繰り返し，調整を挟みながら右肩上がりに上昇し続けてきた。住宅価格が高すぎるとの声は住宅改革が始まった時から絶えることはなかった。また，住宅市場がバブルだという声も幾度となくあった。経済学ではバブルとは持続不可能な価格であり，必ず破裂するという。中国の住宅バブルが破裂するだろうか。高いと言われる住宅を一体だれが買ったのだろうか。

中国の住宅市況を語る時,「剛需」という単語がしばしば取り上げられる。英語ではRigid Demandと訳される。経済学的には価格弾力性の小さい需要という。つまり,値段が上がっても消費量があまり変化しないものである。生活必需品がその一例である。中国の住宅市場の「剛需」は主に新婚カップル,あるいは大卒の新社会人などである。結婚に住宅が必需品かと言えばそうではないのが世の常識であるが,中国には特殊事情があった。1970年代末を境に人口政策の転換があった。それまでに人口が年2％の高率で自然増加していた。その後,周知の一人っ子政策が行われた。長い人口自然増が続いたために,一人っ子政策が実行された後もそのベビージュニアとして1980年代の10年間で合計1億5,000万人以上の人口自然増があった。この世代が2000年以降結婚適齢期に入った。無論,少数の人を除いて若いカップルの収入で価格の高い住宅は買えるはずもない。一方,一人っ子のゆえに親から頭金,場合によって住宅そのものを援助されているのが実態である。「剛需」は結婚カップルの需要ではなく,結婚する子供のための親の需要だと言えなくもない。ある調査では,中国人の初回住宅取得年齢が27歳で,日本や欧米より10歳以上若く,上記のことをある程度裏付ける結果である[20]。

　買い替え需要である。改革政策以前に建てられた住宅は年数が古くなったのみならず,面積をはじめ,間取り,キッチン,トイレ,エレベータなどの住環境は現在の居住文化から大きく遅れている。住環境の改善を目的とする買い替え需要が日本などに比べ圧倒的に多い。その上,彼らが今住んでいる住宅は1998年の住宅制度大転換の時に安く払下げを受け,都心に位置するものが多いため,都心の地価が大きく上昇した今,大きなキャピタルゲインを得ている。そのため,都心の古い住宅を手放して郊外により広く近代住設備の整った住宅に買い替える人は少なくない。買い替え需要の中に,非自発の立ち退き者も大量に含まれている。上述したように,地方政府が都市の再開発を積極的,かつ大々的に進めた結果,都心主要地域は今では多くがオフィスや商業施設に再開発された。旧住民が立ち退き補償金を元手に新規に住宅を購入していた。

　都市化の進行に伴って都市に人口が流入し,住宅を新規取得している。1980

年に20％弱に抑制された都市人口はその後，年間1％前後，人口数にして1,000万人の水準で増加し続け，1990年代半ばからその増加スピードがさらに高まり，年間2,000万人のペースで増えている。2014年度には都市人口が1,800万人新たに増えた。

　以上で見てきた通り，結婚，買い替え，都市化等の要素が自住目的の需要として住宅市場の成長を牽引していた。しかし，それだけでは，住宅価格の急騰は説明できない。自住以外にいわゆる投資，投機も多く存在していることは言うまでもない。

　リーマン・ショックの一時期を除いて，中国では，消費者物価水準が預金基準金利を上回り，実質マイナス金利が続いていた。他の投資手段が乏しい中，上昇幅を別にして右肩上がりが確実と言われる住宅に投資を行うのがきわめて合理的行動であると言えよう。キャピタルゲインを狙うもののほかに，近年，家賃収入を老後生活資金の一部にすると考えている人が増え，長期投資も少なくはない。

　中国経済にはアンダーグラウンド部分が大きく，GDPの10～20％に相当すると言われている[21]。2014年の中国のGDPが10兆ドルであることから，アンダーグラウンド部分が1兆～2兆ドル以上となる。この金の一部が投機資金として住宅市場にも流れ，住宅をバブル化している。2000年以降，中国のマスコミでは「炒房団」という言葉がしばしば聞かれた。最もよく知られる存在は温州炒房団[22]である。彼らは大量の現金を抱え，不動産物件を見定め，一気に買い上げ，価格を吊り上げてその後売却して利益を得るという。このような大胆不敵で表に見えるもののほかに，前述の人民元レート切り上げを伴った国際ホットマネーの流入も住宅市場のバブル化に拍車をかけた。

　中国の住宅市場はバブル化か否かについて論争が絶えない。バブルが崩壊するまでバブルの正体は正確にわからないという名言を借りれば，ここで重要なことは今の住宅価格が持続できるかであろう。では，中国住宅価格を牽引したと言われる「剛需」をはじめ諸要因の行方を再検討しよう。

　まず，買い替え需要である。中国統計によると，2000年と2010年の住ん

いる住宅の種類別データでは，旧持ち家が12％から11％に，旧国有企業からの払下げ住宅が48％から40％に，賃貸住宅が34％から11％にそれぞれ低下した。代わりに不動産会社から購入した住宅が5％から38％に大きく増えた。つまり，古い住宅からの買い替えや賃貸からの住み替えが新規住宅販売に対する寄与分であった。問題は国有企業払下げ住宅に引き続き住んでいる人々からどれだけの住み替え需要が今後も続くかである。筆者の行った現地調査では，旧国有企業の社宅団地は交通の便がよいが，居住設備の老朽化などにより，住宅取得能力の高い人がすでに出てゆき，今は低所得者や高齢者を中心に多く残っている。一部外来人口が中古住宅として購入した。それを除けば，今後自発的に買い替えを進める居住者がこれまでより大きく減り，住宅市場の住み替え需要としてあまり期待できないと見る。

次に結婚需要である。最後のベビーブーマー世代・「80後」[23]がいよいよ結婚のピークを終える。その後，結婚適齢期人口規模が急速に低下に向かう。親が子供に結婚後の住宅取得に多額な資金を援助する現象は，特別の時代背景から生じた事象である。「80後」世代の親たちが貧しかった生活を経験し，倹約と貯蓄に熱心であり，また古いながらも持ち家があって生活負担が少ないから子供への経済支援ができた。住宅価格が上昇し続けるからいずれ買うのであれば，早めに買った方が得だという合理性が結婚イコール住宅購入という図式を作り出した。しかし，住宅価格が持続的に上昇するとの前提条件がなくなれば結果も変わるであろう。住宅購入を結婚の前提とする価値観が長く続かないと見る。

今後も住宅価格が上昇し続けるとする最大の根拠は都市化である。足元の中国の都市化率は50％を超えたばかりで，先進国の多くが70％以上であることからすれば，今後も都市化がさらに進むであろう。中国政府が「新型都市化」計画を打ち出し，都市化の進行を後押しする方針である。その背景には，経済成長の持続とととに，住宅市場の下支えを狙っている意図が見え隠れしている。しかし，同じ都市化でも住宅市場に与えるインパクトが異なることに留意する必要がある。これまで進められた都市化は都市人口増加による都市化のほ

かに，都市域の外縁拡大という地理的な都市化も起こった。第2節で説明したように，地方政府が土地から錬金して，むしろ積極的に農地を収用して都市域を拡大させた。この時，土地が収用された農民に対して単価こそ安いが，総額として大きな金額の収用補償金を支払った。収用補償一部として開発されたマンションの現物の無償譲渡を受けた者も少なくない。つまり土地資産をマンション資産に置き換えたのである。都市域の外縁拡大は今後も一定程度起きるが，規模は大きく縮小するであろう。中国政府の打ち出した「新型都市化」計画のなかでも人の都市化を中心に進めると唱えている。方針は正しいが，都市化による住宅市場，なかんずく住宅価格に与えるインパクトは低下するであろう。

5．おわりに

1998年に中国の住宅制度が大転換した。そして，2000年代初頭から，中国の住宅価格が上昇軌道に乗り，わずかな下落期間を除いて2014年までに平均して約4倍に増えた。この住宅価格の上昇は結婚適齢人口増，都市化，過剰流動性，経済成長などの複合要因に作用された結果であった。それだけでは，今の住宅価格の上昇のすべてを説明することはできない。今の中国の住宅価格のバブル的上昇には，住宅をバブル化する仕組みがあったからである。それは土地の地方政府による一元的独占供給システムをバックに，地方政府が土地収入・土地値上がり益を梃にして都市開発を進め，都市開発を通じてさらなる土地収入，土地値上がり益を得ようとする土地財政である。中央政府がその時々の住宅市況に応じて緩和と引き締め策を使い分けて，地方政府の暴走結果としての住宅バブルを抑えながら住宅価格の右肩上がりを誘導していた。しかし，バブルは政策によって作り出されても長く維持させることはできないのがバブルである。

2014年に入って，中国の住宅価格が下落に転じた。折しも，中国経済自体が2桁の超高速成長から「新常態（ニューノーマル）」の7％前後の中速成長にギア・チェンジしようとしている。住宅市場は市況調整を経て反転するだろう

か。本章のなかで考察してきたように住宅価格の上昇を牽引してきた人口，都市化，改善需要の3大基礎要因がいずれも転機を迎えた。これらの需要がすぐになくなるわけではないが，次第に終息していくだろう。であれば，中国の住宅バブルは崩壊するだろう。もとより，中国のみならず，世界中が中国住宅バブルの崩壊した時の経済ショックの大きさに注目している。

　中国の住宅バブルが崩壊した時の影響について考える時，次のことに留意する必要がある。まずは，2000年以降，中国経済が高度成長を成し遂げ，都心のビジネス環境は劇的に改善した。また，医療，教育などの生活インフラ資源が今なお国に統制されて，優良な生活インフラが都心地域に偏在している。つまり，最もバブル的と思われる都心地域の土地・住宅価格は経済成長による寄与や制度プレミアムなどがあって，バブル的要素はあるものの，深刻度が限定的なものであると思われる。また，中国の金融システムは国有金融機関が中心で，国によって保護されている。中国経済が7％前後の成長に速度を落としたとはいえ，中期的にはなお経済は拡大成長過程にある。これらのことを考慮した場合，中国の住宅バブル崩壊ショックは制御範囲内のものになると思われる。無論，住宅バブルのさらなる拡大を防ぎ，バブル的要素を取り除くことが喫緊に求められている。

【註】
（1）住宅価格に関する代表的な統計として，国家統計局による「70大中都市新築商品住宅価格指数」と「同中古住宅価格指数」，中国指数研究院による「百都市新築住宅価格指数」，「十大都市新築住宅価格指数」，「同中古住宅価格指数」が挙げられる。「百都市新築住宅価格指数」が商品住宅のほかに別荘，保障性住宅を含むものである。
（2）『国务院关于进一步深化城镇住房制度改革加快住房建设的通知』国発［1998］23号略称23号文件。この通達が住宅の商品化時代の幕開け的な意味をもつものと位置づけられるが，人口の10％に相当する高所得層には商品住宅を，人口の5％に相当する低所得層には社会保障住宅，人口の大部分には価格の抑制される経済適用住宅を供給する新しい住宅制度を通達は描いていた。
（3）この時期の住宅制度の改革について，詳しくは拙稿「中国の住宅制度改革及びその

問題点について」『大阪商業大学論集』第104号，平成8年を参照されたい。
（4）中国では，一般に土地使用権をはじめ住宅開発に関わる税金，費用をすべて負担し，市場原理に基づいて利益を得るために販売される住宅を商品住宅，政府から何らかの優遇措置を受けて安く販売される住宅を社会保障性住宅と分類されている。
（5）2013年に中国国家統計局が公表した『1987年以来国内商品住宅平均価格及び上昇状況の概覧』によるものである。
（6）「経済適用房」は政府から建設用地や税金，費用面で種々の優遇措置を受けて商品住宅より低価格で販売される。制度設計当初は市場の主力商品として位置づけられていたが，住宅がバブル化するなかで，供給量が計画から大きく乖離して，今は社会保障性住宅として再定義された。
（7）農地の収用は農産物収穫高をベースに補償金が低く抑えられているのに対して，都市部の立ち退き補償金は実勢価格，もしくはそれを上回る額が通常支払われる。それは都市部の土地が希少の上，立ち退く対象の住宅は容積率が低いからである。
（8）『关于清理各类园区用地加强土地供应调控的紧急通知』。
（9）『关于继续开展经营性土地使用权招标拍卖挂牌出让情况执法监察工作的通知』（71号令）。通達で示された最終期限の8月31日が中国の土地供給システムを大きく変えるきっかけとなった。この日は"土地大限"と呼ばれている。
（10）『国家宏观调控政策的总方针』。
（11）海外のホットマネーが中国の住宅バブルにどのぐらい影響を与えたかについて，住宅業界から学会に至るまで半ばバブルの犯人捜しの様相を呈していた。議論の争点は中国住宅市場規模とホットマネーの流入規模の関係，ホットマネーの住宅バブルに対する影響ルートである。
（12）斉藤節夫「中国の財政改革とその現状」『下関市立大学論集』40号，1996年11月。
（13）『招标拍卖挂牌出让国有土地使用权规定』。
（14）『土地管理法』によれば，農地に対する補償は通常当該農地が収用される前の3年間の年間平均収穫物の6〜10倍を基準に決める。すべての補償項目を含めて総額は最大30倍までである。
（15）近年，農民は権利保護意識が向上し，それに伴って農地の掠奪的収用に対して強く抵抗する場面が増えた。その結果，収用補償が増額され，人民日報の報道によると，2013年には土地使用権譲渡金収入のうち，55％が補償にあてられていた。
（16）都市建設投資会社には一般に都市建設開発公司と都市建設資産経営公司の2つの名称のものがあるが，経営実態として大きな差はない。いずれも経営トップに地方の高級官僚が着く場合が多い。地方政府の第2の財政局と揶揄される。

(17) シャドーバンクや理財商品の問題としてクローズアップされていた。
(18) 2009年3月に開催された全国政治協商会議に、全国工商連合会房地産商会が『我が国房地産会社の開発費用に関する調査報告』（关于我国房地产企业开发费用的調研報告）を記者発表した。住宅価格の高騰により、房地産会社による暴利の結果だとの社会世論をかわす狙いもあった。
(19) 中国では住宅の市況を論じる時、都市ランキングに基づいて都市ランク別にみるのが一般的である。1線都市とは北京市、上海市、広州市、深圳市を指す。
(20) http://www.chinanews.com/ 2010年08月28日 中国新闻网「北京首套房贷者平均年龄27岁 远低于美德日」。
(21) 現中国の総理・李克強が遼寧省党書記長に在任中、米大使に公式統計より電力消費量、貨物輸送量、銀行融資額をみて政策判断すると述べたことは有名な話である。
(22) 炒房団とは住宅投機集団のことである。温州グループのほかに、石炭で財をなした山西グループなどがある。
(23) 一人っ子政策が本格的に実施された1980年代に生まれた世代のことである。恵まれた経済環境の中で育てられて、その消費性向、消費パワーが近年注目されている。

（閻　和平）

市場変動に揺れるロシアの都市住宅

1. はじめに

　2014年におきたウクライナ問題とそれに伴う欧米諸国からの対ロシア経済制裁，原油価格の低下，ルーブル安は，ロシアの不動産市場にも大きな影響を及ぼしている。1992年にロシアが市場経済を導入して以来，ロシアの不動産市場はモスクワおよびサンクトペテルブルグを中心とする大都市からロシア各地の都市へと発展の広がりをみせてきた。ロシアに初めて民間資本による不動産業，建設業，関連産業ならびに住宅ローンが誕生し，ロシア政府による住宅政策や住宅購入支援もその発展をあと押ししてきた。また2000年代からは，さまざまなチャンネルを通じて欧州連合（EU）を中心とした諸外国からの投資も流入し，世界の投資マネーをひきつけるまでにロシアの不動産市場は急速に拡大した。

　しかし，ロシア不動産市場の拡大は，決して平たんな道のりではなく，これまで幾度となく市場経済の荒波にもまれてきた。それは1990年代の市場経済化の混乱やハイパーインフレにはじまり，1998年のロシア金融危機，2000年代の原油価格高騰を背景にした高成長，2008年の世界金融危機による資本流出，原油価格の低下と国内総生産（GDP）の落ち込み，そして2014年の経済制裁と原油価格と対ドル・ルーブル・レートの急落による景気悪化である。このような国内外から生じる大きな変動とロシアの不動産市場も無縁ではなかった。不動産に対するロシアの人々の経済行動は，このような市場の激変に否が応でも鍛えられる形で成長し，それがロシア独自の不動産市場を形成している。

その市場は一見，途上国の発展過程と類似した様相を見せているが，そこにはソ連の遺産と新しい市場経済の中で生まれた経済行動とが交錯する世界が存在する。

本章では，不動産市場のうちオフィスビルや商業施設等の商業不動産を除く，都市の集合住宅市場，ロシアでは主要な形態である分譲マンション（ロシア語でクバルチーラと呼ばれる）市場を中心に，都市住宅市場の特徴を論じる。

2．2014年経済情勢とロシア不動産市場

2014年の経済情勢を特徴づける主要な要因は，大まかに次の7点にまとめられる[1]。第1に，ウクライナ問題に対する欧米諸国の対ロシア経済制裁が実施され，ロシアから資本流出が生じ，また経済制裁に対するロシアの対抗措置によって，輸入が禁止された食料品などを中心に輸入価格が上昇したことである。

第2に，ロシアの主要輸出品目である原油価格が1バレル99.2ドル（2013年）から51.6ドル（2014年）に低下したことで，輸出額が5,934億ドル（2013年）から5,636億ドル（2014年）に約300億ドル減少し，資源産業の収益悪化とGDP成長率の低下をもたらしたことである。

第3に，この原油価格の低下，資源産業の収益悪化によって，ロシア連邦予算歳入を支える石油ガス税収が大幅に減少し，2015年のロシア連邦予算が赤字になり，歳出削減に追い込まれたことである。ロシア連邦予算は，ロシア政府が想定するロシア産原油ウラルズの国際価格をもとに編成される。2014年予算は1バレル＝104ドル，2015年予算は1バレル＝100ドルに基づく税収見込み額で編成された。しかし，実際の原油価格水準が平均50ドルと想定価格を大きく下回ったため，歳入は3兆ルーブル（456億ドル）減少することになった[2]。これに伴いロシア政府は，軍事費と社会保障費を除き連邦予算歳出の一律10％を削減する法案を可決し，財政赤字の削減に努めている。財務省は，2015年の連邦予算の財政赤字が4,307億ルーブル，ないしは最大で2兆7,000

億ルーブル，GDPの0.6％から最大で3.7％になると見込んでいる。しかし，インフレの進行により物価スライドの年金支給額が増大することから，財政赤字額はさらに増加する模様である。そのため財務省は，財政赤字補てんのために2015年中に準備基金からさらに最大3兆1,000億ルーブルを取り崩すことや(3)，国家投資プロジェクトの延期や中止も必要であると主張している(4)。このような予算歳出削減もロシア経済を悪化させることになった。

第4に，対ドル・ルーブル・レートが1ドル＝32.7292ルーブル（2013年末）から2014年12月18日には一時67.7851ルーブルに急落し，その後ロシア中央銀行による為替介入や変動相場制への前倒し移行，基準金利の引き上げが実施され，2014年末で56.2584ルーブルに戻したものの，2015年に入ってもさらにルーブル安が続いていることである（1ドル＝69.6640ルーブル（2015年2月3日））。経済制裁によって生じていた外資の資本流出も，このルーブル安によってさらに加速することになり，景気を悪化させている。

第5に，ルーブル安の結果，インフレが進行したことである。ロシア国内で輸入食料品などを中心に物価が上昇し，また他方で鉄鋼や肥料，トウモロコシや大麦など原油以外の一部の輸出品目はルーブル安で輸出が増加した影響で国内供給が不足し，国内価格が上昇するなどの影響から，インフレ率が2桁台にまで上昇した。消費者物価指数でみるインフレ率は前年6.5％から2014年は11.4％に達し，2015年2月にはさらに16.7％にまですすみ，ロシアの国民生活をじわじわと苦しめ始めている。

第6に，2014年のロシアのGDP成長率は0.6％という低水準に終わってしまったことが6つ目の特徴としてあげられる。ロシアのGDP成長率は2011年から前年の成長率を上回ることはなく，4.3％（2011年），3.4％（2012年），1.3％（2013年）とすでに低成長状態にあり，2008年の世界金融危機の影響を受けた2009年（－7.8％）を除けば，2014年のGDP成長率は2000年以降で最も低い水準を記録した。ロシアは今，インフレと経済停滞とのスタグフレーションの状態に陥っており，国民生活は実質賃金の低下にも苦悩している。

第7に，ルーブル安に歯止めをかけるためにロシア中央銀行が実施した基準

金利の引き上げが，住宅ローンをはじめとする貸出金利の上昇をもたらしたことである。ロシア中央銀行は，2014年に7％の水準から四度も基準金利を引き上げた末，2014年12月16日に基準金利を10.5％から17％に引き上げた[5]。これに伴い住宅ローン金利は平均12－13％から15－16％に上昇し，ロシア最大の住宅ローン取り扱い金融機関であるロシア貯蓄銀行（ズベルバンク）は，同年12月22日に14.5％から16％に住宅ローン金利を引き上げた。住宅ローン返済者は，インフレによりすでに実質賃金の低下に見舞われているうえに，ローン金利の引き上げによって返済負担が25％も上昇したといわれている[6]。

ロシア政府は，住宅ローン金利の引き上げによる住宅需要の減退，国民の住宅ローン返済負担の増加とそれが引き起こす返済の遅れ（返済期限超過債務の発生）の増加を防ぐために，金融機関に対してローン金利の引き下げを要請し，中央銀行の基準金利も2015年2月には15％に若干引き下げられた。しかし，依然として金利水準は高く，ルーブル安によって，特に外貨建て住宅ローンの返済負担増と期限超過債務率の上昇が生じつつある。

こうしたローンの返済負担を緩和し，景気を下支えするためにローン金利をさらに引き下げるには，政府からの追加金融支援が不可欠であると金融機関が政府に要請している[7]。もし実現すれば，このことも連邦財政赤字を増加させる要因となり，準備基金や国民福祉基金による拠出も検討されているところである。

他方で，モスクワをはじめとする大都市の住宅市場は，今後再び金利が上昇することを想定して，来るべきローン金利の引き上げの前に住宅ローンを融資・借入して，住宅を販売・購入しておこうという駆け込み融資や売買がすでに始まっている模様である。さらに，ルーブル安による輸入建築資材価格の高騰も影響し，住宅価格（分譲マンション）の上昇が起きている。

以上の7点が2014年の経済情勢を物語る主要な出来事である。次の項では，これらの市場変動が，特にモスクワの商業不動産賃貸市場と住宅市場（分譲マンション売買）にどのような影響をもたらしたのかを論じる。

Chapter Ⅷ　市場変動に揺れるロシアの都市住宅　◎——　175

A．モスクワの商業不動産市場に対する影響：2008－2009年危機に匹敵

　ロシアの新聞『コメルサント』によれば，2014年のロシアの商業不動産投資額は，35億ドルになり前年の82億ドルより60％も下回る結果になったと報じている（Colliers International社発表数値）(8)。2014年1月時点では，2014年の商業不動産取引は70億～75億ドル程度になると予測されていた。しかし，同年4月の時点でその予測は20％下方修正されたが，それでも60億ドル程度であるとされていた。最終的に2014年全体の取引額は，その下方修正を大幅に下回る規模となってしまった。その内訳はオフィスが14億ドル（40％），ショッピングセンターなどの商業施設が10億ドル（20％），ホテルが5億6,000万ドル（16％）であったとされる。特に，この取引の約85％がモスクワへの投資であり，そのうちの大部分がロシア資本による投資であった。2014年に商業不動産市場で起きた現象は，取引量の縮小と外資の撤退，そしてその外資流出とひきかえに生じたロシア国内資本割合の増加であった。

　2014年の外資による商業不動産部門への投資割合は，JLL社の計算によれば40％から24％にまで縮小したという。Cushman & Wakefield社の計算によれば，2014年のロシアの商業不動産開発・投資シェアのうち，ロシア資本の投資シェアが81％にまで増大した一方で，欧州企業の投資シェアが9％にとどまり，他方でアジア企業からの投資がそれまでの0％から初めて10％になったという。経済制裁の影響がロシアの商業不動産市場から欧州企業の資本流出と，代わりにアジア企業の資本流入を促す効果ももたらしたのである。しかし，総じて外資のシェアは縮小し，消費財市場と同じく不動産市場においてもロシア資本へのいわゆる投資の輸入代替が生じていることが明らかとなった。

　Colliers International社の試算によれば，2015年の取引総量も2014年を上回らず30億ドル程度になると予想されており，2008年の世界金融危機の影響を受けた2008－2009年の危機の状況と近い状態になることが危惧されている。オフィス需要の深刻な落ち込みが生じ，オフィスの空室率の上昇も指摘されている。同社の計算では2014年のオフィス空室率が平均6.3％で，この5年で最大の空室率であったことが発表されたばかりである。2015年の空室率は

さらに上昇し，10％ないしは14％にも上ると予想されている。したがって，2015年には各種商業不動産の建設計画も縮小を余儀なくされるであろう。

オフィス需要の低下は，必然的にモスクワのオフィス賃料の低下も引き起こしている[9]。Cushman & Wakefield社によれば，30％ないしは40％のオフィス賃料の低下が起きているという。特に，高価格帯のオフィス賃料に値崩れが生じており，CBRE社によれば，高価格帯のAクラスで2014年1立方メートル当たりオフィス賃料550〜650ドルが2015年には475〜600ドル，Aプライムと評価される，最も高いオフィス賃料で2014年1立方メートル当たり900〜1,000ドルから2015年は800〜950ドルへと，1立方メートル当たり50ドルから100ドルの値下げが生じると予測されている。このオフィス賃料の低下の主要因は，モスクワの賃貸オフィスの過剰供給にあるといわれる。2014年末でモスクワのオフィススペース1,500万立方メートルストックの83％しか借り手がついていない。特に高級オフィスに空室率が高く，約100万立方メートルが空室のままであるといわれている。最近では，このような借り手のつかない空オフィスに簡易の台所や浴室設備等を備え，居住用に転用して賃貸する「アパルトメント」と呼ばれる新たな形態の賃貸住宅がモスクワを中心に出回るようになっている。

モスクワのオフィス賃料はこれまでドル建ての賃料で契約されることが多かったため，ルーブルの下落がここにきて企業のオフィス賃貸コストを増加させたこともオフィス賃貸需要の減少をもたらしている。2015年の景気がさらに悪化し，ルーブル安が続けば，企業の事業縮小や撤退によるさらなるオフィス需要の減少が予想され，したがってディベロッパーによる新規オフィス建設計画も縮小に転じるであろう。

B．モスクワの住宅市場への影響

前項の商業不動産市場とは異なり，2014年のモスクワの住宅（分譲マンション）市場は，住宅購入が急増し，住宅価格は上昇し続けた。ロシア連邦国家統計局発表値によると，連邦平均インフレ率（消費者物価指数）が2012年6.6％，

2013年6.5％から2014年11.4％に変化したのに対し，新築平均価格の上昇率は2012年10.2％から2013年4.2％，2014年3.0％と上昇率そのものは小さくなったが，価格水準そのものは上昇している。価格上昇の要因には，ルーブル安による輸入建築資材価格の上昇，インフレの影響と，約2分の1にまで落ち込んだルーブル安の状況下で，価値の安定した資産としてルーブルを住宅に交換しようとする人々が急増したことも反映している。ロシアではルーブル安に乗じて高級自動車の購入が急増し，高級自動車価格が上昇したが[10]，住宅も同様の現象が生じている。ルーブル安に対する自衛策として耐久財の駆け込み購入が急増し，ロシアではそれが住宅の駆け込み購入にも波及し，2014年の住宅価格はモスクワをはじめとする大都市のみならず，連邦全体平均でも上昇した（図表Ⅷ－1参照）。

ロシアでは新築住宅はスケルトン渡しと呼ばれ，たとえばシステムキッチン

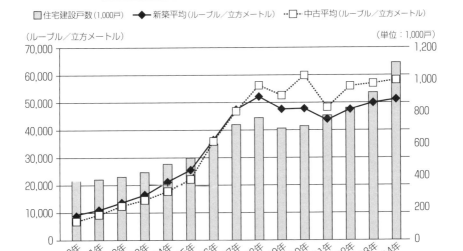

図表Ⅷ－1　ロシア連邦平均住宅単価と住宅建設戸数

（出所）ロシア統計局データより筆者作成。マンション価格とマンション建設戸数を意味する。

などの設備や内装のないまま，引き渡されるのが通常のため，新築購入者は追加で内装費用がかかる。中古住宅はこの追加費用が掛からないため，居住空間の質が良く，かつ立地の良い物件を中心に新築物件より人気が高い。したがって，ロシアの中古住宅価格は，平均すると新築価格より高くなるのが特徴である。

　2014年の価格に議論を戻すと，このような駆け込み需要を引き起こす1つの要因として，ロシアでは住宅はこれまで大きな価格下落がなく，高値で安定してきたことがある。そこには底堅く住宅需要が潜在していることが関係するが，この点については後述する。ルーブル安によって保有資産の価値を保全しようとする動きが，モスクワをはじめとする都市住宅にも向かったことが，商業不動産市場とは異なる市場変化をもたらしたのである。

　経済制裁とルーブル安により，輸入建築資材価格も上昇し，また建設会社にとっては金利の引き上げによる借り入れコストの上昇やインフレも加わり，ロシア全体で都市部の住宅建設コストは2013年1立方メートル当たり3万6,649ルーブルから2014年3万9,542ルーブルへと約8％上昇している[11]。建設コストは2015年末までには1立方メートル当たりさらに10％上昇すると予想されている。したがって，建設の最終段階にある住宅価格は2015年には平均で15〜20％，最大40％以上の上昇になる模様である[12]。この価格上昇がさらに続けば，逆に駆け込み需要の住宅購入さえも減退させてしまいかねないことも危惧される。

　駆け込み需要を生じさせているもう1つの要因には，さらなるルーブル安と住宅ローン金利引き上げの前に，できるだけ駆け込み需要を取り込みたい住宅ローン取扱金融機関とディベロッパーによる販促キャンペーンが実際の購入を促している側面もある。ディベロッパーと金融機関は，「住宅は価値が動かない不動の資産である」と宣伝し，住宅ローン借入による住宅購入を促している[13]。2014年1－9月で1兆4,000億ルーブル（243億ドル）の新規住宅ローンが融資され，これは前年同期比33％増とロシアで住宅ローンが導入されて以来，過去最高の増加率を記録した[14]。中央銀行の金利引き上げにもかかわら

ず，ルーブルの下落スピードに比べてインフレの進行スピードが遅いことと，金利の引き上げが今後も続くと予想されることから，今のうちにローンを借りて住宅を購入しておこうという比較的若い世帯のローン借入と住宅購入が増加している。1997年にロシアで初めて創設されたいわゆるロシア版住宅金融公庫（AHML[15]）は，2014年1－9月で都市部の全不動産取引のうちの約30％が住宅ローンを利用したものであると発表している。

　新規住宅ローン借入と住宅購入の増加はいつまで続くのか。そのカギは住宅ローン金利の引き上げ水準にある。あるロシアの不動産会社によればその閾値（いきち）は14－15％程度であり，住宅ローン金利水準が15％を超えると，新規住宅ローン借入と購入も減少に転じるであろうと予測している[16]。2015年2月で住宅ローン平均金利はルーブル建てで14.16％，外貨建てで10.42％（中央銀行発表）であることから，金融機関ならびにディベロッパーは今のうちにと，住宅ローンの貸付と購入を煽り，モスクワでは住宅購入ラッシュが生じている。

　他方で，すでに住宅ローンをドル建てやユーロ建てで借りている世帯は，ルーブル下落のせいで返済負担が急激に重くのしかかることになった。ロシアでは住宅ローンはルーブル建てと，ドルとユーロの外貨建ての2種類のローンが存在しており，それぞれ金利も異なり，ルーブル建て金利より外貨建て金利のほうが低い。2014年の急激なルーブル安によって外貨建てローンを組んでいる世帯の中には，インフレによる実質賃金の低下も重なり，月々の返済額が月収額を上回る世帯も出てきたといわれる。2014年11月1日のロシア中央銀行発表によれば，外貨建て住宅ローン融資残高は約1,170億ルーブル（約20億ドル）あり，そのうち約14％が返済期限超過に陥っており，ルーブル建ての住宅ローンの期限超過債務比率0.8％に比べてはるかに高い返済不能が発生している。図表Ⅷ－2は中央銀行が発表した，ルーブル建てと外貨建てを平均した抵当型住宅ローンについて連邦全体のローン融資残高と返済期限超過債務比率の内訳を示している。2014年から2015年にかけて期限超過債務比率が徐々に増大しており，2010年以降で期限超過債務比率が最も高かった状態，すなわち2008年世界金融危機の影響を受けた状態に近づきつつある。

| 図表Ⅷ-2 | ロシアの住宅ローン融資残高と返済期限超過債務比率 |

住宅ローン融資残高	内 訳（%）				
（100万ルーブル）	返済期限超過なし	期限超過30日以内	期限超過90日以内	期限超過180日以内	期限超過181日以上
2010年末 1,105,496	86.29	4.99	1.77	1.30	5.65
2011年末 1,426,145	92.91	2.10	0.70	0.45	3.84
2012年末 1,938,373	94.87	1.94	0.46	0.27	2.46
2013年末 2,560,014	95.89	1.41	0.52	0.27	1.91
2014年末 3,449,338	95.62	1.65	0.64	0.35	1.74
2015年2月 3,558,530	94.40	2.27	0.99	0.44	1.90

（出所）ロシア中央銀行「抵当付住宅ローンの融資残高」を加筆修正。

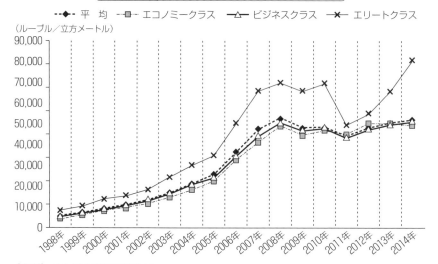

図表Ⅷ-3 ロシア連邦新築住宅平均単価（種類別）

（出所）ロシア連邦国家統計局。

　図表Ⅷ-3は住宅の種類別にみたロシア連邦の新築住宅平均単価である。ロシアの住宅価格はその品質に応じて，安い順にエコノミークラス，ビジネスクラス，エリートクラスの主に3つの価格帯に分類される。最近ではエコノミークラスとビジネスクラスの間にコンフォートクラスも誕生し，居住空間品質と

立地によって多様なクラスの住宅が供給されるようになった。また，ロシアの中古物件の評価は，特定の年代や特定の品質をもった物件の人気が高く，必ずしも年代順に価格が比例するものではない。したがって，ロシアの中古住宅価格も，建設年代や建築タイプによって価格帯がさらに細かく分類される。

　2014年の住宅価格上昇の内訳を住宅の種類別にみると，最高価格帯であるエリートクラスの住宅価格の上昇が2013年から続いており，2013年は対前年比19.9％の上昇であったのに対し，2014年はさらに上回り22.9％の伸び率を記録した。他方で，2014年のエコノミークラス住宅は対前年比でマイナス1.6％と落ち込み，ビジネスクラスも3.4％の上昇にとどまっていることから，エリートクラス住宅の価格上昇が，2014年全体の価格上昇を牽引し，ルーブル安の駆け込み需要の多くが，エリートクラス住宅の購入に向かっていることがわかる[17]。

　このクラスの住宅価格を牽引しているのは，特にモスクワのエリートクラス住宅である。ロシア連邦の中でも最も住宅市場の発展が進み，住宅価格が高いのはモスクワ市であり，モスクワ市の住宅市場の動向が連邦各地の住宅市場をリードし，工業都市を中心に住宅市場の発展が波及する（後述図表Ⅷ－4参照）。

　2014年上半期モスクワ市の住宅平均単価（全住宅平均）の上下変動幅は，1立方メートル当たり16万7,393～17万4,826ルーブル（4,803～5,087ドル）と，ルーブル建てで4％，ドル建てで6％の変動幅で推移していた。一方で，対ロシア経済制裁が実施され，ルーブル安が加速し始める2014年下半期には，17万3,789～21万5,774ルーブル（3,869～5,017ドル）と，ルーブル建てで24％の価格上昇，ドル建てで23％の価格下落と対称的な動きになった[18]。

　2014年モスクワのエリートクラス住宅の平均価格では，ルーブル建てで42％も上昇し，他方，ドル建てでは2014年末までに1立方メートル当たり1万5,700ドルと2013年12月以来19％下落した[19]。ルーブル建て価格の上昇率は，2014年の対ドル・ルーブル・レート40％の下落率の程度とほぼ同等か若干上回る水準で上昇している。他方で，ドル建ての住宅価格の下落率が23％，エリートクラスで19％の下落率にとどまっていることは，ルーブル安によっ

て富裕層のエリート住宅に対する駆け込み需要が発生したことと関係している。

　ルーブル安によって高級自動車の売れ行きが一時的に増加しているのと同様に，外貨で資産をもつ富裕層が，ルーブル安によってドル建てでは割安となったモスクワのエリートクラスの住宅購入を急速に増加させたのである。エコノミークラスよりも高い価格帯に位置するビジネスクラスならびにエリートクラスの住宅価格が上昇を続けており，ルーブル安による住宅に対する駆け込み需要が，高価格帯の住宅に，特にエリートクラスの住宅に集中していることがうかがえる。この駆け込み需要の増加が，エリートクラスのルーブル建て価格をルーブル安の程度を上回る割合で上昇させ，ドル建てのエリートクラス住宅の価格を下げとどまらしていると考えられる。

　ただし直近の2015年1月－3月では，モスクワ市のルーブル建て住宅平均単価は，2015年1月をピークにしてすでに下落に転じている[20]。2014年12月～2015年1月にかけて対ドル・ルーブル・レートが14％下落した。他方で同時期のルーブル建て住宅価格は2％上昇し，ドル建て価格で13％下落したのち，2015年3月末までにルーブル建て住宅価格は16％の下落に転じた。ドル建て住宅価格も9％の下落とその下落スピードが鈍化し，2014年の動きとは異なる駆け込み需要の終息サインがすでに見え始めている。インフレ率（消費者物価）は，2014年末と比べて2015年1月で3.9％，同年2月で6.2％と依然として進行し，ルーブル安も継続する中で，ドル建て価格のみならずルーブル建て住宅価格が急速に下落していることは，特筆すべき現象である。すなわち，エリートクラス住宅駆け込み需要が一段落し，金利引き上げによるローン需要の減退が生じはじめ，2015年第1・四半期において早くも駆け込み需要ブームが終息している可能性がある。住宅価格のさらなる低下が生じ，モスクワをはじめとするロシアの都市住宅市場の暴落が発生するのかどうか，今後も市場動向を注視し続ける必要がある。

　以上，ここまで2014年の経済情勢の変化が，モスクワの都市住宅の駆け込み需要を生み，商業不動産とは異なる価格上昇をもたらしたことを見てきた。

駆け込み需要の発生要因は，ルーブル安によって生じる保有資産の目減りを防ごうとする人々の経済行動にある。この行動は市場経済においてはありふれた行動に見えるが，ここには1990年代の市場経済がもたらしたトラウマとソ連の遺産が交錯している。すべてのセグメントで，ロシアの人々は不動産投資が安全な賭けであるとみなしている。それはかつての日本のバブル期に存在した土地神話のようであるが，ロシアの場合にはハイパーインフレによる資産価値の無価値化に苦しんだ経験と，ロシアの人々の独特な持ち家志向とソ連時代の住宅を継承した住宅ストックの問題が影響している。ロシアの都市住宅市場の成り立ちと発展は，ソ連社会主義経済の下で住宅配分をうけた世帯と，ロシア市場経済の下で住宅購入を初めて行う世帯との間に住宅取得と居住環境の格差が存在している点で途上国の発展過程とは少し異なる特徴を持っている。次の節では，ソ連の遺産を受け継ぎながら独自の市場を形成してきたロシアの都市住宅市場の歩みを振り返りながらその特徴を論じる。

3．ロシアの都市住宅市場の特徴

1992年の体制転換当時，ロシアの住宅ストックの所有シェアは，農村の戸建住宅や住民が建設資金を出資しあって建設する協同組合住宅などを中心にした私有が36％程度存在したが，国有が38.1％，地方自治体所有が25.3％と，公的所有で64％を占めていた。そのうちの約42％が国有企業の社宅を通して配分されたといわれる[21]。1992年以降は国有，自治体所有の住宅は住民の手続きによって無償で私有できることになり，社宅は地方自治体に移管されたのち同じく無償で私有化された。住宅の無償私有化は期限付きで導入されたが，これまで二度にわたる期限延長を経て現在も継続中であり，ロシアの住宅ストックの私有化は急速に進んでいる。2013年の住宅ストックは私有が87.8％まで進み，中古住宅市場や賃貸住宅市場の基盤となった。他方で，国有シェアは3.4％，地方自治体所有シェアは7.7％にまで縮小した。

ロシアの都市住宅市場が，他の途上国の発展過程と少し異なる点は，市場経

済のスタート時点で多くの国民が無償で住宅を取得できたことにある。間借りや賃貸居住の状態から「小さくてもよいから自分の家を持ちたい」という第1次取得としての持ち家需要よりも，それまで居住していた住宅の所有権を手にしたうえで，「この居住空間を自由に改善したい，よりスピーディにより快適な住宅に住み替えたい」という既存の住宅ストックの質に対する欲求がロシアの住宅需要の根底にある。それがロシアの住宅市場で交錯するソ連の遺産の1つである。

　人々は住宅を手に入れることはできたが，無償で私有化したソ連の住宅は，住民の欲求を満たす質を備えていなかったのである。具体的には，居住空間が狭すぎること，十分な設備がないこと，修理が必要な状態にあることの3点が，ソ連住宅を私有化した住民に共通する住宅問題であった[22]。ロシアの住宅戸数はすでに全世帯数を満たしており，住宅戸数の絶対的な不足状態は生じていない。現在に続くロシアの住宅需要の本質は，家族数に見合った居住空間と十分な設備を備えた住宅への住み替え需要である。一定の質を備えた住宅の価格動向と，住み替え需要をもつ世帯の所得動向，ディベロッパーや建設会社の住宅供給動向によって，住宅を買い替えできない，あるいは若年世帯で1次取得住宅を購入できない世帯が相当数存在することになる。そのためこれまでロシアの住宅需要は底堅く存在し続け，市場変動によってはその需要が潜在化あるいは顕在化することで，ロシアの住宅市場を形作ってきたのである。

　たとえば，2000年代のロシア経済の高度成長により世帯所得が上昇し，また住宅ローンが導入され，ローンに手の届く世帯が少しずつ増加するにつれ，住宅購入が増加し，2005～2008年までの間は特に住宅価格が高騰したことは，そのことを裏付ける現象であった（図表Ⅷ-1参照）。その後，2008年の世界金融危機の影響を受けた2009-2010年は，住宅供給と住宅需要の双方が減少し，住宅価格が下落した。この現象もロシアの住宅市場の機能を映し出すものである。危機の影響は約1年間で底を打ち，その後住宅価格は穏やかに上昇を続け，2008年危機前の価格水準にほぼ匹敵する水準にまで来ていたところに冷や水を浴びせたのが，2014年の経済情勢であった。

| 図表Ⅷ－4 | ロシア連邦住宅価格分布 |

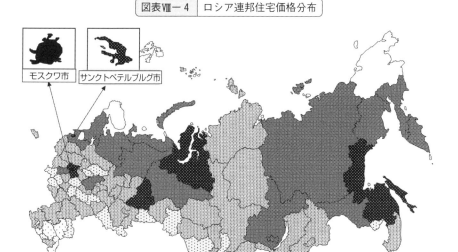

1立方メートル当たり新築住宅平均価格（単位：1,000ルーブル）2012年第2・四半期

（出所）ロシア連邦国家統計局 Средние цены на первичном рынке жилья по субъектам Российской Федерации во II квартале 2012 г.より筆者作成。

　継承するソ連の遺産のその内容と住宅市場価格の動向は，ロシア連邦を構成する地方間でも違いがみられる。図表Ⅷ－4は，ロシア連邦を構成する地方，すなわち連邦構成主体別にみた，2012年第2・四半期の新築住宅平均単価の分布を示している。ロシアで最も住宅価格が高い地域は，経済発展が集中する首都モスクワ市とモスクワ市の周囲に位置するモスクワ州，第2の都市サンクトペテルブルグ市を除けば，主に資源産業や工業が集積する地域—スベルドロフスク州，ヤマロ・ネネツ自治管区，ハバロフスク地方，サハリン州である。たとえば，スベルドロフスク州，ヤマロ・ネネツ自治管区は，ロシアの資源産出の主力とする埋蔵地に位置しており，資源産業や工業の集積地であり域内GDPも高い地域であるが，これらの地域の住宅価格が高水準である要因には，地理的条件が関係している。これらの地域には，資源産出地であるがゆえに中

心から遠隔地に位置しており，建設資材の輸送コストや，寒冷地ゆえにかさむ建設コストや住宅設備コストが全国平均に比べて高い点が，住宅の高価格に反映されている。ハバロフスク州とサハリン州も輸送コストが建設コストを押し上げる地域に該当する。建設に必要な資材の産出地から離れていること，輸送コストが高いこと，これはソ連時代の非効率な産業配置や都市計画を遺産として受け継ぐ地域であることを意味している。

　さらにハバロフスク州とサハリン州は，サハリン沖など一部資源を産出する地域もあるが，中心的な資源埋蔵地ではなく，域内GDPは連邦平均より常に下回り，人口減少が著しい地域である。両地域は，これまで開発が遅れてきた極東ロシア地域に位置している。2000年代から連邦政府による極東シベリア発展戦略，アジアへの資源エネルギー輸出の新規販路拡大のため，資源輸送の通過点としてインフラ開発計画，さらには経済特区による地方発展促進など，同地域では大型国家プロジェクトが相次いでいる。しかし，都市基盤や工業基盤が乏しいため，大型開発プロジェクトの実施にはインフラ開発コストがかかり，受け皿となる都市は十分な都市基盤を備えていない。開発プロジェクトによる労働者を受け入れるのに十分な質と量を備えた住宅も一時的に不足している。このことが同地域の住宅価格の上昇を引き起こしているもう1つの要因である。ソ連崩壊直後に抱えていた地域発展の格差が，住宅価格動向にも影響する一例を表しているといえる。

　住宅価格の変動がロシア家計の世代間でその影響が異なることもロシアの特徴の1つである。ロシアではソ連時代の住宅を無償で私有化できた世代と，1992年以降に初めて市場経済の中で住宅を1次取得する若年世帯との間の取得格差が大きい。このことが，ソ連の遺産と市場との交錯するロシアの特徴でもある。住宅価格が堅調に高水準で推移してきたこれまでの状況では，若年世帯の住宅取得難が特に深刻化した。ロシア政府は若年世帯の住宅取得を補助する政策を実施しているが，2014年の金利引き上げとルーブル安の動向，ならびに今後の景気回復までの期間が長引き雇用不安や所得不安が生じれば，駆け込み需要も急速に収束し，若年世帯の住宅取得難やローン返済の期限超過とい

う状況が生じかねない。

　この世代のもう1つの特徴は，賃貸住宅よりも分譲マンションを購入しようとする持ち家志向が若年世帯でさえも強いことにある。それゆえ，若年世帯の住宅取得難の問題が深刻になりやすい。これはロシアの賃貸住宅市場が1～1年半の契約更新に基づく短期契約が主流であり，賃貸専用マンション建設が少ない独自の市場を成立させていることが影響している。このようなロシアの賃貸住宅市場の特徴は，ソ連時代の計画配分の不足を個人間の取引で補っていた慣行に基づいている[23]。家賃規制がないため家賃の変動が，大都市に雇用をもとめて流入する若年世帯の住宅問題に直結する。大量の安価で快適な賃貸住宅の供給が必要となる。ソ連の遺産と市場が交錯する様相が，若年世帯の住宅取得難の根底にも流れている。

　他方で，ソ連時代の住宅を私有化することができた中高年世代の住宅問題は，既存ストックの修繕費用制約にある。1950年代前半までに建設された住宅は，その内部をリフォームすれば，新築住宅以上の評価がつく快適な居住空間を有する住宅に変身するため，同物件に対する人気も高く価格も高い。それに対して50年代後半以降に大量建設されたロシア語で「フルシチョフカ」と呼ばれる住宅は，居住空間が狭く，間取りも悪く，内部のリフォームだけでは済まされない建物全体の建て直しが必要になるものが多い。当然，このような住宅は中古物件としても人気がないため，下取りにもならない。住宅取得が難しい若年世帯にとってようやく手の届く住宅が，このタイプの物件であるケースも多いことから不満が多い。

　中高年世代の住宅問題の1つは，老朽化する既存ストックに住み続けなければならない世帯の修繕費用負担増と，住み替えとして買い替えを目指す2次住宅購入の資金難にある。2014年のルーブル安と金利引き上げは，それまでにローンを借りて住み替え住宅を購入した，この世代のローン返済負担も重くした[24]。現在，人口減に伴う労働力不足への対策や労働生産性の向上を目指すロシア政府にとって，労働力の再生産を担う住宅問題は重要な課題でもある。世代間の問題の本質に応じた対策が必要となろう。

最後に，ロシアの人々にとって市場とは1990年代の市場経済化の混乱とハイパーインフレによる預金の無価値化，所得格差の拡大をイメージする人が多い。そのおかげで，所得を価値の安定した資産に交換する習慣も備わった。ルーブルを価値の安定したドルやユーロといった外貨に交換するのもその1つであり，自動車や住宅もその資産選択に含まれるようになった。2014年におきた一時的な駆け込み需要の発生は，そのような経験に培われたものである。2000年代半ばで発生した住宅価格の高騰期には，投機目的や所得の運用手段として自ら居住しない住宅を購入する行為が，富裕層だけでなくそれに次ぐ高所得者層や一部の中間所得者層にまで広がっていった。好景気による雇用と所得の安定と住宅ローンを融資する金融機関の増加もその拡大を後押ししてきた。このようなパターンは，持続的な成長が達成されなければ成り立たない。しかしながら，2008年の世界金融危機以降，ロシアは高成長の維持が難しくなっており，2014年に起きた原油価格の低迷とルーブル安，対ロシア経済制裁，GDP成長率のさらなる低下がいつまで続くのか，さらにその回復にどれだけ時間がかかるかが重要な問題である。

　景気低迷が続けば，ロシアに新たに生まれた資産行動としての住宅需要の減退，投機目的で保有している住宅保有者のローン返済負担の増大，新築住宅の空室率の上昇，保有資産のなげ売りによる値崩れが生じる可能性も高い。ロシアの住宅市場が成立して以降初めての暴落の危険もはらんでいる。ルーブルの暴落に加えてそのような事態が生じれば，市場経済そのものに対する人々の信頼すらも失墜しかねない。その市場経済に対する人々の不信感が，より安定した生活保障を支給する中央集権的な政府を志向する世論の高まりをもたらす。すでに最新の世論調査でも，かつてのソ連型計画経済がもたらした安定した社会，格差の少ない社会へのノスタルジーが増えつつある[25]。

　ロシアの人々は，市場経済の変動がもたらす影響の大きさとかつてのソ連型計画経済がもたらした安定との間でまだ揺れ動いている。ロシアに対する経済制裁の長期化とロシアの景気低迷の長期化は，ロシアのみならず，日本を含むロシアとの貿易相手国にとってもロシア・ビジネスが成立しなくなるリスクと

して跳ね返ってくる。ウクライナ問題は解決の難しい問題ではあるが，日本にとっても対ロシア経済制裁の解除のシナリオを検討する必要があるだろう。

【註】
（1）輸出額と対ドル・ルーブル・レートと金利（基準率）はロシア中央銀行発表値，原油価格はロシア連邦国家統計局発表のロシア原油輸出価格のバレル当たり換算値。国内総生産（GDP）成長率とインフレ率（消費者物価指数による）は，ロシア連邦国家統計局発表値である。ロシア連邦国家統計局（http://www.gks.ru/）ロシア中央銀行（http://www.cbr.ru/）。
（2）ロシア財務省，2015年1月14日（ロイター）。
（3）ロシア財務省，2015年2月27日（ロイター）。原油価格が基準額を上回った時に石油ガス税収の増額分を国庫に積み立てる制度－準備基金と国民福祉基金－がある。2015年2月1日時点で準備基金の積立額は5.86兆ルーブル（約851億ドル）。
（4）*Moscow Times*, 2015年1月19日。
（5）中央銀行の基準金利はこれまで2013年9月13日5.5％，2014年3月1日7.0％，同年4月25日7.5％，同年7月25日8.0％，同年11月5日9.5％，同年12月12日10.5％とたびたび引き上げた末の同年12月16日の17.0％への引き上げであった。
（6）*Moscow Times*, 2014年12月22日。
（7）*Moscow Times*, 2015年2月2日。ロシア第2の住宅ローン金融機関であるVTB24銀行は，貸出金利の引き下げには政府から150億－170億ルーブル（2億1,800万－2億4,700万ドル）の補助が必要であると主張している。
（8）コメルサント紙（Kommersant（Коммерсантъ））(http://www.kommersant.ru/) 2015年1月12日。
（9）*Moscow Times*, 2015年1月12日。
（10）*Rossiyskaya Gazeta*（Российская Газета）(http://www.rg.ru/2014/12/16/avto.html) 2014年12月16日。
（11）ロシア連邦国家統計局。
（12）*Moscow Times*, 2014年12月22日。
（13）*Moscow Times*, 2015年12月15日, "Ruble Collapse Stokes Russian Mortgage Boom"。
（14）ロシア中央銀行および同上注。
（15）Agency for Housing Mortgage Lending（АИЖК）(http://www.ahml.ru)，日本の

住宅金融支援機構（旧住宅金融公庫）は，「ロシア住宅信用担保機構」と訳している。
(16) *Moscow Times*, 2014年12月15日前掲注。
(17) 図表Ⅷ－3数値より筆者計算。2012年の連邦平均の住宅価格伸び率は，全住宅で10.2％，エコノミークラスで11.4％，ビジネスクラスで10.0％，エリートクラスで11.8％，2013年はそれぞれ4.2％，0.2％，4.4％，19.9％であった。
(18) Metroinfo.ru（http://www.metrinfo.ru/）調べ。
(19) *Moscow Times*, 2014年12月15日, "Moscow Sees $1 Billion in Elite Apartment Sales as Ruble Falls". モスクワで最も人気のある地区のエリートクラス住宅は，平均で230万ドルといわれる。
(20) Metroinfo.ru（http://www.metrinfo.ru/）調べ。
(21) Irina Starodubrovskaya (2003), "Reform in Housing and Public Utilities", ed. by Egor Gaidar, *The Economics of Transition*, MIT Press, p.618.
(22) T. Abankina, S. Zuev (1995), "Housing Strategies for Different Social Strata of city Dwellers Under Free Market Conditions", *Urban Housing Markets in Russia*, Prepared for Housing Sector Reform Project, Russian Federation/ Cith of Moscow U.S. Agency for International Development/Moscow, p.49.
(23) 詳しくは，道上真有（2013）『住宅貧乏都市モスクワ』東洋書店，参照。
(24) 居住の世代間格差について詳しくは，Mayu Michigami (2014), "Intergenerational Differences in Russian Housing Conditions in the 2000s: Based on the RLMS (2008)", *The Northeast Asian Economic Review*, Vol.2, No.2, October 2014, pp.15-38。
(25) *Moscow Times*, 2015年3月27日およびLevada Center （レバダセンター世論調査）(http://www.levada.ru/)。レバダセンターが2015年3月13日から16日にロシア46地域の18歳以上の1,600人に実施したアンケート調査の結果によれば，経済システムで私有制に基づく市場経済を支持する回答者は27％，国家計画配分を支持する回答者が55％であった。1992年2月の実施時はそれぞれ41％，33％であった。2000年代の回答は2008年の金融危機の影響を受け変動するが，市場支持回答者は27～36％，国家計画配分支持回答者は50～58％のシェアが続いており，1992年当時の両者の比率と対称的な状態が続いている。1993年にそれぞれの回答者が35％ずつの同率になって以降は，市場支持者のシェアが国家計画支持者を上回ることはなく，2013年以降は30％を下回る状態が続いている（http://www.levada.ru/26-03-2015/grazhdane-gosudarstvo-i-vlast)。

参考文献

T. Abankina, S. Zuev (1995), "Housing Strategies for Different Social Strata of city Dwellers Under Free Market Conditions", *Urban Housing Markets in Russia*, Prepared for Housing Sector Reform Project, Russian Federation/ City of Moscow U.S. Agency for International Development/Moscow (*Voprosy Ekonomiki*, 1994, Vol.10, pp.57-67).

Mayu Michigami (2011), "Comparison of Affordability of Russian and Japanese Housing Markets" Center for Far Eastern Studies, University of Toyama, *Far Eastern Studies*, Vol.10 March 2011, pp.25-57.

Mayu Michigami (2014), "Intergenerational Differences in Russian Housing Conditions in the 2000s: Based on the RLMS (2008)", ERINA, *The Northeast Asian Economic Review*, Vol.2, No.2, October 2014, pp.15-38.

Irina Starodubrovskaya (2003), "Reform in Housing and Public Utilities", ed. by Egor Gaidar, *The Economics of Transition*, MIT Press, pp.617-636.

道上真有（2007）「ロシアの住宅投資-都市住宅市場を中心に」『桃山学院大学経済経営論集』第49巻第2号，2007年9月，53－98ページ。

道上真有・田畑理一・中村勝之（2009）「ロシア住宅市場の発展過程と住宅政策の効果の研究－ロシア国家プロジェクト「ロシア国民に手の届く住宅を」の成否」『住宅総合研究財団研究論文集第36号2009年版』No.36，259－268ページ。

道上真有（2013）『住宅貧乏都市モスクワ』東洋書店。

ロシア連邦国家統計局（http://www.gks.ru/）。

ロシア中央銀行（http://www.cbr.ru/）。

ロシア財務省（http://minfin.ru/ru/）。

ロシア連邦白地図，白地図専門店サイト（http://www.freemap.jp/item/europe/russia.html）。

ロイター（Reuters Russia）（http://ru.reuters.com/）。

Agency for Housing Mortgage Lending (АИЖК) (http://www.ahml.ru/)

Kommersant (Коммерсантъ) (http://www.kommersant.ru/)

Levada Center (Левада-центр) (http://www.levada.ru/)

Metroinfo.ru (http://www.metrinfo.ru/)

Moscow Times (http://www.themoscowtimes.com/)

Rossiyskaya Gazeta (Российская Газета) (http://www.rg.ru/)

※ 本稿は2015年3月時点（入稿時）までに収集した情報・統計データに基づいたものである。また，本稿は，科学研究費補助金（基盤研究C，課題番号26504005），（基盤研究A，課題番号26245034）ならびに平成26年度一橋大学経済研究所共同利用・共同研究拠点プロジェクト研究および平成26年度新潟大学人文社会・教育科学系研究支援経費学系基幹研究の成果の一部である。

（道上真有）

中国の農業政策と食糧需給
─食糧自給政策を放棄した中国政府─

1. はじめに

　今や米国に次ぐ経済大国になった中国だが，多くの面で，中国の動向が世界の経済社会に少なからず影響を及ぼすようにもなった。この章では，農業の側面に焦点を当てて分析を試みる。近年，中国政府はどのような農業政策を展開してきたのか，食糧需給はどのように推移し，今どのような状況にあるのか，直近の習近平政権下における農業政策の特徴はどのようなものなのか。

　国家資本主義という概念がある。経済活動の主体は，国民，企業，自治体，国家などであろう。いわゆる資本主義体制では，一般に，個人やその集合である企業が経済活動の主体となるのだが，国家が前面に出て，主体としての機能を果たす場合がある。直接的に経済活動の主体にならなくても，間接的に，国民経済を強力にコントロールする。資本の増殖を担うのは資本主義体制では個人や企業だが，国家が資本増殖の主体として機能するという概念だ。中国ウォッチャーの中に，中国は国家資本主義の国だと性格付ける者が少なからずいる。筆者もその見方は間違っていないと思う。

　農業・農業関連産業の経済セクターにおいても，中国の国家資本主義的性格を垣間見ることができる。農業とは国家存続の基本条件である食糧を国民に供給する一産業部門だが，中国政府はいわゆる食糧安全保障論の立場にたって，農業分野に強力に関与してきた。さまざまな農業政策を実施することによって，食糧生産をコントロールしてきた。試行錯誤を繰り返しながらも，旧ソ連のように，大きな失政に陥ることなく，かなりの程度，コントロールに成功してき

たといえるだろう。なによりも中国は，鄧小平の改革開放政策以来，経済発展を持続し，旧ソ連のように国家分裂することなく，日本を抜いて世界第2の経済大国になったのだから。

　本章では，20年前の江沢民政権から，胡錦濤政権，習近平政権までの中国近年の農業政策をウオッチして，かれらがどのような立場にたって，農業分野に関与し，中国13億の人々の命運を左右する「食糧」をコントロールしてきたのかという点を検証する。習近平はどのような食糧戦略をもっているのか。大きな視点からすれば，国家資本主義の性格を持つ中国のトップ，習近平は農業分野を含めて，どのような国家戦略を持ち，多国籍企業資本主義的性格の強い米国に対抗しつつ，より一層の大国としての地位を確立しようとしているのか。

2．近年の農業政策の展開状況

A．ワールド・ウオッチ研究所のレポート『誰が中国を養うのか』

　1994年に，中国は干ばつ等のために不作となり，国際市場から2,000万トンを超える大量の食糧を輸入した。同年，レスター・ブラウン率いる世界的影響力をもつ米国民間シンクタンク，ワールド・ウオッチ研究所が人口大国中国をテーマとしたレポートを出した。中国政府にとって，世界的反響をよんだレポート『誰が中国を養うのか』は無視し得ないものとなった。

　中国の経済発展に伴う所得の向上，所得上昇は食生活の高度化をもたらす。ますます肉類・油脂類の消費量が増える。大豆，トウモロコシ等，飼料穀物の需要量が増大する。人口増に加えての，このような穀物需要の増大によって，中国の食糧需要はさらに一層大きくなる。一方，工業の進展，住宅地の拡大等によって，耕地面積は縮小していく。結果として，需給ギャップは拡大し，不足分は輸入に頼らざるを得なくなる。レポートは，中国が引き金となって，世界の食糧需給がひっ迫し，世界的食糧危機が発生するというシナリオを描き，次のように警鐘を鳴らした。

「価格の上昇は，海産物ではすでに進行中だが，それはやがて水と土地の不足によって生産が制約されている米および，次には小麦やその他の主要な食糧にも広がっていくだろう。歴史上初めて，食糧にたいする人間の需要の増大と，地球の自然との衝突が，世界中で感じられるような経済的影響をもとうとしているのである。」

「中国が基本的には日本，韓国，台湾が進んだのと同じ工業化の道をたどり続け，この穀作耕地の減少が続けば，中国は2030年までに穀作耕地のほぼ半分を失うことになる。そして中国の人口が現在の予測通りに増え続け，1990年から2030年の間に4億9,000万人増加すれば，1人当たりの穀作耕地面積は，1990年の0.08ヘクタールから2030年の0.03ヘクタールまで縮小する。‥‥」

そしてレポートは次のようなショッキングな予測を行った。中国の1人当たり年間穀物消費量はほぼ300キロだが，控えめに見積もって2030年にこの値が350キロになると仮定すれば，需給ギャップは2億500万トンになる。また，1人当たり年間消費量が今まで通りに増えるとすれば2030年には趨勢的には400キロになるが，この場合だと，需給ギャップは実に3億8,000万トンになる。中国国民の胃袋を満たすために，中国が輸入しなければならない不足量は驚くべきものであった。国際穀物市場に出回っている総穀物量は3億トンに満たない。

このレポート『誰が中国を養うのか』は当たらずといえども遠からず，時宜を得た警鐘であったといえるであろう。1994年の世界市場からの中国の穀物大量買い付けによって，世界の穀物価格が急騰したことは事実であり，それを契機に，世界的食糧危機の到来が叫ばれ，中国の農業政策，特に食糧政策の在り様が問題視された。世界の食糧需給に影響力を与えるキーカントリーとして，国際穀物市場に中国が登場したということを意味した。

レポートの警鐘にたいして，中国政府は自国の食糧は自国の力で賄うと強く主張するとともに，中国は国際穀物市場の攪乱要因にならないと反論した。中国政府にとって，国家安全保障上も，食糧の自給は必要であった。そうして，

食糧増産のための諸政策を強力に講じるようになる。

B．江沢民政権下の食糧買い付け価格大幅引上げ政策と食糧流通自由化政策

1996年，江沢民政権は食糧増産のために，省長責任制度を導入した。省ごとに食糧生産目標を設定して，各省のトップに責任を負わせ，遂行率に応じて一定の報償を与えるという制度である。加えて，各農家に労働インセンティブを与えるために，食糧の買い付け価格の40％以上の大幅引き上げを行い，農家の所得を間接的に保障した。

同年10月，中国政府は「中国食糧白書」を作成し，「食糧自給率95％」の政策目標を明示した。食糧白書において中国政府は，品種改良，農薬，肥料などの農業技術改革や，土壌，灌漑・水利などの土地基盤整備，農作物の流通・加工インフラ整備等によって，2010年までには食糧生産を年平均1％，その後，2030年までには年平均0.7％の割合で，増産することが可能であり，人口が16億人に達する2030年には，食糧必要量6億4,000万トンの95％を賄うことができると予測し，レポート『誰が中国を養うのか』が示した中国脅威論，中国が世界の食糧危機の引き金となるという見方を全面否定した。

同年11月にローマで開催された世界食糧サミットに出席した李鵬首相（当時）は「食糧自給率95％」堅持を世界に向けて確約した。

ともあれ，江沢民政権下で実施された食糧増産政策が功を奏したのか，1996年から1999年まで4年連続，食糧生産量は大幅に増えた。1995年の食糧生産量はほぼ4億6,000万トンであったものが，翌96年には5億トンを超え，97年にはやや減少したものの，98年，99年はともに，5億1,000万トンレベルの豊作が続いた。1995～1999年の間に，単収も漸増し，ほぼ4.1トン／ヘクタールから4.4トン／ヘクタールに上昇した。皮肉にも1999年には逆に，食糧過剰問題が顕在化することになった。豊作の結果，過剰穀物をおさめる倉庫が不足し，野積みされた穀物の品質が劣化して，大量廃棄という事態になった。

同時に買い付け制度にもとづく価格支持政策によってもたらされた逆ザヤ問題も顕在化し，中国財政を圧迫した。2001年には，「世界の工場」に変貌しつ

つあった中国経済はより一層のグローバル市場の利益を求めて，自由な貿易と投資を目指す世界貿易機関（WTO）への加盟を果たし，貿易黒字を蓄積してゆく。グローバルな世界競争市場に参入した江沢民政権は，豊作が続くなかで，食糧価格支持政策を段階的に縮小廃止し，食糧流通を自由化した。

その結果，食糧価格が低迷し，農家は生産意欲を減退させ，農家所得も低減し，食糧生産量は減少に転じた。2003年の食糧生産量は4億3,100万トンにまで落ち込んだ。食糧価格が低迷するなかで，農村は疲弊し，農村と都市の経済格差は拡大し，農民の不満が高まった。

C．胡錦濤政権下の直接的農家補助政策と農業構造改善政策

2002年11月，胡錦濤政権が成立する。新政権下で，「調和社会」の建設という新機軸が打ち出される。「調和」とは，これまでの経済発展に付随して生じたさまざまな不均衡を是正するという意味であった。最大の眼目は，都市と農村の地域格差の是正におかれた。同11月の中国共産党第16期大会において，農業・農村基本政策として，「都市と農村の格差是正」，「農民収入の増大」という政策目標が明確な形で設定され，「社会主義的新農村の建設」がうたわれた。

2003年11月の第16期3中全会では，「社会主義的市場経済体制改善の若干の問題にかんする決定」が採択された。若干の問題とはまさに都市と農村の格差問題を意味するものであった。そこでは「都市と農村の発展の統一的推進」の必要性がうたわれた。「改善」の具体的内容として，農業支援制度，農業税制度，農村土地制度等のより一層の改善が規定された。支援制度については，従来の農産物価格支持による農業保護制度を改めて，食糧の作付面積に応じて，農家に直接的に補助金を給付するというものであった。また，農業税は廃止されるというものであった。

2004年から2007年において毎年初に，党中央・国務院は1号文件として，不作となった2003年の食糧生産を回復するために，農家への直接的補助金給付政策を中心にすえて，農村社会整備，農業技術改善，農業水利などの食糧増

産政策を強力に推し進めた。2004年1月の1号文件においては，前年11月の第16期3中全会で提起された「都市と農村の発展の統一的推進」の要求に鑑み，農業構造を改善し，農村社会改革をすすめ，農業投資を増大させ，農家収入をすみやかに引上げ，都市と農村の所得格差を是正することが明記された。

2006年初めの党中央・国務院1号文件においても，胡錦濤政権の懸案である「調和社会」，「新農村建設」の推進が明示された。具体的施策は次の3点だ。①農村の小中学校を対象に授業料・教材の無償化を実施し，貧困地域では寮生活を送る生徒に生活補助金も支給する。②農家人口を対象に新しい農村合作医療制度を導入，普及する。また，制度の有効性を高めるために，農家の納める保険料を安くし，中央と地方政府が保険基金の主要部分を負担する。③農村の道路，図書室など生活インフラの整備を加速し，必要な財源を中央と地方政府が分担する。

2006年3月に，「2006～2010年の第11次5カ年計画」が採択された。ここでは，食糧生産力強化，農業構造改善，農村社会改善，農業技術改善，灌漑による農業水利の改善，農家所得の向上などなどにおける数値的政策目標が示された。たとえば，農地有効灌漑面積は2005年の5,667万から2010年には200万ヘクタール増の5,867万ヘクタールに拡大すること，農家所得は同3,255元から4,150元に増やす等の具体的数値目標が設定され，目標達成のための予算措置がとられた。

2007年の中国の予算総額はほぼ2兆7,000億元であったが，3農問題すなわち農業・農村・農民問題への関連予算はほぼ4,000億元，総予算の15％を占めた。2007年7月には，国務院から「農村の最低生活保障制度にかんする通知」が出され，農村の教育・医療などへのサービス強化のための予算が大幅に増額された。

2008年2月，中国政府は基幹穀物としての，米・小麦の増産を促すために，米・小麦にたいして，最低保証価格による買い付けを実施した。また買い付け価格も従来はキロ当たり1.4元であったものを，若干ながら1.5元に引き上げた。価格政策だけでは，政府の期待通りに，食糧増産目標を達成し得るもので

はなかった。農家の生産性を向上させるための農家経営の組織改革，いわゆる構造政策の推進が必要であった。

中国の農業経営の特徴は日本農業と同じように，2ヘクタール未満の小規模零細農家が大部分を占め，規模の経済が機能せず，土地生産性，特に労働生産性は，トレンド的に漸増しつつあるものの，欧米の特に新大陸の先進的農業国（米国，カナダなど）に比べて，低い水準にあった。

2008年10月，第17期3中全会（全国人民代表大会）において，農業経営の生産効率を高めるために，経営構造政策として，「中共中央の農村改革と発展を促進する若干の問題にかんする決定」が採択された。「決定」のなかで，小規模農家にたいする農地の流動化促進政策等によって，大規模ないしは中規模専業農家を育成・発展させる政策目標が明示された。2013年1月の党中央・国務院は1号文件において，大規模ないしは中規模農家育成のための，新たな重点的助成政策が打ち出された。

2011年1月，党中央・国務院は1号文件において，「水利改革と発展を促進する問題にかんする決定」が明示された。総合的な水利政策の作成・実施の重要性を示すとともに，国家戦略として食糧安全保障のために農業水利施設の建設の重要性が示され，干ばつなどによる被害の軽減のために水利建設への公共投資を増やし，水利にかかわる一層の改革をすすめ，適切な水利管理体制の構築の重要性が示された。また，農業用水の節水のために「2011年から2020年の国家農業節水要綱」が策定され，節水・灌漑技術の普及の重要性が示され，そのための国家的助成の方針が明示された。

一連の農業政策の結果，2012年の食糧生産量はほぼ6億トンに増大した。ただ2000年代における国民の所得の向上，食生活の高度化に伴う食糧需要の増大のために，飼料を中心に輸入量も増え続け，食糧輸入量はほぼ7,200万トンに達し，食糧自給率は90％を割り込んだ。

D．習近平政権下の基幹的食糧自給政策

2013年12月，胡錦濤政権を引き継いだ習政権は中央経済工作会議において，

「国家の食糧安全を確実に保障する」と，自国の食糧は自国産の食糧で賄うという従前の食糧安保論の基本姿勢を確認しつつも，「生産能力を確保し，適度に輸入し，科学技術を支えとする食糧安全保障戦略を実施しなければならない」という基本方針を打ち出した。

ここで注目すべきは「適度に輸入し」という文言だ。これは，一定量の穀物輸入を前提としたうえで，中国の食糧安全保障を考えるべきだということを意味しよう。従前の「食糧自給率95％」堅持政策の転換を示唆するものでもあろう。

同月に開かれた中央農村工作会議では，「直接消費する食糧は自分たちに頼り，国内資源を重点作物に集中的に使い，穀物の基本的自給と直接消費する穀物の絶対的安全を確保する」という基本方針が打ち出された。

ここで注目すべきは「直接消費する食糧」という概念を明確に打ち出した点であろう。中国人が直接的に食べる食糧とは，米と小麦を意味しよう。食糧の根幹となる，いわゆる主食の概念を意味しよう。直接的には食べない食糧，つまり家畜のエサとなる飼料穀物や大豆などの油糧種子は，基幹的食糧から厳格に区別されたことを意味する。トウモロコシや大豆は輸入に依存したとしても，主食となる米や小麦を自給することができれば国の安全は確保されるという，いわば「主食安全保障論」に政策目標が変化したということであろう。

ただ，このような政策目標の変化は，現状追認の変化でもあろう。もはや，大豆やトウモロコシを含めた食糧自給率は95％を下回った状態が続いているのだから。所得の上昇に伴う食生活の高度化のなかで，食肉・油脂の需要が増大し，国内産のみでは対応しきれない現実が常態化しているからでもある。

習政権は，グローバルな自由市場のなかで経済大国化し今後もますます大国化するであろう中国の国益を総合的に斟酌したうえで，すべての食糧にわたって包括的な自給政策をとるよりも，基幹的食糧に限って自給するといういわば選択的食糧自給政策をとる方が中国経済全体の発展強化にとって結局はプラスになると判断したのであろう。

習政権下の政策で特徴的なことは「城鎮化政策」であろう。これは，農村部

の都市化政策を意味する。農村部に工場を積極的に誘致し，兼業化によって，農家の所得水準を引き上げ，都市的高層マンションを建設し，都市的生活スタイルを浸透させようというものである。封建的遺物でもあろう前近代的な農村戸籍の廃止ということも政策に含まれる。農家所得の増大のために，都市部への出稼ぎも積極的に認めるようになった。

3．近年の食糧需給の推移

　近年における中国の食糧需給はどのように推移してきたのか。どのようなメカニズムが働いて，供給以上に，需要が拡大したのか。本節では，阮蔚「中国における食糧安全保障戦略の転換」(2014年) を主要参考資料として，この点についてより詳しく見ていく。

　2001年に世界貿易機関（WTO）に加盟した中国に対して，外資の直接投資が急増する。外資の輸出型工場の進出によって，雇用，輸出が急拡大し，経済成長が加速し，個人所得も都市部を中心に急激に伸びた。食への家計支出が増え，食糧需要が拡大した。中国政府が食糧余剰の解消に追われていた時期に，皮肉なことに，食糧需要の増加ステージが始まっていた。2003年の不作に鑑み，政府は2004年から再度，食糧増産のアクセルを踏み，2004年から2013年まで連続10年の増産となった。米，小麦，トウモロコシ，大豆の4大品目の総生産量は2004年の3億6,321万トンから，2012年には4億8,246万トンに増え，年平均伸び率は3.6％に達した。

　4大品目の純輸入量（輸入量－輸出量）は1990年代においては，半分以上の年でマイナス，すなわち輸出超過だった。不作の2003年においても，純輸入量は31万トンに過ぎなかった。ところが2004年の純輸入量は2,358万トンと，ほぼ8倍に増えた。その後も増え続け，2012年には6,763万トンになっている。2004年から2012年の間の純輸入量の年平均増加率は実に14.1％に達し，同期間の生産量の伸び率3.6％のほぼ4倍にもなった。

　見なし食糧総消費量（生産量＋純輸入量）は2000年の3億4,842万トンから，

2004年には3億8,679トン，2012年には5億5,009万トンと，2004年から2012年の間に，1億6,330万トンも増大した。同期間の年平均増加率は4.7％になった。在庫率やロスを捨象すれば，見なし食糧総消費量を分母とし，国内生産量を分子とした割合が「見なし自給率」となる。この自給率を計算すると，2003年には99.9％であったのが，2004年では93.9％となり，その後，漸減していき，2012年には87.7％になった。

　品目別にみると，輸入超過になったのは最初は大豆であった。2010年にはトウモロコシ，2012年には米も輸入超過に転落した。2012年の純輸入量は，大豆が実に約5,700万トンになった。同トウモロコシが512万トン，小麦が369万トン，米が207万トンであった。

　食糧輸入量の大きさを金額ベースで見よう。2000年の中国の農産物貿易収支は約54億ドルの黒字であった。2007年まで，黒字を維持した。翌2008年に一気に118億ドルの赤字に転落した。2012年には，赤字額が311億ドルに膨らんだ。2012年の中国の総貿易収支は約2,300億ドルの黒字であったので，そのほぼ14％の金額の赤字が農産物貿易によって生じた。これが中国にとって不安材料になるのは，総貿易収支は2008年の約3,000億ドルをピークに減少している点だ。

　中国の1人当たり国内総生産をみると，2000年の945ドルから，2010年には4,422ドルと，2000年比で4倍以上となった。2012年には6,071ドルに増大した。個人の所得上昇による食の高度化の第1ステップは油脂需要の増加となってあらわれる。第2ステップは食肉需要の増加だ。中国の1人当たり食肉消費量は1990年代末に日本を上回り，2008年には韓国を抜いた。

　食肉の消費水準を，都市部と農村部に分けて見てみる。まず，都市部の1人当たり食肉年間消費量（家庭内消費のみ）は1990年に25.2キロ，2000年に27.4キロだったが，2010年には34.7キロに増えた。2012年には35.7キロになった。2000年から10年間の増加幅は7.3キロで，90年代の3.5倍にもなった。都市部では外食の比率が高いことを考えると，都市住民の食肉の消費量はさらに大きいと思われる。

中国の都市人口は2000年の約4億5,900万人から2012年には7億1,200万人へと，2億5,300万人も増加した。都市化率は上昇し続けており，2012年の都市化率は52.6％になった。農村労働力は1990年代以降，工場や建設現場の労働者やサービス業従事者となって，大量に都市部へ流出した。今後もこの傾向は続くと思われる。一方，農村部の1人当たり食肉消費量は1990年の12.6キロから，2000年の18.3キロ，2010年の22.2キロ，2012年の23.5キロと増えたものの，2000年からの増加量は3.9キロにすぎず，同期間の都市部の伸び7.3キロを大きく下回っている。これは逆に，今後農村部で所得スピードが速まれば，農村住民の食肉消費量がさらに拡大する余地が大きいことを示す。

　中国の食肉消費のうち，豚肉の割合は低下してきたものの，2012年に依然として60％以上を占める。一般に豚肉1キロを生産するのに4キロの飼料が必要とされる。この比率に従って都市部1人当たりの年間豚肉購入量だけで計算すると，2000年から2012年の間に，年間18キロの穀物が豚肉の形で消費増となる。都市部1人当たりの穀物購入量は2012年時点で78.8キロであり，2000年に比べて1人当たり3.5キロの減少であるが，購入した豚肉の生産に費やされた穀物分を加えると，逆に14.5キロの穀物消費増につながっていることになる。そして，この新規の増加した飼料穀物の相当部分が輸入に頼るようになった。特に家畜飼料の油糧種子絞りかす，つまり大豆の大幅輸入をもたらした。

4．食糧自給政策を放棄した要因を探る

　食糧自給にかかわる政策の変更を明確な形であらわにしたのは，習近平政権だが，なにも唐突に政策転換したわけではない。その伏線を前政権に読み取ることができる。政策転換の背景として，対米経済摩擦，水不足，砂漠化の3要因が考えられる。グローバル経済が進行するなかで，中国経済全体の発展ならびに国土の保全を考えて，完全食糧自給政策に拘泥することは得策ではないと判断したものと推察される。ここでいう「食糧自給政策」とは江沢民政権下で

打ち出された「食糧自給率95％堅持」の政策姿勢を意味する。

A．対米経済摩擦

　中国の食糧自給政策転換の遠因として，対米経済摩擦問題が根底にあることは間違いないであろう。1970年代および80年代に日本が経験した対米貿易不均衡問題と類似的な問題が，中国がWTO加盟した2000年代，米中関係で発生した。顧みれば日本はそのプロセスにおいて，食糧大国・米国から大量の飼料や肉を輸入するようになり，食糧自給率は急速に低下していった。不均衡是正のための米国の強烈な圧力[1]があったことは言うまでもない。いわゆる高度経済成長期に日本の対米黒字が膨らむなかで，日米摩擦は繊維製品からはじまった。中国も同じだ。

　中国の2001年のWTO加盟に伴い，米国は29品目の繊維製品の対中輸入を自由化した。2002年のこれら製品の対中輸入は実に前年比117％増の18億ドルと急増した。特に，ニット生地，ブラジャー，バスローブはそれぞれ，前年比220倍，2.5倍，5.6倍にもなった。中国からの輸入繊維製品の急増にたいして，米国の繊維製造業者は苦境に立たされた。米国商務省は，中国の繊維製品の集中豪雨的輸出が米国の繊維製品市場を混乱させていると，中国を非難した。米側は，中国はWTOのルールに反した不公正な競争を仕掛けたために，繊維業者がつぶれ，雇用が奪われたと主張した。商務省は中国政府に，繊維製品をめぐる2国間交渉を要請するとともに，ニットシャツ，ブラウスなどにたいしてセーフガード（緊急輸入制限）を発動した。

　胡錦濤政権は，日本がそうであったように，米国の提案による中米2国間経済協議に応じるとともに，米国製品買い付けのための大型ミッションの派遣など，摩擦を和らげる諸措置をとった。たとえば，米国からの航空機の購入や大豆の輸入であった。中国の大豆買い付けという情報が市場に漏れるやいなや，シカゴ商品取引所の大豆相場は急騰した。中国の大豆調達スタッフがシカゴにあらわれた2004年3月，大豆相場は2003年末のブッシェル当たり7ドル台から10ドル台に跳ね上がった。思い返せば，1970年代初頭，日米繊維摩擦が激

化するなか，時の田中政権はロッキード社から何台もの航空機を購入した。米国産大豆やトウモロコシの買い付けも行った。折からのソ連・インドなど世界的凶作も重なり，国際穀物市場が高騰した。米系穀物メジャーは大きな利益を得た。

貿易摩擦が深刻化するなかで，米議会は中国政府に圧力を及ぼす議案を次々と成立させた。2005年5月3日の「対中交渉が不調な際に適切な措置を講じる法案」，これは27.5％の報復関税法案だ。同月15日の「公正通貨執行法案」，これは為替操作国にたいする強制措置を執行できる法案。同年4月6日の「中国通貨法案」，これは為替操作による安価な中国製品への報復関税をかける法案。同年5月17日の「為替レート是正および公正貿易執行法案」，これはWTOのルールに基づいて報復措置をとることができる法案などなどを矢継ぎ早に成立させた。

繊維製品の摩擦は事のはじまりにすぎなかった。摩擦の範囲は，タイヤ，鋼管，太陽電池などに拡大していく。米国が最も神経をとがらせているのは，映画や音楽などの違法コピー，商標権侵害などの，いわゆる知的財産権侵害問題であろう。米通商代表部は「スペシャル301条」で規定される知的財産権侵害行為の最優先監視国に中国を指定するとともに，2007年4月には中国をWTO提訴した。

B．水不足問題

前述したように，胡錦濤政権は「2006～2010年の第11次5カ年計画」において，灌漑施設の整備を含む水利政策の強化方針を打ち出した。

第11次5カ年計画が終了した翌年の2011年には，水不足問題を解決するため，党中央・国務院は1号文件において，干ばつ防止のための総合的水利政策の重要性を明示し，「国家農業節水要綱」を策定し，節水対策のための国家的助成政策の強化を打ち出した。

もとより中国農業の歴史は干ばつとの戦いでもあった。近年では，特に黄河下流域では，1990年代に，断流問題が顕在化した。「断流」とは河川の水流が

完全に絶えることである。1972～1999年の28年間において，1973，1977，1984，1985，1986，1990年の6年以外，断流現象は，22年，回数では合計92回，日数では1,050日にのぼった。年代別にみると，70年代が6年間，80年代が7年間，90年代が8年間と，断流発生の年数が年代ごとに増えた。70年代の平均断流距離は242キロメートル，80年代は256キロメートル，90年代は426キロメートルであった。

日本では考えられないような驚くべき水枯れであった。筆者は食糧自給政策転換の背景には，断流による干ばつの恐怖があると考える。つまり干ばつに襲われたときのセーフガードとして一定量は輸入した方がベターだと判断したのだろう。黄河の断流問題を詳しく見よう。

1972～1996年において，黄河の断流によって農業の干害を受けた面積は496万ヘクタール，食糧の減産量がほぼ99億キロ，食糧減産の経済損失は122億元（1,952億円），都市と農村部のそれ以外の損失が146億元（2,336億円），合計268億元（4,288億円）である。損失の内訳は，70年代がほぼ8％，80年代が11％，90年代が81％を占め，90年代の損失が顕著であった[2]。

断流によって，本流のみならず支流も枯れ，地下水位が低下した。黄河の断流現象によって，黄河周辺の土地は乾燥し，砂のようになり，土壌の肥力が低下する。そうして，大量の土砂が河道に沈積し，河床を上昇させる。たとえば開封市では河床が一般の道路よりも高くなった。加えて，断流によって，黄河水が汚染物に対する希釈と浄化の能力は低くなり，静水面を通して，蒸発する汚染物の濃度が増加した。農産物の生産によくない影響を与えた。

黄河は中国で2番目に長い河川であるが，地表流量が非常に少ない。1965年から，引黄灌漑は再開して，引水量が増加した。当初は，農業灌漑用水が主体であったが，70年代の改革開放政策以降，農業用よりもむしろ，都市及び工業用が大幅に増大した。現在，2万ヘクタール以上の灌漑区の引水能力が3,100立方メートル／秒に達し，黄河の平均天然流出流量である1,800立方メートル／秒を大幅に越えた。黄河周辺部の都市の膨張と企業活動の増大とともに，都市および工業用の年平均引水量は60年代平均の3億立方メートルから，

1990年代にはほぼ22億立方メートルに増大した。天候要因も考えられるが，人為的な要因も作用して，断流が発生したことは間違いないであろう。

　胡錦濤政権下の水利政策ならびに節水政策の強化が功を奏したのか，幸運にも，ここ十数年の間，「断流」のような極限的な水不足は発生していないが，地球温暖化など気候変動のいかんによっては，いつまた発生するかもわからない。黄河流域の工業化，都市化は今後さらに進展するであろう。生活水準も向上し，水需要はさらに増えるであろう。近年では，黄河流域に比べて比較的水資源があるとされる揚子江流域においてさえ干ばつが発生している。揚子江流域においても，工業化・都市化に伴い，水需要が急増している。中国全体として，水不足はいっそう深刻化し，農業灌漑用水の利用もさらに限定されたものにならざるを得ないであろう。

　習近平政権下において，黄河流域の水不足問題を解決するために，懸案の「南水北調プロジェクト」の一部の水路建設が完成した。南の揚子江から北の黄河流域に3本もの水路で結合する壮大なプロジェクトだ。揚子江の江蘇省から黄河下流域の山東省へのほぼ1,400キロメートルにわたる水路建設，すなわち東線第1期工事が，また，湖北省の丹江口から北京および天津まで約1,400キロメートルの中線第1期工事が完成した。上流域のルート西線は今のところ計画のみで建設される見通しはない。だが，南水北調プロジェクトも，中国の水不足問題を根本的に解決し得るものではないだろう。なぜなら前述したように揚子江流域においても干ばつが発生しているのだから。

　レスター・ブラウンもレポート『誰が中国を養うのか』の5章において「深刻化する水不足」と題して中国とくに黄河流域の水不足について次のように警告を発している。20世紀半ばまで，中国の水供給は需要との比較で豊富だった。地表水と地下水を合わせると，中国5億人の必要を満たすのに十分であった。しかしその後，水使用量は6倍に増えた。その背景にあるのは，人口の増加，灌漑の拡大，工業化などである。中国の広範な地域が水不足に悩んでいるのは河川や地下帯水層の持続可能な水供給レベルを需要が越えてしまったからだ[3]。ブラウンは「フード・セキュリティ―だれが世界を養うのか―」(2005

年)においても,中国を含む世界の水不足ならびに砂漠化の深刻化の問題に強い警告を発した。

C. 砂漠化問題

　胡錦濤政権下の「2006～2010年の第11次5カ年計画」においては,植林面積の拡大,砂漠化防止などを内容とする国土保全のための「生態環境改善政策」も策定され,特に深刻化しつつある砂漠化対策が重点的施策として位置づけられた。森林率は2005年の18.2％から2010年には20％に高めるという数値目標が設定された。

　砂漠化問題の背景には,いわゆる過放牧,過伐採,過耕作,つまり行き過ぎた森林の伐採,家畜の放牧および開墾・耕作が大きな要因であることは疑いないであろう。2010年時点で,中国で砂漠化した面積はすでに約170万平方キロメートルに及び,中国全土の約12％に拡大し,ゴビ砂漠は北京にまで迫ってきているという。中国政府にとって砂漠化を食い止めることが喫緊の課題となっている。

　かつて江沢民政権下で辣腕をふるった朱鎔基首相は,「いま,砂漠化の問題に取り組まなければ,35年後には我々は首都を移転しなければならなくなる」と砂漠化問題の重大さを早くから認識していた。1999年には,朱鎔基主導下で砂漠化防止のために「退耕還林プロジェクト」が打ち出された。「退耕還林」政策とは,水土流出の深刻な耕地や放牧地を林地に転換するという政策であり,その目的達成のために農家に助成金を給付するという政策だ。そうして「2001年～2005年における第10次5カ年計画」において,ほぼ870万ヘクタールの耕地や放牧地にたいする植林事業が計画され遂行された。だが砂漠化の進行を食い止めることはできなかった。

　深刻な事態が続くなかで,2013年3月12日,全国人民代表大会と中国政治協商会議において,北京市は,緑化のための植林事業を一層強力に推進することを決定するとともに,「北京・天津風砂源整備プロジェクト第2期工事計画(2013－2022年)」の内容を発表した。プロジェクトへの投入資金は約1兆4,000

億円に及ぶ。また2013年科学技術事業の執行にあたり，「首都青空十年行動計画」の始動を打ち出した。

砂漠化問題は黄砂問題[4]やPM2.5の問題とも関連していることも見落としてはならないだろう。これらの問題は中国の国内問題のみならず国際問題にもなっている。黄砂やPM2.5は偏西風に乗って日本にも降り注ぎ，少なからぬ被害をもたらしている。建物や車，洗濯物などに黄砂が付着して汚染される被害が日本海側を中心に2月から4月にかけて現れる。また，視界が悪くなって航空機が欠航するようなこともある。黄砂・PM2.5の影響でアレルギー反応が引き起こされる場合もある。特にPM2.5は微細で重力が小さいために長期間大気中を浮遊し，地球規模の移動をするとされる。

5．おわりに

筆者は冒頭に，習近平の食糧戦略を含む国家戦略は何なのかという問題を立てたが，この問題にたいする仮説を提示して，本章の結びとしたい。

習近平政権にとって，食糧の確保は1つの手段にすぎない。狙いはもっと大きなところにある。中国は8世紀，唐の時代，世界文明の中心であった。いわゆるシルクロードでつながっていたローマ帝国に優るとも劣らない文明があった。習近平の究極の狙いはその再現であろう。その目的を成就させるためには，効率良く，土地，労働，資本など諸経済資源を活用し，国際的競争力を高め，成長率の低減を最小限に食い止めて，経済力をより一層増強しなければならない。

習政権は食糧自給政策を放棄し，基幹的食糧（主食）自給政策へ転換した。飼料穀物や油糧種子は輸入に依存する政策を選択した。世界文明の中心としての超大国中国の復活のためには，今まで以上に，限られた諸資源を農業分野から非農業分野に振り向ける必要がある。ただ食糧安全保障の観点から，飼料穀物といえども無条件で，思慮，もっといえば戦略もなく海外に依存することは当然ながら危険である[5]。飼料穀物を海外に依存して，それが大きな原因と

なって国が崩壊した旧ソ連の教訓がある。旧ソ連は飼料穀物を輸入する代金としての米ドルがなくなって奈落の底に落ちた。

　今のところ中国は輸出によって米ドルやユーロなど貿易黒字で外貨を蓄積しているが成長率の鈍化・黒字の漸減のなかで中長期的にはどうなるか不安である。この不安を解消するにはどうすればよいか。手段はないのか。ある。人民元を世界に通用する通貨に育てればよい。習政権が人民元の国際化戦略をもっていることは間違いない。そういう動きを着々と打ち出している。ロシアを含めて世界各地で，食糧の開発輸入という動きをみせている中国でもある。人民元を国際化すれば，開発輸入という面でも大きなプラスとなる。米国に次ぐ経済大国になった中国は内政外交に種々の問題をはらみながら国際金融の分野においても存在感を示しつつある。

　「2008年のリーマン・ショック（金融危機）後，米ドルの信認が一時揺らいだのをうけ，中国は人民元を国際的な貿易や投資の決済通貨として普及させる方針を推進してきた。中国企業の為替リスクを減らすとともに，米ドルへの過剰な依存を避ける政治的な思惑も働いている」「世界全体に占める人民元のシェアは2014年10月時点で1.59％。日本の2.91％より低いが，差は縮まりつつある。人民元の取引拠点になることが，東京が国際金融センターとして成長するための条件になるとの見方もある」[6]。

　中国は大きな国土をもつが有用な農地資源は限られており，水資源問題・砂漠化問題等も顕在化している。レスター・ブラウンが『誰が中国を養うのか』で指摘したとおりだ。だが，隣国に大きな農地資源が眠っている。ロシア極東だ。化石燃料をはじめロシアには多大な資源がある。中国経済の一層の発展にとって，ロシアの化石燃料はエネルギー安全保障の観点からも必要不可欠だ。ロシアには資本，労働力が不足している。中国にはある。中露は，国際金融面でも，戦略的互恵関係を強めていくであろう。中国は米欧が作り出した世界銀行，国際通貨基金（IMF）等に代替する国際金融システムを着々と構築しつつある。

　今や欧米諸国から，特に「自由と民主主義」を標榜する米国から「中国異質

論」が発せられるなか，その論に臆することなく米欧とは違った世界的枠組みを積極的につくりつつある国家資本主義的性格をもつ中国だが，米国とどう対峙し，世界がどう動くのか，目が離せない。「日本異質論」が発せられるたびに，委縮・譲歩をし続けた日和見的な，いわば商人資本主義的性格を内在する受動的島国・日本とは違って，中華思想を有し，プライドの塊のような権威資本主義的能動国家・中国はますます異質な動きを強めてゆくであろう。かえりみれば世界4大文明のなかで生き残っているのは中国のみだ。数千年の歴史を誇る中国の世界的影響力はいっそう強まるであろう。

【註】
（1）米国のジャーナリスト，J・ボバードは，「公正貿易」の概念を振りかざして，貿易相手国に圧力をかけ，処罰を与えようとする米国政府のやり方を「知的詐欺の一つだ」と次のごとく指摘する。米国の政治家が「公正貿易」を要求すればするほど，米国の貿易政策は不公正になる。政治家は非能率で競争力のないが政治力のある繊維，鉄鋼，自動車などの産業部門のご機嫌をとり，「公正貿易」なる概念を振り回して貿易相手国を一方的に非難する。たとえば1986年，米国政府はタイ政府の自国コメ生産者にたいする補助金政策を非難し，相殺関税を課したが，実は米国政府は自国コメ生産者にたいして，何十倍もの補助金を提供していた。1988年米国議会は，世界で不公正な貿易をしている国のリストを厳粛に発表することを米通商代表部（USTR）に義務づけた条項であるスーパー301条を生み出した。スーパー301条は米国政府を，世界のすべての国の貿易政策に関する判事，陪審員，そして刑執行人に仕立て上げた。1989年4月，USTRヒルズ代表は「日本当局は問題になっている慣行を改善するための行動をすぐさま起こすのでなければ，米国は日本にたいして報復措置をとる」と発表した。ヒルズは，産業ロボット，レーザー設備，超音波ハンダ機械，電話交換機，半導体ダイオードなどの日本製品のリストを発表した（佐藤英夫訳（1992）『アメリカ貿易は公正か』日本経済新聞社）。
（2）河南大学黄河文明と可持続発展研究センター（2009）『黄河開発と治理』，346−361ページ。
（3）レスター・ブラウン，今村奈良臣訳（1995）「誰が中国を養うのか」『ワールドウオッチ研究所レポート』ダイヤモンド社，73ページ。
（4）レスター・ブラウンは中国からの飛砂問題を1990年代半ばにレポート『誰が中国を

養うのか』の姉妹編『飢餓の世紀』で，すでに以下のように警鐘を鳴らしている点を指摘しておきたい。ハワイのマウナロア観測所で大気中の二酸化炭素（CO_2）濃度を測定していた科学者たちは1970年代に空気試料中の塵の分析を始めた。その結果，資料中の微小な塵はアジア大陸から飛んできた土壌粒子であることが判明した。塵の含有量は毎年 3 ～ 5 月に最大値に達することが判明した。これは北アジアの半乾燥地帯で，強い風が吹き，雨が少なく，畑が耕される時期と一致している。中国の農業地帯から太平洋に飛来する土壌粒子は，地球の農業維持基盤が傷ついていることを示す多数の実例の 1 つにすぎない（レスター・ブラウン他，小島慶三訳（1995）『飢餓の世紀』ダイヤモンド社，140ページ）。

（5）この点つまりタンパク質供給面での危険回避について指摘すべきは，近年における中国の水産政策の強化だ。海洋進出による水産物生産の増強によるタンパク質需要の充足という政策だ。今や中国は世界第一のダントツの漁獲量を誇る。世界の海に進出する遠洋大国となった。ブラウンが『誰が中国を養うのか』で中国脅威論を展開する以前の中国の漁獲量は日本と同程度であったが，その後急増し，2010年にはほぼ1,600万トンに達し日本の420万トンを大きく超え，その世界シェアは18％になった。同期間に養殖漁業生産量も激増し同年の生産量は実に4,800万トン，日本の120万トンの40倍に達し，世界の61％を占めるまでになった。筆者は2013年12月に中国にいく機会があった。上海，南京，杭州，チンタオなど，各地で食事をして強い印象をうけたことは，豚肉の料理がやはり多かったけれども海鮮料理も大流行だった点だ。特に食べ放題の海鮮鍋料理店は家族連れで大繁盛であった。水産物はコレステロールが少なく健康にも良いということに庶民も気付いたようであった。漁港には遠洋型の大型漁船がたくさん並んでいたことも印象に残った。もとより唐の時代，中国は強力な海洋国家でもあった。唐の海軍によって倭国の海軍は白村江で壊滅した。水産資源開発を含む海洋進出は超大国中国復活のための中国の国家戦略でもあろう。なぜなら世界の海と空を支配することが超大国の要件なのだから。小笠原海域に大挙してサンゴをとるために到来した中国の大型漁船の群れの出現は，近年における中国の水産政策の強化が背景としてある。

（6）2014年12月30日付け『日本経済新聞』。

参考・引用文献

河南大学黄河文明と可持続発展研究センター（2009）『黄河開発と治理』，346－361ページ。

河原昌一郎（2008）「カントリーレポート　中国」『平成19年度カントリーレポート　中国，韓国』農林水産政策研究所。

阮蔚（2014）「中国における食糧安全保障戦略の転換」『農林金融』No.2，農林金融総合研究所。

阮蔚（2014）「農地集約で穀物自給を目指す中国」『農林金融』No.8，農林金融総合研究所。

厳善平（2010）「特集 中国経済:持続成長の課題」『経済セミナー』8・9月号，日本評論社。

陳友駿（2008）「アメリカの対中国反ダンピング措置」『アジア研究』Vol.54，No.3，アジア政経学会。

藤井あゆみ他（2004）「中国北部水資源問題の実情と課題」『JBICI Research Paper No.28』開発金融研究所。

細川隆雄編（1995）『食糧・資源・環境問題へのアプローチ』創成社。

馬田啓一（2012）「オバマ政権の対中通商政策―激化する米中貿易摩擦―」『国際貿易と投資』No.88，国際貿易投資研究所。

レスター・ブラウン（1995）「誰が中国を養うのか」『ワールドウオッチ研究所レポート』今村奈良臣訳，ダイヤモンド社。

『中国統計年鑑』中国統計出版社，各年版。

「中国の砂漠化問題 」ja.Wikipedia.org/wiki/（2014年10月3日アクセス）。

（細川隆雄・関　永健）

プーチン政権下の農業政策と農業発展可能性
―ロシア農業の発展可能性も東部にあり―

1. ロモノーソフの洞察

　ロシア帝政時代の啓蒙思想家ミハイル・ロモノーソフ[1]は，つとに，「ロシアの力はシベリアによって発展するだろう」と洞察，予言した。ロモノーソフはほぼ300年前に，ロシア経済の発展要件として，シベリア・極東を含むロシア東部地域の開発の重要性を看破した。ロシアの発展は東部にあることを認識した。

　思想家としての彼の興味は多方面にわたる。経済面ではなかんずく鉱業に関心をもっていた。彼は冶金工場の立地問題について研究を行い，冶金工場立地の要因として，鉱石埋蔵量の規模，燃料及びエネルギー，輸送手段の3要因をあげ，特にウラルおよびシベリアの冶金工場の立地のためには，輸送手段のみならず，電力源および工業用水としても機能する河川の有無が第1要因であるとした。彼はこの3要因のほかに，労働力も重要な要因と考えて，労働力の適正配置という考え方を提示し，労働力移動問題にも興味を示した。ロシア経済が発展するための産業立地のあり方，ロシア東部の開発問題に大きな関心をもっていた[2]。驚くべき先見性であった。

　大陸国家ロシアは，17世紀に，西欧列強が，スペイン，ポルトガル，オランダ等が，海に向けて国力を発展させようとした時期に，大国志向のピョートル大帝[3]は「ロシアの発展可能性は東にあり」との考えのもとに，いわゆるシベリア開発を強力に推進した。東の大地には膨大な土地資源，天然資源が眠

っていた。帝政ロシアは大国・清と抗争しつつ，19世紀半ばにはアジア極東にまで領土を広げ，太平洋を南下し，ウラジオストクを開発拠点とし，幕末の日本にも食指を伸ばした。20世紀の初頭，シベリア横断鉄道の敷設とともに，特に黒土が広がるシベリア南部の農業開発に成功し，シベリア南部は穀倉として機能するようになった。それに比べて，欧州ロシアから見て辺境にあたるロシア極東の農業開発は依然として大きく遅れている。

本章の狙いは，ロシア農業の発展可能性を，農業発展の潜在力を十分に持っている極東地域に求めようとするものである。およそ農業発展の要件は何か，土地，労働，資本，技術であろう。これらの面で，ロシア極東農業は今日，どのような状況に置かれているのかを見たうえで，その潜在力が高い点，潜在力に比して開発が遅れている点を検証するとともに，その発展可能性を探る。

2．ロシア農業は今どのような状況にあるのか

A．ロシア農業の今日的状況

ロシア極東農業をみるまえに，まずはロシア農業全体の推移を概観しよう。社会主義政権下のロシア農業は生産性が低く，生産組織・経営方式においていろいろな問題[4]を抱えていた。社会主義政権崩壊後，エリツィンの大混乱期を経て，世界の農産物市場の厳しい競争のなかで，農業改革も徐々にではあるが進展し，親方赤旗的な経営方式あるいは非効率的な生産組織は，ある程度改革され，生産性を向上させ，穀物の輸出余力を持つまでになった。

ソ連崩壊後，ロシア農業は紆余曲折を経て，最悪期を脱し，エリツィン後のプーチン新大統領のもとで2000年以降，比較的安定的に推移するようになる。ロシア統計年鑑によると，穀物生産量は1999年にほぼ5,500万トンであったが，2001－2005年平均で約7,900万トン，2006－2010年平均で8,500万トン，2011年には約9,400万トンに増大した。ただ2012年度は天候不順の大干ばつで7,100万トンに激減した。1ヘクタール当たり穀物収量も1996－2000年平均はほぼ15ツェントネル（1,500キロ）であったが，2001－2005年平均では19

ツエントネル，2006－2010年平均では21ツエントネルになり，農業生産性も一応の上昇をみせるようになる。ちなみに野菜の単収も同144ツエントネル，159ツエントネル，185ツエントネルになる。ジャガイモの単収も同105ツエントネル，113ツエントネル，129ツエントネルになった。テンサイも同177ツエントネル，241ツエントネル，309ツエントネルに上昇した。

　畜産部門は2000年以降，耕種部門ほど顕著な成長は認められない。畜種ごとに，まだら模様といえる。有角大家畜飼育頭数は1996年，2000年平均でほぼ3,000万頭であったが，2001年，2005年平均は2,450万頭，2006年，2010年平均は2,080万頭という具合に，ソ連崩壊後の減少傾向に歯止めがかかっていない。豚飼育頭数は同1,750万頭，1,520万頭，1,650万頭と，減少傾向にどうにか歯止めがかかった。羊・ヤギ飼育頭数は同1,740万頭，1,690万頭，2,130万頭と，明確に底を打ち，増加に転じたとみて良い。家禽飼養羽数も同3億5,500万羽，3億4,200万羽，4億800万羽と，底を打ち増加に転じた。

　ミルク生産量は同3,400万トン，3,300万トン，3,200万トンと減少傾向がつづく。卵生産量は同320億個，360億個，390億個と増加に転じた。羊毛生産量は同5万3,000トン，4万5,000トン，5万3,000トンと，低迷している。もっとも家畜の生産性は全体的に上昇している。一乳牛当たりミルク搾乳量は2000年には2,730キロであったが，2005年には3,180キロ，2010年には3,780キロ，2012年には3,900キロに増えた。1羽当たり産卵量は同，264個，301個，307個，306個になった。1頭当たり年間増体重は，牛が同，114キロ，128キロ，144キロ，147キロに上昇した。豚も同，114キロ，155キロ，179キロ，192キロに上昇した。ただ羊の1頭当たり刈毛量は同，3.1キロ，3.0キロ，2.6キロ，2.6キロと減少した。家畜の生産性向上に関しても，まだら模様だ。

　このように畜産部門に比して穀物部門は比較的順調に推移している。ソ連時代にあっては，ソ連は少なからぬ穀物を輸入していた。ソ連崩壊後，穀物輸入量は減少する一方，輸出量は着実に増えている。崩壊前1990年の穀物輸入量はほぼ1,700万トンであったけれども，プーチン農政下の2000年には輸入量は

470万トン，2005年には150万トン，2010年には40万トンに減少した。干ばつ等の影響で不作になった2012年にはさすがに穀物輸入量は120万トンに増えた。一方，穀物輸出量は同，200万トン，130万トン，1,220万トン，1,390万トン，2,250万トンに激増した。プーチン政権下においてロシアは穀物輸出国としての地位を確立した。

　食肉需給についてみると，2000年以降，食肉生産量は屠体重で，2000年はほぼ445万トン，2005年は497万トン，2010年は717万トン，2012年は809万と増大しているものの，崩壊前1990年の1,011万トンを20％も下回っている。穀物輸入国から輸出国に変容したプーチン政権下のロシアだが，畜産部門の回復が遅れるなかで，肉類の輸入は増大傾向にある。1990年の食肉輸入量はほぼ154万トンであったが，2000年には210万トン，2005年には309万トンに増えた。2010年には286万トン，2012年は271万とやや輸入量は減ったものの，食肉の輸入量は依然として高い水準にある。ミルクの輸入量も800万トンの高水準が続いている。

　ロシア農業のアキレス腱は畜産部門にあるとみて良い[5]。ややデータは古いが，たとえばロシア養豚部門の国際的にみた比較劣位性についてアントン・ドブシンスキーは次のように述べる。

　ロシア国内市場に，外国産の安価な豚肉が流入している。外国産の豚肉は補助金付きで輸出されており，ロシア産に比べるとかなり値段が安い。ロシア農業省のデータによれば，2006年5月現在，輸入豚肉価格が75ルーブル／キロであるのに対し，国内産価格は95ルーブル／キロである。同年6月1日には，ロシア産豚肉は98ルーブル／キロにまで上昇した。豚肉の内外価格差の拡大がロシアの養豚部門の発展を阻害している。ロシアの養豚部門は国際競争力を持つことが可能であるし，またそうあるべきである。さらには豚肉輸入国から豚肉輸出国に変質すべきである。今日的市場条件下において，養豚部門が発展するためには，飼養技術の改善，生産のより一層の専門化，インテグレーションに基づく集中化，等が必要である。これらのプロセスが順調に進行すれば，ロシアの養豚業は国際競争力をもつことができる。飼養技術の開発，新技術に

よって装備された養豚場の建設のためには，大きな資金が必要となる。たとえばニジネゴロド州のボルスク地区において，肥育豚4万頭規模の養豚コンプレックスの建設の場合，借入金返却のために年間ほぼ1億7,500万ルーブルの費用が必要となり借入金の全額を支払い終えるのに9年半の期間が必要となる。この負担を軽減するために，プーチン政府は，金利負担の助成制度の充実を図っている[6]。

ドブシンスキーの指摘を待つまでもなく，ロシアでは養豚部門も含めて畜産部門の飼育技術が，欧米の畜産先進国に比べて低い水準にとどまっているということである。たとえばロシアの1頭当たり年平均搾乳量は近年上昇傾向にあるものの，2012年の数値はほぼ3,900キロの水準にとどまっている。畜産先進国では少なくても6,000キロを優に超える。飼料の質も悪く，したがって飼料効率も低水準にある。穀物の単収も低い。たとえば小麦の単収はヘクタール当たり2トン強であり，欧米先進国の70％水準にとどまっている。

ちなみに養豚部門の飼育技術の低さについて，ドブシンスキーは次のようにも指摘している。工業的豚飼育方法を適用すれば，ツエントネル当たりの労働および飼料コストは30％引き下げることができる。すなわち，労働支出は2.3人／時間，飼料支出については2.3ツエントネル飼料単位を節約することができる。また，母豚1頭当たり子豚生産頭数は，従来型の飼育方法の18頭に対して，22頭に高めることができる。1日当たり平均増体重は，従来型の飼育方法では720～730グラムであるが，工業的飼育方法では900グラムに高めることができる[7]。

B．近年のロシア農業政策の展開状況

ソ連崩壊後のエリツィン政権下における，盲目的な自由放任的市場化路線[8]によっては，農業部門も含めてロシア経済を安定的に発展させることは不可能であった。1999年12月，エリツィンは病気等のために引退を表明し，大統領代行として，後任にウラジミール・プーチンを指名した。翌2000年3月の大統領選挙で，プーチンは正式に大統領となった。2000年以降，プーチン政権

下において，エリツィン流の盲目的自由化路線と決別する。

　自国農業を守るための農業保護政策が明確な形で打ち出される。国際的市場競争に打ち勝ち，足腰の強い自国農業を育てるためには，国家による積極的な関与が必要であった。

　2001年には，「農業部門における利子補助金制度」が導入され，連邦予算に13億ルーブルの資金が割り当てられた。2001年のロシア経済全体の銀行融資総額は対前年同期比で2倍増であったが，農業部門にたいする銀行融資総額は同6倍増となった。2002年には，「農業商品生産者の財務健全化のための措置」が実施され，資金的に困難な状況にある農業企業を立て直すために，債務の帳消しあるいは支払の猶予を行った。

　2003年には，経営規模を拡大し国際競争力を高めるために，土地の流動化をすすめるべく「農地の流通についての措置」が実施され，農地の売買，賃貸，相続，抵当にかかわる権利が法的に整備された。対外的には2002年3月，自国の養鶏部門を守るために，米国産の家禽肉にたいする輸入禁止措置を実施した。2001年にロシアの家禽肉輸入量は2倍以上になった。その理由として米国産家禽肉が抗生物質および砒素の残留濃度に関するロシアの基準を満たしていないからとした。同年の輸入量ほぼ140万トンのうち100万トンが米国産家禽であった。同2001年に，欧州連合（EU），東欧およびバルト諸国からの畜産物輸入の禁止措置をとった。その理由としてEU諸国の畜産農家で口蹄疫が拡大しているからとした。同2003年には，食肉生産業者を守るために，食肉輸入割当制度を導入した。

　2006年には，「農業部門における燃料価格高騰にたいする補助金制度」が導入された。同年，「農業の発展についてのロシア連邦の法律」を採択し，農業政策の重要課題として，農業の生産現場である農村の社会水準の向上，農村住民の生活水準の向上を実現するために予算の増額措置を行った。またこの法律に基づいて2007年に，「2008〜2012年における農業の発展，農産物市場の規制にかんする国家計画」が策定された。この「国家計画」に基づき，農村地域の社会的発展・社会インフラの整備・生活水準の向上，農業部門の財政の健全

化，農業部門の一層の機械化，品種改良等生育技術の一層の向上のための予算増額措置がとられた。国家計画では特に畜産部門の増強が優先部門として位置付けられ，具体的には次のように明記された。

「2008〜2012年における国家的支援の措置は肉畜の主要家畜種における飼養頭数，ならびに伝統的な肉畜種である，鹿，馬，羊・山羊の飼養頭数の増強である。これら畜産部門の発展は，さまざまな食肉製品の拡大のみならず，北西地域およびシベリア・極東地域における伝統的な生活習慣，雇用を維持することにもなる。農業者にロシア産繁殖優良種の供給を保障し，輸入ものを減少させるためには，繁殖優良種の生産基地をつくることが必要である。畜産物生産の増大は耕種部門における飼料作物の需要を引き上げるであろう。飼料需要の拡大に応じるためには，耕種部門の効率化が必要となる。それは，耕種部門においてどれだけ優良品種を利用するかにかかる。総播種面積に占める地域気候条件に適合した新優良品種の播種面積の割合を，少なくとも10〜15％にまで高める必要がある。」

2012年5月，ロシア首相から再度プーチンは大統領になった。旧「国家計画」を踏まえて，同年7月に，「2013〜2020年における農業の発展，農産物市場の規制にかんする国家計画」を策定した。旧国家計画の実績を踏まえて，農業部門の発展政策が一層明確な形で打ち出された。すなわち，農業部門を国民に食料を保障する国家安全保障上の重要な環として位置付け，特に海外依存率の高い畜産物の自給率向上がより一層強く提示された。地域的には極東農業の発展可能性が示された。新国家計画によると，乳製品を含む畜産物の自給率の向上を主目的とした補助金投入額は8年間でほぼ2兆3,000億ルーブル，うち連邦予算から1兆5,000億ルーブルが配分される。

振り返れば，農業部門も含めてエリツィン政権下で，その工程ややり方等について不毛ともいえる論争の末に断行された，ショック療法と称された「経済改革」の眼目は，マクロレベルにおける経済の「体制」あるいは「組織」の改革に置かれており，産業立地論に基づく「地域構造」にかかわる改革という視点のはなはだ欠如したものであった。条件の異質なそれぞれの地域をどのよう

に開発・発展させるかという地域構造論を踏まえた改革の処方箋こそが必要であった。この論に立つなら，当然のことながら，ロモノーソフの言葉を借りれば，「ロシアの力は極東によって増大するだろう」という帰結に至ったであろう。極東の眠った諸資源をどのように，内部経済化して，ロシア経済全体を発展させるか，そのための緻密な議論と施策の実施が必要であった。巨大領域を有するロシアの経済発展の要件は，マクロの体制転換うんぬんよりも，極東地域の発展政策にこそあった。

3．ロシア極東の概要と農業の現状

A．ロシア極東の概要

　ロシア連邦は多くの共和国や州等からなる。それらをまとめて政治経済的な地域ブロックがつくられる。中央，北西，南部，北カフカス，沿ボルガ，ウラル，シベリア，極東の8つの管区である。極東管区は，サハ（ヤクート）共和国，カムチャツカ地方，プリモルスク地方，ハバロフスク地方，アムール州，マガダン州，サハリン州，ユダヤ自治州，チュコト自治区からなる。

　極東管区は総じて寒帯気候だけれども，とりわけ南部は気温，降水量，日照等の条件面で，農業の不適格地ではない。極東管区のなかで最も南にあるプリモルスク地方の首都ウラジオストクは亜寒帯冬期少雨型に属する。冬期には零下10数度まで下がるが，年平均気温はほぼ5度C，年平均降水量はほぼ800ミリ，年間日照時間は2,100時間である。北緯43度地点にあり，札幌とほぼ同緯度にある。プリモルスク地方は文字通り沿海部に位置しており，おしなべてモンスーン型気候に類似している。極東管区のなかでは，最も農業に適した地域である。

　プリモルスク地方の北側にアムール州とハバロフスク地方がある。アムール州の首都ブラゴベシチェンスクは北緯50度にあり，冬の気温は零下20度を超え，平均気温はほぼ1度C，平均降水量は600ミリ，年間日照時間はほぼ2,400時間である。アムール州の東隣にあるハバロフスク地方の首都ハバロフ

スクは北緯48度の地点に位置し，年平均気温は2度C，年間降水量は700ミリ，年間日照時間は2,400時間である。以上の極東南部は総じてカナダの穀倉地帯とほぼ同緯度の所に位置しており，農業を営むための地形・土壌条件をも含めた自然条件において，カナダに比べて遜色はない。ちなみにアルバート州はカナダ西部に位置するカナダ有数の穀倉地帯だが，北緯49～60度の間にあり，冬の気温は零下8～26度，夏は15～20度，年間降水量は300～500ミリである。ロシア極東は，有用な土地資源があっても，資本と労働力と技術が不足しているために，うまく内部経済化されてこなかった。

2013年1月1日現在，極東の総面積はほぼ617万平方キロメートル，ロシア全体の面積1,710万平方キロメートルの36％を占め，総人口は625万人，ロシア全人口に占める割合は4.4％である。人口密度は1平方キロ当たり1人で，人口希薄な地域である。極東にはエネルギー資源をはじめとする豊かな天然資源があるが相対的に人口の少ない過疎地域と特徴づけることができる。ロシアの人口分布はモスクワやサンクトペテルブルクのあるロシア西部に偏在しており，西高東低型の人口配置となっている。極東管区の行政府が置かれている中核都市はハバロフスク地方の首都ハバロフスクだが，その人口の推移は，1990年は805万人（全露比は5.4％），1995年は763万人，2000年は717万人，2005年は659万人，2010年は629万人と漸減しており，同期間に全露的シェアも1％下がった。

極東の経済発展の遅れについて筆者はかつて次のように指摘した。極東は天然資源にきわめて恵まれているが，その有効的開発利用は電源開発にしろ森林資源開発にしろ，順調には進んでいない。1959年から1965年の7カ年計画では，東シベリアと同様に発電基地の拡大，単一エネルギー組織網の建設が予定された。しかし，1974年現在，極東の電力生産量は205億キロワット／時であり，東シベリアの959億キロワット／時に比べるとあまりに低い。また，木材搬出量は同3,230万立方メートルで，東シベリアの6,750万立方メートルに比べて半分に満たない。製材，合板などの生産量も増加傾向にあるとはいえ，森林資源の大きさに比して，その生産量は低調であることは否めない[9]。

ロシア全体の人口は近年，ようやく減少傾向から抜け出し増加に転じたけれども，極東の人口はいまだ増加に転じていない。要するに，極東地域は欧州ロシアに比べると，産業が発展しておらず仕事も少なく社会インフラも未整備で，住みにくいということであり，チャンスがあればロシア極東の人々は欧州ロシア部に移り住むということである。たとえば住宅建設面積という指標でみると，ソ連崩壊前の1990年の数値はほぼ391万平方メートル，その全ソ比は6.3％であったが，ソ連崩壊による経済社会的混乱によって，2000年には実に80万平方メートルに激減し，その全露比は2.6％になった。プーチン政権下において増加傾向に転じたものの，2012年の同数値はほぼ200万平方メートルで，崩壊前の水準を大幅に下回っている。

B．ロシア極東農業の現状

極東の穀物生産量は年ごとに大きく変動しつつ，トレンド的には停滞している。2000年にはほぼ31万トン，2001年には40万トン，2002年には58万トンに増大したが，2003年には32万トン，2004年には27万トンに減少し，2005年には39万トン，2006年には43万トン，2007年には56万トンと回復したものの，2010年には30万トンに激減したあと，2011年には61万トンと倍増し，2012年には55万トンに減少した。極東の穀物生産量のロシア全体に占める割合をみると，2000年は0.47％，2005年は0.49％，2010年は0.48％，2011年は0.65％，2012年は0.77％と上昇しているものの，土地面積比や人口比に比べると，依然として低い水準にある。

ジャガイモ生産量については，2000年は138万トン，2005年は163万トン，2010年は129万トン，2012年は132万トンと，ほぼ130万トン水準で停滞している。その全露比は同順で，4.0％，4.3％，6.1％，4.5％になっている。

野菜生産量は同順で，44万トン，55万トン，40万トン，43万トンと停滞している。その全露比は同順で，3.9％，5.6％，3.3％，2.9％と，漸減傾向にある。

食肉生産量（屠体重）は同，8.3万トン，9.5万トン，12.4万トン，12.8万ト

ンと漸増傾向にあるが，その全露比は同，1.9％，1.9％，1.7％，1.6％で，漸減傾向にある。

　卵生産量は同，7億5,300万個，9億9,200万個，11億8,900万個，11億8,500万個と漸増傾向にある。その全露比は同，2.2％，2.7％，2.9％，2.8％と漸増傾向にある。

　ちなみにシベリアの2010年の穀物生産量は1,336万トン，2011年は1,460万トン，2012年は大干ばつのために900万トンに減少したが，その全露比は同順で，19％，15％，13％になっている。シベリアの2012年のジャガイモ生産量はほぼ448万トンで，全露比はほぼ15％である。同野菜生産量は160万トン，全露比は11％である。同食肉生産量は115万トン，全露比は14％である。ミルク生産量は558万トン，18％である。卵生産量は61億7,800万個，15％である。本章の冒頭で指摘したように，ソ連時代において，欧露に比較的近いシベリア農業は僻地の極東とは違って，穀物生産のシェアは10数％を占めており，ロシアの穀物基地としての役割を一応担うまでに発展したとみることができる。極東の農業開発の遅れ，農業生産水準の相対的な停滞は久しい。ソ連・ロシアウォッチャーとして筆者はかつて次のように指摘した。「極東の農業は低調である。極東の穀物自給率は70％に達したというが，飼料用穀物を含めて計算すると，55％に下がる。食肉は32％，ミルクは30％，卵は19％程度の自給率である。果物，野菜はもちろん足りない。不足する農産物は主としてシベリアから移入されるが，穀物の一部は極東の港に直接陸揚げされるカナダ産小麦でカバーされている。」[10]

　ただ近年の動きで注目すべき点は大豆生産だ。2011年の極東の大豆生産量はほぼ110万トンで，2000年比では実に2.3倍になっている。ロシア全体に占める割合は63％に達する。地域別にみると，アムール州が83万トン，プリモルスク地方が17万トン，ユダヤ自治州が10万トンなどである。2013年5月には，北海道銀行の提案によって，アムール州での日露による大豆生産の共同開発プロジェクトが開始され，ほぼ500ヘクタールの土地で試験栽培が行われた。日本の資本と技術によって，極東農業の可能性が開かれる第一歩が踏み出

された。ただ日本は，中国や韓国に比べると，大きく出遅れている。アムール州と長い国境線をもつ中国黒龍江省は2011年時点で，ロシア極東における農地開発面積はほぼ43万ヘクタールに達した。主な作目は大豆である。中国は大豆需要が旺盛だ。また，韓国企業は2012年時点で，プリモルスク地方に9社が進出し，ほぼ17万ヘクタールの農地を開発した。

　さて，2012年現在の極東管区の地域別の農業生産状況を見てみよう。穀物生産は，シェアの大きい地域から順に，アムール州がほぼ27万トン，プリモルスク地方が24万トン，ユダヤ自治州が2万1,000トン，ハバロフスク地方が1万4,000トンなどである。極東管区に占める割合は同順で，49.6％，42.8％，3.8％，2.5％である。ジャガイモ生産量は同，プリモルスク地方が40万トン，アムール州が30万トン，ハバロフスク地方が28万トン，ユダヤ自治州が11万トン，サハリン州が10万トン，サハ共和国が7万4,000トン，カムチャツカ地方が4万5,000トンである。その割合は同，30.4％，22.4％，21.2％，8.4％，7.4％，5.6％，3.4％である。

　野菜生産量は，プリモルスク地方がほぼ18万トン，アムール州が7万トン，ハバロフスク地方が6万5,000トン，サハリン州が3万8,000トン，サハ共和国が3万3,000トン，ユダヤ自治州が3万2,000トンなどである。その割合は同，41％，16％，15％，9％，8％，7％である。

　食肉生産量（と体重）は，プリモルスク地方がほぼ4万トン，アムール州が3万2,000トン，サハ共和国が2万5,000トン，ハバロフスク地方が2万2,000トンなどである。その割合は同，31％，25％，19％，17％である。

　ミルク生産量は，サハ共和国がほぼ18万トン，アムール州が16万トン，プリモルスク地方が11万トン，ハバロフスク地方が5万トン，サハリン州が3万トンなどである。その割合は同，31％，28％，20％，9％，5％である。

　卵生産量は，プリモルスク地方が3億3,000万個，ハバロフスク地方が2億9,000万個，アムール州が2億3,000万個，サハ共和国が1億3,000万個，サハリン州が1億1,000万個などである。その割合は同，28％，25％，19％，11％，9％である。

このように極東管区のなかで穀物基地となり得る地域は，水資源も豊かで相対的に温度も高いアムール州とプリモルスク地方である。

4．プーチン政権下の極東重視政策の展開

世界経済のなかでの東アジアの比重が近年急速に高まっている。「強いロシアの再生」を意図するプーチン大統領は東アジアのこの勢いを利用して，ロシア経済を強化しようとしていることは疑いない。

2002年には，「1996年から2005年および2010年までの極東・ザバイカル地域経済社会発展連邦特別プログラム」が策定された。同2002年に成立した改正土地法では，外国人は農地の所有は認められていないが，極東地域では外資による農業振興を図るために，安価な賃貸料で数十年にわたって農地を貸与するという外資優遇政策が導入された。この特別プログラムを遂行するために，極東・ザバイカル発展国家委員会が創設された。

2006年12月，安全保障会議において，極東の人口がソ連崩壊後において，ロシア全体の人口減少率以上の速さで減少している事実に鑑みて，このような傾向が今後も続くとすれば，国家の安全保障上，深刻な問題になるとの認識のもとに，改めて極東地域の発展プログラム遂行の緊急性を示した。ロシア極東地域の農地面積も，ソ連崩壊後，人口減少に呼応するかのように減少し，耕作放棄地が激増している。1990年当時，ロシア極東の農地はほぼほぼ660万ヘクタールであったが，2006年には310万ヘクタールと，半分以下になった。2009年12月，ロシア政府は「2025年までの極東・ザバイカル地域の社会経済発展戦略」を採択した。2025年まで実質所得の伸び率を年10％を予定した。野心的な数値目標を掲げた。

2012年9月，ウラジオストクでのアジア太平洋経済協力会議（APEC）においてプーチン大統領は演説し，穀物やエネルギーの安定的な供給という面で，ロシア極東の役割を強調した。穀物輸出については，極東農業の振興を図り，2020年までに，ロシア全体で3,000万〜4,000万トンの水準にまで引き上げる

とした。エネルギーの安定供給については，石油パイプライン敷設やサハリン大陸棚の資源開発プロジェクトについて言及し，「信頼できる供給国として地域のエネルギー需給に大きな役割を果たせる」と言明した[11]。

　2009年12月，ロシア政府は「2025年までの極東・ザバイカル地域の社会経済発展戦略」を採択した。2025年まで実質所得の伸び率を年10％に予定した。野心的な数値目標を掲げた。同発展戦略に基づいて，数値目標を実現すべく，2011年には，「2012年から2018年および2025年までの極東・ザバイカル地域経済社会発展連邦特別プログラム」が策定され，翌2012年には，極東開発省が新設された。

　2012年5月，大統領令「長期国家経済政策について」が出された。そのなかで，極東地域重視政策が明確に打ち出された。

　2013年8月には，プーチン大統領は極東を視察し，極東開発プログラムが順調に進行していないとし，イシャーエフ極東開発相を解任し，翌9月にアレキサンドル・ガルーシュカを同開発相に任命した。

　2013年10月，コムソモリスク・ナ・アムーレにおいて，極東経済社会発展問題を打開するための政府委員会が開かれた。この会議においてロシア極東経済の発展要件は「アジア太平洋の経済発展とともにある」点が明示され，新たな経済特区構想が提示された。同年12月の大統領教書演説において，プーチンは「シベリア・極東の経済発展は21世紀ロシアの優先事項である」点を明言した。

5．ロシア極東の農業発展の条件

　以上，近年におけるロシア農業ならびに極東農業の生産実績をフォローするとともに，プーチン政権下の農業政策ならびに極東地域政策について述べた。最後にまとめてみよう。

　極東農業，特に南部の農業気候条件は十分に農業に適している。降水量，日照，温度等の点において，なによりも類似の条件のカナダ農業が世界の穀倉・

畜産国になったのがその証拠でもある。カナダ農業はロシア極東農業に比べて土地生産性もかなり優位にあり，畜産業も発展し家畜生産力も高い水準[12]にある。

　プーチン大統領はことあるごとに「強いロシアの復活」を唱える。強いロシアの必要条件は，①国家安全保障，②食糧安全保障，③経済力増強の3点であろう。①については，昨今のウクライナ問題に象徴されるように，北大西洋条約機構（NATO）諸国の東への進行がすすむなか，いざというときのために，アジアロシアに首都機能を代替する副首都をロシア極東に早急に創設する必要がある。②極東には食糧自給率，特に食肉自給率を引き上げる大きな土地資源が眠っている。増大する畜産物需要の多くを外国産に依存することは，国の存立にとって危険なことであろう。③世界経済のなかで比重を高める東アジアの発展をロシア極東地域にうまく取り込めば，ロシア経済全体の経済力を引き上げることができる。

　冒頭において筆者は，ロシア極東農業の潜在力は①土地，②資本，③労働，④技術の面で，高いという見方を提示した。この点を敷衍して小論の結びとしたい。①農業潜在力の根幹である農地については，ソ連時代に強権的に開墾されほぼ660万ヘクタールに達したが，ソ連崩壊後，極東では人口流出とともに耕作放棄地が増え，300万ヘクタール以上の農地が眠った状態にある。②ロシアも各地域の資源はその地域が中心となって利用する権利がある，そういう地域主義の時代になりつつある。幸いシベリア・極東には石油・天然ガスを中心とする膨大な地下資源がある。サハリン沖のエネルギー開発はすでに軌道に乗った。ロシア極東の資本の源泉はこのエネルギー資源にあり，国際エネルギー価格が高止まれば一定の資本は確保できるであろう。③労働力については，いろいろな問題があるにせよ，中国や北朝鮮の過剰労働力を有効に利用すべきであろう。両国から出稼ぎ労働者の調達は容易であろう。ただ問題は，農地開発によって生まれる利益が収奪されないように外国人をどう管理するかであろう。その意味では，丸投げで外資に全面的に依存することは危険であろう。中国資本には農地開発も含めて相当に手を焼いているプーチン政権だが，諸刃の

剣であろう。④農業の先端技術についてはやはり隣国の日本に求めることが可能であろう。ただし，その可能性を実現する要件は4島返還による北方領土問題の解決，日ソ平和条約の締結であろう。ロシアが領土問題で譲歩すれば，北海道での寒冷地農業の技術蓄積がある日本から技術のみならず，資本も優秀な技能要員も調達することができるであろう。農業技術を持ったシニア世代が支援にやってくるであろう。ちなみに酪農技術を例にとれば，2012年の日本の1頭当たり年間乳量は8,000キロを優に超える。

　それこそソ連時代から極東開発の重要性は久しく叫ばれてきた。いや最初に指摘したように帝政ロシアの時代から，ロモノーソフもその重要性を洞察した。極東農業がその潜在力を開花させ，ロシアの穀倉，いや世界の穀倉・畜産基地に変貌するかどうかは，プーチン大統領の「極東重視政策」の本気度にかかる。ロシアは欧州とアジアにまたがる，中心が2つある楕円国家なのだ。ピョートル大帝を信奉するプーチン大統領はこの点を銘記し，極東に副都心を建設するぐらいの覚悟と決断が必要であろう。

　2013年8月の極東開発大臣の更迭が示すように，農業を含めて極東発展プログラムはまたもや予定通り進行していない。ピョートル大帝が大西洋に面して新首都ペテルブルクを創設したように，領土問題で歴史的決断を行い，日本の力を利用することによって，太平洋に新副都プチンブルクを創設すべきであろう。

【註】

（1）M・ロモノーソフ：1711～1765年。ロシアの科学者・文学者。農民出だが苦学し，アカデミーの大学などに学びドイツに留学，1742年，学者になって帰国，1745年，最初のロシア人アカデミー会員になる。百科全書的学者で，物質の原子・分子構成概念，物質と運動の保存法則，多数の鉱物の起源の説明など，化学・物理・地学・生物学などの領域で世界的にも第1級の数多くの業績をあげた。歴史では新しい国家起源説を唱え『古代ロシア史』（1766）を執筆した。科学アカデミーを改組し，1748年にはロシアで最初の化学研究所を，1757年にはモスクワ大学を創立するなど，ロシアの科学と学問の振興のために果たした功績は計り知れない（梅棹忠夫監修（1991）『世界歴史

大事典　20巻』教育出版センター，317ページ）。私はロモノーソフを最適産業立地論，最適地域構造論構想の先覚者だと位置づけて良いと考えている。労働力問題，資源問題，輸送問題等の視点から，国民経済というマクロ的立場にたって，諸産業の適正配置という今日的諸問題をロモノーソフは誰よりも早く洞察していたといえるであろう。彼の産業立地論的な発想は，彼がつくった術語，「エコノミーチェスカヤ　ゲオグラーフィア」という概念に表象される。翻訳すると「経済地理」ということになる。いまでこそ経済地理学という学問分野も確立されているが，その当時は，「諸国民の富」を著した経済学の創始者アダム・スミスや，リターやフンボルトによる近代地理学さえ確立されていない時代であった（細川隆雄（1976）「ロシア革命前のシベリア開発とその先覚者達」『農林業問題研究』第44号，地域農林経済学会）。

（2）細川隆雄（1976）「ロシア革命前のシベリア開発とその先覚者達」『農林業問題研究』第44号，地域農林経済学会。

（3）ピョートル大帝：ロシア皇帝。在位1682～1725年。国家，社会の改革を強力にすすめて，モスクワ・ロシア末期の絶対主義化と西欧化の方向を決定的にした。北方戦争終結の1721年，インペラートル（皇帝）を称して，大帝と呼ばれ，ロシア帝国の建設者となった。彼の個性と行動力がロシア人に与えた衝撃は大きく，彼の事業の後継者を自任したエカチェリナ2世はピョートル即位100年の1782年，ネヴァ河畔に馬上のピョートル像を建てた。この青銅の騎士をうたいあげたプーシキンをはじめ，トルストイまでの多くの作家，芸術家と内外の伝記作者が彼の魅力にひかれた。思想界では，スラヴ派と西欧派の論争をはじめ，絶えずピョートル改革の意義が論ぜられた。日本でも，これが明治の文明開化・富国強兵期に1つのモデルとみなされた（川端香男里ほか監修（2004）『ロシアを知る事典』平凡社，620－621ページ）。

（4）ソ連の農業経営組織であるソフホーズやコルホーズは，社会主義的指令経済下において，共産党幹部が支配する親方赤旗的な生産性の低い組織であった。平等主義のもとで，能力や努力の差に応じて，労働インセンティブがうまく働かなかった。つぶれる心配はなく指令通りに働けば一定の収入は保障された。積極的にリスクを負って技術革新をすすめる経営組織ではなかった。たとえば国連の食料農業機関（FAO）のデータでみると，1980年当時，ソ連の穀物単収はヘクタール当たりほぼ2トンにたいして，米国は5トンであった。1頭当たり年間平均乳量もほぼ2,500キロで，米国の6,000キロの半分以下であった。また，ソ連国民経済統計集によって，1980年度の経営形態別のヘクタール当たり穀物単収を比較すると，指令経済下のソフホーズが1.31トンであるのに対して，指令経済外の個人的副業経営では2.05トンであった。中央集権的指令経済の弊害は，工業部門に比べて，特に農業部門では顕著に現れた。農業の

場合，広い空間での非定置作業の多さ，作業の季節性，流れ作業の困難さ，労働対象の非可動性（作物は土地の定着物）等のために，農作業の質を見極め，中央集権的に適切な指令を出すことはきわめて困難であった。作物は生き物であり，その時その場所に応じて，臨機応変の作業対応が必要となる。また，機械的にマニュアル通りに餌をやれば乳牛がミルクを出すわけではなく，個々の生体ごとのきめ細かな観察が必要となる。机上のプランによる現場への強制は生き物を扱う農業にたいして大きな弊害となった。なお，社会主義農業の問題点について詳しくは，拙著（1985）『ソ連農業の現実』を参照されたい。

（5）ソ連時代から食肉政策は高い優先順位が与えられた。国民に十分な食肉を供給することが暴動を防ぎ，社会を安定させる大きな要素であった。ブレジネフ時代，1970年代初頭，ソ連は米国を中心とする穀物輸出国から大量の穀物を輸入するようになるが，輸入穀物の大半は家畜のエサであった。飼料のみならず，食肉も輸入するようになる。ソ連は米国に「糧道」を握られる。ちなみに，1970年にソ連が石油・天然ガスの輸出によって得た外貨は4億ドル強であったが，75年には35億ドル，81年には150億ドルに達した，一方，飼料を中心とする農産物輸入額は75年の40億ドルから81年には120億ドルになった。改革派の旗手，ミハイル・ゴルバチョフがトップにたった1980年代半ばに，原油の国際相場が急落してゆくなかで，ソ連は穀物輸入の代金を支払えなくなってゆく。ソ連崩壊の遠因は，ブレジネフ時代の食肉政策に求められる。

（6）細川隆雄（2008）「プーチン政権下の畜産物生産推移と畜産政策の展開」『国際農林業協力』国際農林業協力・交流協会，Vol.31, No.4 。

（7）同上書。

（8）盲目的な自由放任的市場化路線：エリツィンは米国が唱える規制なき自由化・市場経済化路線を選択すれば，アダム・スミス流の経済の予定調和によって，いわゆる神の手に導かれて，豊かな生活が保障されると勘違いしたのであろう。資本主義的自由経済バラ色論に染まった。社会主義的統制経済を全否定した。そうして「ショック療法」と称される処方箋を受け入れた。ショック療法のポイントは，①価格の大幅な自由化（小売の90％），②財政の引き締め，③賃金の凍結，④市場の自由放任（対外開放）であった。だが，療法なきショックであった。ロシア経済は大混乱に陥った。財政の引き締め，賃金の凍結にかかわらず，消費者物価上昇率2,000％をこえる大インフレに陥り，麻薬，犯罪，自殺，闇経済などが広がり，社会は乱れた。社会不安が広がるなか，ロシアでオウム真理教がはびこったのもこの時期であった。八方塞がりのなかで，社会主義体制の壊し屋エリツィンは持病を悪化させて，政治の世界から退場した。ショック療法について，より詳しくは，拙著（1995）『ソ連の崩壊と新国家の誕

生』を参照されたい。
（9）拙著（1983）『シベリア開発とバム鉄道』地球社，55ページ。
（10）同上書，57ページ。この本を文献によってとりまとめたあと，私は農業を含めてシベリア・極東の現場がどうなっているのか調査したいと思うようになった。それで，大阪総領事館に調査の企画書を提出し，調査レポートを提出するという条件付きで，1984年に調査が実現した。ハバロフスク近郊の養鶏企業を訪問したときの出来事が今でも強く印象にのこっている。企業の建物の一室で関連資料の提供を受け，企業の活動内容を説明してもらったあと，鶏がどのように飼育されているか，どのようなエサを食べているのか，それを知るために飼育ケージを見たいと提案すると，だめだと断られた。断られた理由は，エサの大半が米国からの輸入に依存している点を深く突っ込まれて，あからさまにされることを嫌がったからであろうと推察された。エサの問題も含めて，社会主義的農業経営がうまくいっているということを見せたかったからであろう。模範的な良い面ばかりを見せられるという，いわばショーウインドウ的視察にとどまらざるを得なかった。もうすでにこのとき，この養鶏企業は米国やカナダの飼料穀物なしではやっていけないような状況に追い込まれていたのであろう。つまり「糧道」を政敵・米国に握られていた，この弱みを隠したかったのであろう。まさにこのとき，社会主義的農業経営が行き詰まるなかで，改革志向の若きゴルバチョフが時代の要請として，長老のチェルネンコに代わって，前面に出てくることになる。事態打開を託されたゴルバチョフはスターリンが確立した硬直的な指令経済体制，農業の分野では生産性の低いコルホーズ・ソフホーズ経営体制を抜本的に改革しようとした。この点詳しくは，拙著（1991）『ソ連農業経営史』を参照されたい。
（11）2012年9月7日付け『日本経済新聞』。
（12）2012年現在，米国やカナダの1頭当たり年平均乳量は9,500キロに達している。ロシア極東の乳牛の品種や飼育技術が低いことは歴然としている。極東を含めてロシアの乳量の低さは久しく問題視されてきた。2014年2月のロシア連邦会議において，2013年の農業生産実績の総括と2014年の農業政策の課題が提示された（「農村生活紙」2014年2月19日）。デ・メドベージェフ首相は次のように述べた。2013年の課題は小さくはなかった。やはり最大の課題は極東の発展問題であった。農業セクターも試練をうけた。南部地域や沿ボルガ地域は干ばつに襲われた。中心地域では洪水に見舞われた。そのような困難な状況においても政策的努力で全体として農業生産は上昇した。ただ，ミルク生産部門は対前年比でマイナスであった。したがって，ミルク生産部門における国家的助成政策の効率性を高め，新たな追加的措置をとる必要がある。首相の発言を受けて，エヌ・ヒョードロフ農業大臣は次のように述べた。「私たちのミルク

生産部門は基本的課題の解決に成功していない。2013年度のミルク生産量は対前年比で3.5％低下した。この際に1頭当たり年平均乳量は前年に比べて15キロ増えて，5,007キロになったが，依然として不十分である」(同上)。

> [!NOTE] 参考・引用文献

大津定美ほか (2005)『ロシア東欧経済論』ミネルヴァ書房。

細川隆雄 (1976)「ロシア革命前のシベリア開発とその先覚者達」『農林業問題研究』第44号，地域農林経済学会。

細川隆雄 (2007)「ロシアの農業政策の動向」『主要国の農業情報調査報告書』農林水産省。

細川隆雄 (2008)「プーチン政権下の畜産物生産推移と畜産政策の展開」『国際農林業協力』国際農林業協力・交流協会，Vol.31, No.4。

『海外農業情報（ロシア）』農林水産省，2001年～2012年。

『海外農業投資をめぐる状況について―ロシア―』農林水産省，2013年。

『ソ連国民経済統計集』，モスクワ，各年版。

『ロシア統計年鑑』，モスクワ，各年版。

『ロシアの農業経済』，モスクワ，2007年5～12月号。

(細川隆雄)

索　引

A–Z

AIIB ……………………………………59
BRICS …………………………………15
BYD社 ………………………………113
IoT ……………………………………12
IT（情報技術）革命 …………………67
J.D.Power社 ………………………125
M&A（合併・買収）…………………28
R&D …………………………41, 140, 144
TNK-BP ………………………………78
WTI（ウエスト・テキサス・インターミディエート）………………………3
WTO加盟 …………………………147, 149

ア

アイシン精機……………………135, 136
アジアインフラ投資銀行（AIIB）………30
アジア開発銀行（ADB）………………31
アジア太平洋経済協力会議（APEC）…227
アフトヴァズ……………………136, 143
雨傘革命………………………………25
アラビア半島のアルカイダ（AQAP）……34
イーゴリ・セチン社長…………………73
一汽トヨタ……………………………115
一汽VW ………………………………115
一省一工場……………………………113
一線都市………………………………163
一帯一路………………………………58

1次部品サプライヤー………………136
インド国営石油会社（ONGC）………90
インナーサークル……………………71
ヴァンコール油田……………………96
ヴィトル………………………………95
迂回融資…………………………52, 160
ウラジミル・ヤクーニン………………72
液化天然ガス（LNG）………………2, 72
エクソンモービル……………………90
エネルギー情報局（EIA）……………89
欧州安保協力機構（OSCE）…………102
欧州中央銀行（ECB）…………………5
欧州連合（EU）………………………65
オバマ米大統領…………………34, 66
オペレーター（責任企業）……………92
親方赤旗的な経営方式………………216
オリガルキー（寡占資本家）…………77

カ

外縁拡大………………………………167
買い替え需要…………………………164
外国直接投資（FDI）………12, 28, 68
開発便益………………………………52
価格支持政策…………………………196
格差……………………………………183
駆け込み需要…………………………178
加工貿易………………………………50
ガスプロム…………………………72, 77
家畜生産力……………………………229

佳兆業集団……………………………29
カニバライゼーション ………………122
カリーニングラード …………………101
官制バブル……………………………163
環太平洋経済連携協定（TPP）………36
基幹的食糧……………………………200
　　───（主食）自給政策 …………209
北大西洋条約機構（NATO）…………65
旧工業アセンブリ措置……138, 139, 145
共産主義青年団（共青団）……………17
極東開発………………………………230
極東管区…………………………222, 226
極東・ザバイカル地域の社会経済発展
　　……………………………227, 228
極東農業………………………………230
　　───の可能性 ……………………226
極東の農業開発………………………225
吉利汽車………………………………113
クバルチーラ…………………………172
クレムリン……………………………67
グレンコア……………………………95
計画経済………………………………112
経済適用房……………………………155
現代モービス……………………135, 136
現地調達率（ローカルコンテンツ）
　　…………………131, 141, 142, 147〜149
広汽トヨタ……………………………115
工業アセンブリ………………………148
　　───措置 ………………138〜140, 149
工業的豚飼育方法……………………219
耕作放棄地……………………………229
黄砂問題………………………………209
剛需……………………………………164
購置税…………………………………118
購買力平価……………………………26

国際エネルギー機関（IEA）…………83
国際競争力……………………………143
国際原子力機関（IAEA）………………10
国際穀物市場……………………195, 205
国際石油資本（メジャー）……………74
国際通貨基金（IMF）………………8, 19
国内総生産（GDP）…………………7, 17
国民福祉基金…………………………95
穀物基地………………………………225
穀物大量買い付け……………………195
戸籍制度………………………………57
国家資本主義…………………………193
国家農業節水要綱……………………205
コングロマリット……………………73
コンチネンタル……………………135, 146

サ

財政均衡点……………………………85
最低保証価格…………………………198
砂漠化問題………………………208, 209
サハリンエナジー……………………75
三期畳加………………………………54
3農問題………………………………198
シェールオイル………………3, 83, 103
　　───・ガス ………………………83
シェール革命……………………2, 66, 103
シェールガス…………………………103
資金供給量（マネーサプライ）………5
自主ブランド…………………………115
自動車産業政策……………………138, 149
シベリアの力………………………79, 80
炒房団…………………………………165
上海協力機構（SCO）…………………81
上海総合指数…………………………26
上海VW ………………………………115

習近平国家主席 …………………………17
周小川総裁 ………………………………21
住宅価格 …………………………………174
住宅取得能力 ……………………………155
自由貿易協定（FTA）……………41, 66
需給ギャップ ……………………………195
主食安全保障論 …………………………200
主要20ヵ国・機関（G20）……………15
ショイグ国防相 …………………………35
商業不動産 ………………………………175
省長責任制度 ……………………………196
城鎮下政策 ………………………………200
消費者物価指数（CPI）…………………19
初期品質（IQS）…………………………125
食肉自給率 ………………………………229
食糧安全保障 ……………201, 209, 229
──論 ……………………………………193
食糧価格支持政策 ………………………197
食糧自給政策 ……………………………203
食糧自給率 ………………………………229
──95％ …………………………………196
食糧の買い付け価格 ……………………196
食糧の開発輸入 …………………………210
ジョコ大統領 ……………………………14
ジョンソンコントロールズ ………135, 136
シリコンバレー …………………………12
シルアノフ財務相 ………………………69
シルクロード基金 ………………………30
新型都市化 ………………………………166
新工業アセンブリ措置
　　　　……………………138, 139, 146, 149
新常態（ニューノーマル）…………17, 54
新副都プチンブルク ……………………230
人民元の切り上げ ………………………156
垂直統合型 ………………………………143

スイング・プロデューサー（生産調整）…9
裾野産業 ……………………131, 138, 150
スタンダード・アンド・プアーズ
　　（S&P）………………………………68
西高東低型の人口配置 …………………223
生産能力過剰 ……………………………53
製造業購買担当者指数（PMI）…………22
政令566号 ………………………………145
政令166号 ………………………138, 148～150
世界銀行（WB）……………………31, 69
世界食糧サミット ………………………196
世界的食糧危機 …………………………194
世界貿易機関（WTO）……111, 197, 201
石油輸出国機構（OPEC）……………1, 83
先進的農業国 ……………………………199
選択的食糧自給政策 ……………………200
戦略石油備蓄 ……………………………3
戦略的互恵関係 …………………………210
増車需要 …………………………………128
ソ連の遺産 ………………………………183

タ

第一汽車製造廠 …………………………112
退耕環林プロジェクト …………………208
太子党 ……………………………17, 24
第二汽車製造廠 …………………………112
対米経済摩擦 ……………………………203
ターキッシュ・ストリーム ……………93
タンデム …………………………………78
断流問題 …………………………………205
地政学リスク ……………………………9
中国異質論 ………………………………210
中国海洋石油（CNOOC）………………23
中国食糧白書 ……………………………196
中国人民銀行（中央銀行）………………20

中国製造2025…………………………61
中国石油化工（シノペック）…………23
中国石油天然ガス（CNPC）………23, 72
中国中信集団（CITIC）………………24
中国版ビッグバン………………………32
中所得国の罠……………………………48
調和社会………………………………197
通貨スワップ協定………………………79
デフォルト（債務不履行）……………85
デンソー…………………………135, 146
東南アジア諸国連合（ASEAN）………30
土地財政………………………………163
土地収用………………………………160
土地使用権譲渡…………………………52
土地生産性……………………………229
ドバイ原油………………………………3
トランスネフチ…………………………87
トリプル安………………………………70

ナ

ナレンドラ・モディ首相…………10, 33
南水北調プロジェクト………………207
2次，3次（部品）サプライヤー
　　……………………………131, 143
2社制限………………………………114
日本異質論……………………………211
年間日照時間…………………………223
年平均搾乳量…………………………219
農家への直接的補助金給付政策……197
農村合作医療制度……………………198
農業気候条件…………………………229
農業構造改善…………………………198
　　──政策…………………………197
農業税制度……………………………197
農地の流動化促進政策………………199

ノバテック………………………………71

ハ

バジェネノナ……………………………97
80後……………………………………166
払下げ住宅……………………………166
バンガロール……………………………12
バンク・オブ・イングランド…………32
東シベリア太平洋石油パイプライン…87
ピレリ……………………………………27
貧困の罠…………………………………49
フィッチ・レーティングス……………68
フォーレシア……………………135, 136
福祉分配………………………………154
プーチン大統領……………………23, 67
プーチン農政…………………………217
部品サプライチェーン…………131, 149
部品サプライヤー……133, 135, 143, 144
ブランド構築…………………………112
ブリヂストン……………………135, 136
プレミアム………………………………87
分譲マンション………………………172
分税制…………………………………52
米連邦準備理事会（FRB）………………4
保障性住宅………………………………51
北海ブレント先物………………………3
ボッシュ…………………………135, 146
ポロシェンコ大統領……………………66

マ

マグナ…………………………………135
ミシュラン………………………135, 136
3つの1億人……………………………57
ミハイル・ロモノーソフ……………215

ムーディーズ・インベスターズ・
　サービス…………………………68
メドベージェフ首相………………73
モディノミクス……………………11
モラトリアム（債務支払い猶予）……8
モンスーン型気候 ………………222

ヤ

ヤマルLNG ………………………72
有事の金……………………67, 69
融資平台……………………38, 160
ユーラシア経済同盟 ……………101
預金基準金利………………………20
預金準備率…………………………20
4つの全面…………………………41
4兆元景気対策 …………………160

ラ

リグ・カウント ……………………4
李克強首相…………………………40
リコノミクス………………………17
理財商品……………………21, 26
リバースエンジニアリング ……121
レアメタル…………………………31
ローエンド車 ……………………118
ロシア極東農業 …………………216
ロシア極東の農業開発 …………216
ロシア東部地域の開発 …………215
ロシア東部の開発問題 …………215
ロシア農業のアキレス腱 ………218
ロスネフチ…………………72, 77

《著者紹介》

閻　和平（えん・わへい）担当：Ⅲ，Ⅶ
中国北京市生まれ。
1994年　京都大学大学院経済学研究科博士後期課程満期退学。
現　在　大阪商業大学経済学部経済学科教授，経済学博士（京都大学）。

〈主要業績〉
「中国における住居保障制度と住宅政策の展開」『大阪商業大学論集』2009年。
「中国の社会変容と住宅システム」『比較地域研究所　研究プロジェクト報告集』2012年。
「城中村問題からみる中国の居住貧困問題と社会的排除」『居住福祉を切り拓く居住支援の実践』URP「先端的都市研究」シリーズ２，2015年。

孫　飛舟（そん・ひしゅう）担当：Ⅴ
中国天津市生まれ。
2000年　神戸商科大学（現，兵庫県立大学）大学院経営学研究科博士後期課程修了。
現　在　大阪商業大学総合経営学部教授，神戸商科大学博士（経営学）。

〈主要業績〉
『自動車ディーラー・システムの国際比較』晃洋書房，2003年。
『転換期の中国自動車流通』（共著）蒼蒼社，2007年。
『転換期を迎える東アジアの企業経営』（編著）御茶の水書房，2011年。

富山栄子（とみやま・えいこ）担当：Ⅵ
新潟県生まれ。
2002年　新潟大学大学院現代社会文化研究科博士課程修了。
現　在　事業創造大学院大学教授，地域・国際担当副学長，新潟大学博士（経済学）。

〈主要業績〉
『ロシア市場参入戦略』ミネルヴァ書房，2004年。
『わかりすぎるグローバル・マーケティング』創成社，2005年。
『グローバル競争下の新興国市場における構造と日本メーカーの戦略』（共著）日刊自動車新聞社，2014年。

道上真有（みちがみ・まゆ）担当：Ⅷ
和歌山県生まれ。
2004年　大阪市立大学大学院経済学研究科後期博士課程修了。
現　在　新潟大学経済学部准教授，大阪市立大学博士（経済学）。

〈主要業績〉
「ロシア住宅市場の発展過程と住宅政策の効果の研究—ロシア国家プロジェクト「ロシア国民に手の届く住宅を」の成否」（共著）『住宅総合研究財団研究論文集第36号2009年版』No.36，pp.259-268，2010年。
"Comparison of Affordability of Russian and Japanese Housing Markets" *Far Eastern Studies*, Vol.10 March 2011, pp.25-57.
『住宅貧乏都市モスクワ』東洋書店，2013年。
"Intergenerational Differences in Russian Housing Conditions in the 2000s: Based on the RLMS (2008)", *The Northeast Asian Economic Review*, Vol.2, No.2, October 2014, pp.15-38.

細川隆雄（ほそかわ・たかお）担当：Ⅸ，Ⅹ
    大阪府生まれ。
    1980年　京都大学大学院農学研究科博士課程満期退学。
    現　在　愛媛大学農学部教授。

〈主要業績〉
『シベリア開発とバム鉄道』地球社，1983年。
『ソ連水産論序説』晃洋書房，1989年。
『ソ連の崩壊と新国家の誕生』創成社，1995年。
『ソ連東欧経済論』（共著）ミネルヴァ書房，2008年。
「鯨塚からみえてくる日本人の心１～４」（編監修著）農林統計出版，2008年～2015年。
『ほっそん先生鯨に恋をする』（編著）農林統計出版，2014年。
毎日新聞で「ほっそん先生鯨に恋をする」記事を2010年10月から2015年３月まで連載。

関　永健（かん・えいけん）担当：Ⅸ
    中国河南省生まれ。
    現　在　愛媛大学大学院連合農学研究科博士課程３年生。

《編著者紹介》

中津孝司（なかつ・こうじ）担当：はじめに，Ⅰ，Ⅱ，Ⅳ

1961年大阪府生まれ。大阪商業大学総合経営学部教授。経済学博士（大阪学院大学）。
1989年神戸大学大学院経済学研究科博士後期課程単位取得。大学での講義，執筆活動のほかに，テレビ，ラジオに出演，各地で講演も多数行っている。
主要著書に『ロスネフチの逆襲』，『プーチン降板』，『日本株式投資入門』，『世界市場新開拓』，『資源危機サバイバル』，『日本のエネルギー戦略』，『ロシア世界を読む』，『エネルギー資源争奪戦の深層』，『ロシアマネー日本上陸』いずれも小社刊，『クレムリンのエネルギー資源戦略』（同文館），『ガスプロムが東電を買収する日』（ビジネス社）など70冊以上。

（検印省略）

2016年1月20日 初版発行　　　　　　　　　略称－中国ロシア

岐路に立つ中国とロシア

編著者　中津孝司
発行者　塚田尚寛

発行所　東京都文京区春日2-13-1　株式会社　創成社

電　話　03（3868）3867　　FAX 03（5802）6802
出版部　03（3868）3857　　FAX 03（5802）6801
http://www.books-sosei.com　振　替　00150-9-191261

定価はカバーに表示してあります。

©2016 Koji Nakatsu　　　　　組版：でーた工房　印刷：エーヴィスシステムズ
ISBN978-4-7944-3167-7 C3033　製本：宮製本所
Printed in Japan　　　　　　　落丁・乱丁本はお取り替えいたします。

―― 経 済 学 選 書 ――

岐路に立つ中国とロシア	中津 孝司	編著	2,500円
グローバル経済徹底解明 ―「シェール革命」から読み解く世界―	中津 孝司	編著	2,000円
日本のエネルギー政策を考える	中津 孝司	編著	2,700円
世界激変！ 指導者交代 ― 2012年以降を大胆予測 ―	中津 孝司	編著	2,200円
世界市場新開拓 ―チャイナ・リスクに警鐘を鳴らす―	中津 孝司	著	2,200円
中東問題の盲点を突く	中津 孝司	編著	1,800円
エネルギー資源争奪戦の深層 ―国際エネルギー企業のサバイバル戦略―	中津 孝司	著	2,000円
アジア社会経済論 ― 持続的発展を目指す新興国 ―	澤田 貴之	編著	2,600円
アジア経済論 ―移民・経済発展・政治経済像―	澤田 貴之	著	2,300円
中国の農民工問題	塚本 隆敏	著	2,800円
入門経済学	飯田 幸裕 岩田 幸訓	著	1,700円
国際経済学の基礎「100項目」	多和田 眞 近藤 健児	編著	2,500円
国際公共経済学 ― 国際公共財の理論と実際 ―	飯田 幸裕 大野 裕之 寺崎 克志	著	2,000円
マクロ経済学のエッセンス	大野 裕之	著	2,000円
ファーストステップ経済数学	近藤 健児	著	1,600円
福祉の総合政策	駒村 康平	著	3,000円
ミクロ経済学	関谷 喜三郎	著	2,500円
マクロ経済学	石橋 春男 関谷 喜三郎	著	2,200円

（本体価格）

―― 創成社 ――